“十二五”国家重点图书出版规划项目
中国隧道及地下工程修建关键技术研究书系

Detecting and Monitoring Technology and Intelligent Informatization Management System for Tunnel Engineering

隧道检测监测技术及信息化智能管理系统

仇玉良 等 编著

人民交通出版社
China Communications Press

内 容 提 要

本书以保障隧道施工运营安全、提高施工运营质量为出发点，针对隧道工程常见的质量问题及病害特征，全面详细介绍了常用的检测监测仪器、原理及分析评判方法，为常规隧道检测监测提供了技术规范；书中结合笔者主持完成的风积沙隧道、冻土隧道等特殊隧道的设计施工成果和经验对复杂地质条件隧道工程的监控量测及质量评定工作进行了分析总结，填补了特殊隧道监控量测的空白；同时介绍了隧道施工监测信息集成管理系统及隧道智能监测与安全评价系统两套软件，为隧道信息化智能管理提供借鉴和参考。

本书共分8章：第1章为绪论，总结隧道常见病害，概述检测监测技术及信息化智能管理技术；第2章介绍隧道施工质量检测仪器与原理；第3章介绍隧道检测项目与分析评判方法；第4章介绍隧道施工监测系统与超前地质预报；第5章介绍隧道施工监测项目及分析评判方法；第6章介绍隧道施工监测信息集成管理系统研发；第7章介绍隧道智能监测与安全评价系统研发；第8章介绍上述两套软件的工程应用。

本书可供从事隧道设计、施工、检测和管理的技术人员使用，亦适合相关专业师生学习参考。

图书在版编目(CIP)数据

隧道检测监测技术及信息化智能管理系统 / 仇玉良等编著. — 北京 : 人民交通出版社，2013.11

ISBN 978-7-114-10985-0

Ⅰ. ①隧… Ⅱ. ①仇… Ⅲ. ①隧道施工－安全监测－管理信息系统 Ⅳ. ①U455-39

中国版本图书馆 CIP 数据核字(2013)第 267052 号

书　　名： 隧道检测监测技术及信息化智能管理系统
著 作 者： 仇玉良　等
责任编辑： 温鹏飞
出版发行： 人民交通出版社
地　　址： (100011)北京市朝阳区安定门外外馆斜街3号
网　　址： http://www.ccpress.com.cn
销售电话： (010)59757973
总 经 销： 人民交通出版社发行部
经　　销： 各地新华书店
印　　刷： 北京交通印务实业公司
开　　本： 787×1092　1/16
印　　张： 13.5
字　　数： 320千
版　　次： 2013年11月　第1版
印　　次： 2013年11月　第1次印刷
书　　号： ISBN 978-7-114-10985-0
定　　价： 55.00元

前　言

交通基础设施的建设发展关系国计民生，维系长治久安，现今社会，现代化、高等级的交通途径已成为人类文明的重要载体之一，21 世纪以来，我国高等级公路、高速铁路客运专线、重载铁路、城市轨道交通进入繁荣发展时期。隧道作为一种优越的区域通道连接形式，在改善线型、节约投资等环节扮演至关重要的角色，公路、铁路隧道以及城市地下隧道工程随交通事业的发展也日益增多。

隧道方案的优越性被一致公认，但技术进步必然带来建设标准的提高，建设条件的日趋复杂对施工阶段又提出新的难题，新时期隧道工程建设施工环节尚存在一系列问题需要研究解决。保证隧道施工安全和工程质量是隧道工程施工过程的最基本原则，目前，结合监控量测进行动态设计施工和施工质量检测评定是降低施工风险、控制工程质量的主要手段，实践取得了明显的技术经济效果。

隧道监控量测是隧道施工和运营过程中对围岩、地表、支护结构以及周边环境动态进行的经常性观察和量测工作。监控量测既是隧道设计文件的重要组成内容，也是隧道施工的重要环节。在隧道工程中，监控量测技术获得了广泛的应用，但在不同程度上还存在着量测项目的选取不科学、数据处理方法选择不当、量测数据反馈机制不健全以及电脑辅助远程监测技术未得到推广应用等问题。

隧道施工质量是反映隧道工程在施工过程中或最终产品满足相关标准或合同约定的要求，包括其在安全、使用功能及其耐久性能、环境保护等方面所有明显和隐含能力的特性总和。隧道施工质量检测评定是对这些特性进行检验、监控、评定的过程。隧道工程施工质量检验检测工作是工程质量管理的重要组成部分，也是工程质量控制的重要手段。同样，目前隧道工程质量检测评定工作也不同程度地存在检测方法或仪器使用不规范、抽样方案不尽合理、检测数据处理不具备统一性等问题，另外，新的检测技术和检测仪器有待引入和普及。

本书的编撰立足于隧道工程检测、监测技术的规范性和通用性，结合笔者主持完成的隧道工程智能检测监测技术、风积沙地区隧道设计施工关键技术、多年冻土地区隧道防抗冻设计施工技术的研究成果经验，对新时期高技术标准隧道工程和复杂地质条件隧道工程的监控量测及质量评定工作进行分析总结，同时也为远程检测监测等新技术、新设备在隧道检测和监测工作中的应用加以详细说明和实例介绍。

全书共分 8 章，由仇玉良、孔祥兴、史宝童整理并统稿。

第 1 章由仇玉良、史宝童、郑万坤、王丽华撰写，简要介绍了我国公路、铁路隧道的发展概况及工程特点，详细分析了隧道常见病害类型及特征，并总结了隧道检测、监测技术的主要内容，最后分析了隧道进行信息化智能管理的必要性并介绍了其关键技术。

第 2 章由史宝童撰写，主要介绍在隧道施工或运营期间，各种常见施工质量问题的检测技术及检测仪器的原理和应用。

第 3 章由郑万坤撰写，详细介绍了隧道检测项目与分析评判方法，包括超前支护预加固和开挖过程的检测和评定，以及初期支护、混凝土、防排水、通风、照明及其他设施的质量检测与评定。

第 4 章由冉弥撰写，主要介绍了隧道施工监测原则、系统原理、技术方案设计和超前地质预报技术。

第 5 章由胡晓勇撰写，阐述隧道施工监测项目选取、测点布置、数据处理和分析评判方法，并介绍了较常见的风积沙隧道、冻土隧道、黄土隧道、岩溶富水隧道、高瓦斯隧道 5 类特殊地质隧道的监控量测特点。

第 6 章由仇玉良、董长松、王丽华、孔祥兴撰写，主要介绍隧道信息化施工与监测信息管理概念及必要性，阐述了实现隧道施工监测信息集成管理系统的关键技术及实现方法，最后介绍了该系统的开发环境及主要功能。

第 7 章由仇玉良、孔祥兴、董长松撰写，主要介绍自主研发的隧道工程智能监测及安全评价系统，包括智能预测分析、二衬支护时机评判、施工风险预警及安全评价等主要功能。

第 8 章由仇玉良、董长松、孔祥兴、王丽华、王涛、姚红志、王柱撰写，主要介绍隧道施工监测信息集成管理系统及隧道智能监测与安全评价系统两套软件的工程应用，详细介绍了应用工程的概况、监测方案及软件使用情况。

在本书的撰写过程中，借鉴了很多同行技术人员的宝贵经验，在此表示衷心的感谢。

由于时间仓促，水平有限，书中难免有遗漏和不足之处，一些论点和提法也值得商榷，恳请专家和读者批评指正。

作　者

2013 年 8 月于西安

目　录

1 绪论

1.1 我国隧道发展概况及工程特点

随着日益增长的经济和交通发展要求，在坚持可持续发展、切实保护生态环境和有限的土地资源的战略指导下，以公路、铁路和地铁隧道为代表的隧道建设需求已初露端倪，并将拥有广阔的社会和经济发展需要。

1.1.1 我国隧道发展概况

我国是一个多山的国家，山地面积占 2/3 以上，高原起伏，群山连绵，崇山峻岭密布，水系发育，江河纵横，地质复杂。居住着 56 个民族，13 亿多人口，铁路、公路、城市地铁是人们出行的主要交通方式。为了发展交通建设，需要修建大量隧道，而且有许多是长隧道和特长隧道，隧道修建过程中必然要遇到各种复杂地质条件，需要攻克许多技术难题。

自 1888 年我国修建第一条隧道——狮球岭隧道以来，经过 120 余年艰难曲折的发展历程，中国隧道修建技术从衡广复线大瑶山双线铁路隧道开始采用新原理、新方法、新结构、新技术、新设备、新工艺全面建成开始，已步入了世界先进水平的行列，在勘测、设计、施工、运营、科研等方面取得了许多重大的成就和创新。

秦岭终南山隧道、乌鞘岭隧道、太行山隧道等一批越岭特长交通隧道已经建成，跨越水域的武汉长江隧道、上海崇明岛隧道、南京长江隧道、厦门翔安海底隧道、青岛海底隧道等内陆水域及海域隧道也已建成，琼州海峡隧道、港珠澳桥隧大通道、渤海湾桥隧工程已在规划并已陆续开工建设，北京、南京、西安、成都、深圳、广州、郑州、青岛等 30 多个城市的地铁正处在建设与规划的热潮中。辽宁省直径 8m 的大伙房水库输水隧道长度达到 85.32km，已建成投入使用，这条隧道已成为目前世界上已经建成的最长隧道。规模宏大的葛洲坝、三峡、溪洛渡等水电站的建成，说明我国在修建大型复杂地下工程中的技术水平已位居国际前列。可以自豪地说，中国已经跻身世界隧道大国的行列。而且，大量工程的修建已证明：我国已经成为世界上隧道数量最多、发展速度最快、地质条件与施工环境最复杂、隧道结构形式多样的国家。

纵观我国隧道修建史，其修建技术的发展大体上经历了三个阶段：中华人民共和国成立前，隧道修建技术落后的时期。这一时期基本上是靠人力开挖，手工操作，机具十分简单。中华人民共和国成立后的20世纪50～70年代，隧道技术有所发展时期，隧道施工由以人力为主转为普遍采用中、小型机械施工。20世纪80年代以后，隧道技术进入大发展时期。这一时期，隧道修建由以传统木支撑为主的建设方法，转向大瑶山隧道修建模式：隧道修建技术以光面爆破、喷锚支护、监控量测信息反馈、复合式衬砌结构为特征，一系列新技术、新设备在工程实践中涌现，隧道施工形成了大型、配套的机械化施工，是隧道修建技术达到世界先进水平的时期。

20世纪50年代以宝成铁路为代表，铁路隧道的极限长度确定为2km左右，原因在于当时的建设水平不高，施工速度太慢；20世纪60年代以成昆铁路为代表，隧道极限长度已确定为7km左右；20世纪80年代以衡广复线铁路大瑶山隧道为代表，隧道长度已达到14.295km，建设速度可以达到月成洞100m的水平，取得了双线特长隧道设计施工中的十大配套技术，攻克了42项技术难点，解决了双线特长隧道施工大型机械化配套问题，是"新奥法"在我国指导长大隧道建设的成功实践，是中国隧道建设史上的新突破；20世纪90年代，第一座采用开敞式TBM掘进机修建的秦岭铁路隧道，长度已达到18.46km。隧道建设长度的快速增长不断刷新我国长隧道的修建纪录，标志着我国铁路长隧道的修建技术达到了国际先进水平。

在公路隧道建设发展的早期，公路多以盘山的方式穿行于山区或半山区。"线路长、能耗大、道路通行受季节影响大、易产生交通事故"是早期公路运输的主要缺点。现在，山区公路规划已改变了盘山选线的方式，代之以修建越岭隧道的穿山方式。如建于高海拔地区的二郎山隧道，长度达4.176km，缩短线路运营里程254km，提高了线路标准，避免了公路在海拔3000m的山区迂回，避免了急弯陡坡，降低了线路高程，线路在冷冻线以下，彻底告别了"车翻二郎山、行车大半天"的年代，实现了全天候通车的目标。同样，华蓥山隧道长4.7km，是成都到上海高速公路中的咽喉工程，使盘山路下降了500多米的高程，缩短行车里程20多公里，改善了行车条件，节约了用地，保护了自然环境，降低了交通事故发生率。全长18.02km的秦岭终南山特长公路隧道的成功修建，即是该理念的具体实践技术，取得了很好的效果，标志着我国公路隧道修建也已经达到国际先进水平。

21世纪，交通隧道建设技术在跨越江河大海上也取得很大的发展。18世纪～20世纪是大桥发展的世纪，"遇水架桥天经地义"的观点已发生了变化。随着航运业及隧道修建技术的发展，环境保护问题日益凸显，跨越江河已存在桥、隧两种比选方案。穿越江河的隧道修建方法很多，如：日本用钻爆法修建的青函海底隧道；英、法两国用TBM掘进机建成的英吉利海峡跨海隧道；我国用盾构法修建了第一条跨越长江的武汉长江隧道，南京、上海也相继在长江中修建隧道，用沉管法修建的广州芳村隧道、浙江甬江隧道，用沉管法、盾构法修建的多条过黄浦江的公路隧道，厦门、青岛用钻爆法也已建成或即将建成跨海隧道等。

综上，交通路网建设必将修建大量铁路隧道、城市地铁、公路隧道、跨海隧道，将促进我国隧道及地下空间工程建设水平的快速、大幅提高，隧道及地下工程的建设前景十分广阔。

1.1.2 隧道工程特点

隧道及地下工程的建设特点主要表现为建设工程构筑体处于地质体中，建筑基础理论研究尚不成熟，处于以经验设计和工程类比法为主的建筑现状，具有建设过程复杂，影响因素及不确定因素多，涉及学科范围广，建设过程需与建设环境相协调等特点。

1)建设工程处于地质体中

工程岩体(土体)是地下工程结构的一部分。这些地下工程埋设在不同的地层中,可能遇到各种各样的复杂地质问题。因此,地下工程的设计、施工均与建筑地区的地质条件有着密切的关系。地质环境对地下工程设计、施工的影响主要表现在以下6个方面:

(1)地貌与气候对地下工程的影响

地形地貌对隧道建设的影响主要表现在地应力特征上,隧道处于沟谷地带时隧道结构将承受较大的水平应力或偏压应力,在隧道设计时需要特殊考虑;气候的影响以温度和降雨量两因素最为显著,在特定的地质条件下可引起围岩工程特性的变化,产生新的工程地质问题。如:高原高寒地区的冻土会带来冻融、劳动力及机械降效等问题;温暖潮湿、雨量充沛的气候环境,则会使地层中储藏大量地下水,易出现隧道渗漏水、承载力不足等问题。气候及地貌特征还与岩性特征有着密切的联系,对隧道设计与施工都有着直接的影响。

(2)地质构造对地下工程的影响

地质构造是指在造山运动等大规模的地壳变动中,岩体产生变形、断裂、破碎后留下的痕迹,如褶皱、断层、挤压破碎带、节理裂隙带等。褶皱和断层对隧道建设的影响,前者主要表现在成为瓦斯和水的汇集场所,后者则主要表现在围岩力学性质发生巨大劣化,围岩破碎,易引起隧道坍塌等。

(3)岩(土)体结构对地下工程的影响

岩(土)体结构是指岩(土)体中结构面和结构体的总称,表达了结构面的发育程度及组合关系,反映了结构体的规模、形态及排列情况。岩体结构面既然是分割岩体的裂面,则不论其是否有充填物,也不论其规模大小和形态如何,其力学性质均较"岩块"要差,这在坚硬岩体中更为明显。因此,隧道围岩分级中将结构面发育程度及相关描述作为度量围岩承载能力的一类指标。

(4)岩(土)体性质对地下工程的影响

按照地壳岩石的成因,岩石分为沉积岩、岩浆岩和变质岩三类。不同成因的岩体,其物质组成与成岩结构不同。岩性对隧道建设的影响最终表现在工程力学性质上。坚硬的岩浆岩、灰岩、砂岩等,由于其强度高,抵抗外力的能力强,因而稳定性好;千枚岩、片岩、泥岩等,强度较低,抵抗外力的能力差,稳定性较差;土质地层属软弱围岩,其力学性质与所含黏土矿物的种类与比例关系密切,对围岩的稳定性有特殊影响。如膨胀岩产生膨胀应力,放射性地层产生放射污染,瓦斯地层产生瓦斯溢出问题等。

(5)地质体赋存环境对地下工程的影响

地质体赋存环境因素主要有三种:地应力、地下水、地温。它们对岩(土)体的变形、破坏和力学性质具有重要的控制作用。

(6)特殊地质与地下工程

所谓特殊地质,可定义为在承载特性及施工安全上需进行特殊设计和施工的地质条件。按其对隧道修建的影响特性,可分为结构突变型、应力时效型及有害物质型三类。

分析在不良地层中施工可能遇到的工程地质问题,以及这些问题的性质、特点及危害性,采取与其相适应的施工技术与方法加以控制,以保证在不良地层中隧道建设的顺利进行。

2)建设过程具有复杂性

通常岩体工程,特别是大型地下工程,其建设周期都较长,少则几个月,多则十多年,而采矿工程时间就更长。这些工程的施工通常都要破坏岩体原有的力学平衡,最终达到新的平衡和稳定状态。其间,岩体中的物理、力学诸因素要经过一个调整、转化的过程,而这些内部因素往往是互为联系、互为因果的。施工过程是一个时间和空间不断变化的过程。施工及运营期的稳定安全及与此有关的经济性等,不仅和工程的最终状态有关,还与达到此状态所经历的途径和采用的方法有关。

隧道及地下工程受地理与地质环境、工程情况、经济水平、材料科学发展水平、施工过程控制水平以及地下工程在国民经济中的地位等因素的影响,其建设过程具有复杂性。地理与地质环境本身就是复杂的天然介质,其涉及地应力、地下水、岩性、地质结构、地质构造等,几乎没有地质条件完全相同的两个工程。工程情况则是指工程规模、断面形状与尺寸、施工技术、过程控制、环境控制、工程材料和人机料的协调水平等,这些因素又具有显著的历史特征与动态特征。工作面状态在时间和空间上的动态性、技术发展的历史性均增加了地下工程的复杂性。因此在设计、施工中,应注重监测、检测及其信息化,使隧道及地下工程建设能够结合实际进行动态信息化管理,达到动态信息化施工、设计的要求,保障隧道施工和运营安全。

1.2 隧道常见病害特征

随着隧道工程数量的增加和建设速度的加快,目前,由于设计、施工等方面的原因,国内已建和在建的部分隧道都不同程度地出现了质量问题,有些甚至出现了严重的质量问题,其中最常见的有以下几个方面:

(1)隧道渗漏

隧道及地下工程在施工期间和建成后,一直受着地下水的影响,特别是建成后的隧道,更是处于地下水的包围之中。地下水无孔不入,当水压较大,防水工程质量欠佳时,地下水便会通过一定的通道渗入或流入隧道内部,对行车安全以至衬砌结构的稳定构成威胁。例如,辽宁八盘岭隧道、吉林密江隧道都是在建成后不久,隧道内便出现大量渗漏,春、夏、秋三季隧道变成了“水帘洞”,冬季洞内则变成了“冰湖”,如图 1-1 所示。由于反复冻融,造成衬砌结构开裂。为了不使结构遭受进一步破坏,防止隧道的大量渗漏,两隧道均不得不提前大修,在原衬砌内部复衬一层混凝土。虽然这一措施暂时使问题得以解决,但隧道断面减小,限界受侵,影响行车。据统计,目前国内公路隧道完全无渗漏者寥寥无几,绝大部分隧道都存在着不同程度的渗漏问题,渗漏部位遍及隧道全周。因此,在设计科学的防排水结构和加强防排水施工质量管理方面,隧道及地下工程工作者还应该做更多的分析研究工作。

(2)衬砌开裂

作用在隧道衬砌结构上的压力,与隧道围岩的性质、地应力的大小以及施工方法等因素有关。由于受技术和资金条件的限制,一些因素在设计前是难以准确确定的,所以在隧道衬砌结构设计中常带有一定的盲目性,导致结构强度不够或与围岩压力不协调,造成衬砌结构开裂、破坏,如图 1-2 所示。然而,工程上出现的衬砌开裂更多的则是由于施工管理不当造成的,或是因为衬砌厚度不足,或是因为混凝土强度不够。例如:宁夏某隧道,由于种种原因,隧道衬砌做完后,衬砌混凝土出现了大量的裂缝。在 1500m 范围内有 5 段裂缝发育区,其中一条连续

纵向裂缝长达33m,裂缝的最大宽度达20mm,最大水平错距达40mm。这些裂缝对结构的稳定及建成后隧道的安全运营构成了潜在的威胁。又如,陕西境内某黄土隧道,由于土压力大,施工中衬砌混凝土存在质量问题,隧道尚未通车,衬砌便先由局部开裂发展为结构失稳,最终导致大范围的塌方。在我国的其他地区也有类似情况发生。由此可见,加强施工管理,提高隧道混凝土衬砌质量已迫在眉睫。

图1-1 隧道渗漏水冻融

图1-2 隧道衬砌开裂

(3)限界受侵

建筑限界是保证车辆安全通过隧道的必要断面。在隧道施工过程中,有时会遇到松软地层,当地压较大时,围岩的变形量将很大,如果施工方法不当或支护形式欠妥、支护不及时,则容易导致塌方。为了保证施工安全和避免塌方,往往急于修筑衬砌,忽视断面界限,使建筑限界受侵。另一种施工中的常见现象是衬砌混凝土在浇筑过程中,模板强度、刚度不足,出现走模,也会导致限界受侵。

(4)衬砌结构同围岩结合不密实

同围岩的紧密接触是地下结构区别于地面结构的主要特征。所谓"新奥法"的出发点正是支护结构同围岩的共同变形,不幸的是,在施工中由于岩石隧道光面爆破效果不良,施工不规范,通过钢筋网在作为初期支护的喷射混凝土层背后设置石块或其他异物取代混凝土充填空间,造成了围岩与初期支护之间不密实,甚至存在大的空区(洞)。在二次衬砌施工过程中,由于泵送混凝土压力不足、流动性不好、重力作用、抽拔泵送管过早过快等原因,拱顶混凝土往往难以饱满,造成模筑混凝土厚度不足,甚至形成较大空区(洞),由此诱发的拱顶上鼓,衬砌内缘压裂、掉块的现象屡见不鲜。

(5)通风、照明不良

在部分运营隧道中有害气体浓度超限,洞内照明昏暗,影响司乘人员健康,威胁行车安全。造成隧道通风与照明不良的原因有以下三个方面:设计欠妥、器材质量存在问题和运营管理不当。鉴于设计方面的问题,应从加强理论与试验研究着手,不断总结经验,提高设计水平来加以解决。对于器材,应在安装前对其性能指标加以检测,不符合要求者不予采用。目前造成隧道通风与照明不良的主要原因是隧道管理部门资金不足,管理不善,风机与灯具开启强度不足。为了不降低隧道的使用标准,确保安全运营,应定期对隧道的有关通风、照明指标进行抽检。

1.3 隧道检测监测技术主要内容

1.3.1 隧道检测技术主要内容

隧道建设是百年大计，保证质量就成了工程建设的突出重点，作为隧道质量控制的重要环节，隧道施工质量检测在隧道工程建设中所起的作用是十分明显的。在隧道施工过程中，由超欠挖、回填及混凝土振捣不实造成衬砌结构与围岩脱空、衬砌内存在蜂窝或空洞等；由于偷工减料，钢筋及钢拱架间距较设计明显增大。及时发现和处理这类质量问题是保证隧道施工和确保正常运营的关键。

(1)材料检测

隧道工程的常用材料中，衬砌材料属于土建工程通用材料，其检测方法可参阅有关文献；支护材料和防排水材料具有隧道和地下工程特色。支护材料包括锚杆、喷射混凝土和钢构件等。锚杆杆体材质、锚固方式、杆体结构和托板形式等种类繁多，特性各异，分别适用于不同的工程条件；喷射混凝土有干喷、潮喷和湿喷之分，为了获取较好的工程特性和力学特性，往往在喷射混凝土材料之外，还添加各种添加剂；隧道防排水材料主要包括：注浆材料、高分子合成材料、排水管和防水混凝土等，特别是不同性能、不同规格的高分子合成卷材在隧道及地下工程中应用广泛，取得了良好的防水效果。

(2)施工检测

隧道工程上出现的种种质量问题，绝大部分都是在施工过程中埋下了质量隐患，如渗漏水、衬砌开裂和限界受侵等，因此必须对施工质量进行质量检测。其主要内容包括：超前支护及预加固、开挖、初期支护、防排水和衬砌混凝土质量检测等。

超前支护施工质量检测主要是针对构件的长度、孔位、钻孔深度和孔径等项目进行实测，以判断其施工质量，特别是在水文地质条件复杂、隧道开挖断面较大、围岩自稳时间较短的工程中，辅助施工措施的施工质量检测工作是至关重要的。

开挖断面检测是工程质量评价的重要指标之一。隧道施工中，开挖断面尺寸应符合设计和规范要求，严格控制欠挖，尽量减少超挖，当采用光面爆破时应根据围岩的软弱程度合理选择爆破方案，保证炮眼痕迹保存率和利用率，满足隧道断面平整度的要求。

支护质量主要指锚杆安装质量、喷射混凝土质量和钢构件质量。对于锚杆，施工质量检测的内容主要有锚杆的间距、长度、方向和抗拔力等；对于喷射混凝土施工中主要检测其强度、厚度和平整度；对于钢构件，需检测构件的规格与间距，以及构件与围岩的接触情况和与锚杆的连接情况。

衬砌混凝土的质量检测包括衬砌的几何尺寸、衬砌混凝土强度、混凝土的完整性、混凝土裂缝、衬砌背后的回填密度和衬砌内钢架、钢筋分布等的检测。除外观尺寸外，衬砌混凝土其他检测项目多采用无损探测技术。

(3)环境检测

环境检测可分为施工环境检测和运营环境检测。施工环境检测的主要任务是检测施工过程中隧道内的粉尘和有害气体；运营环境检测包括通风、照明和噪声等。隧道环境检测项目相对简单,精度较高。

1.3.2 隧道监测技术主要内容

现场监测是监控设计中的重要环节,也是目前国际上流行的新奥法施工中的重要内容。归结起来,监测的目的主要是掌握围岩动态和支护结构的工作状态信息,利用量测结果修改设计、指导施工;预见事故险情,以便及时采取措施,防患于未然;积累资料,为以后设计提供类比依据;为确保隧道施工安全提供可靠信息,为二次衬砌提供合理的支护时机,并为进一步深化理论研究提供原始数据。隧道施工监测主要内容有:

(1)洞内、外观察

洞内观察可分为开挖工作面观察和已施工地段观察两部分。开挖工作面观察应在每次开挖后进行,及时绘制开挖工作面地质素描图、数码成像;已施工段观察主要是针对超前支护和初期支护完成后,衬砌变形、开裂等情况进行观察记录。

洞外观察重点是洞口段和洞身浅埋段,记录地表开裂、变形及边仰坡稳定等情况。

(2)变形监控量测

变形监控量测可采用接触量测或非接触量测法。传统的接触量测法成本低、简便可靠、能适应恶劣环境等优点,但对施工干扰大,量测速度慢,越来越难以满足要求。非接触量测具有对施工干扰小,量测速度快,特别是对于大跨度隧道更能显示出其方便、快速、灵活、适应性强的优点,克服了传统量测方法的缺点。隧道变形监控量测涉及的主要项目有洞周收敛、拱顶下沉、地表沉降以及围岩内部位移等。

(3)应力、应变监控量测

应力、应变量测包括钢拱架内力量测、喷射混凝土应变量测和二次衬砌内力量测。钢架内力和混凝土应变量测均可采用振弦式传感器、光纤光栅传感器。

(4)接触压力量测

接触压力量测包括围岩与初期支护之间、初期支护与二衬之间两部分。接触压力量测可以帮助了解围岩压力的量值及分布状态,判断围岩稳定性和二次衬砌的安全性。现场量测可采用振弦式传感器,传感器与接触面要求密贴紧密,传感器类型的选择应与围岩和支护相适应。

(5)爆破振动监测

爆破振动监测主要测质点的振动速度和加速度,可分别采用振动速度和加速度传感器,以及相应的数据采集设备,根据监测结果可分析振动波形大小和振幅衰减规律。

(6)孔隙水压与水量监控量测

孔隙水压监控量测可采用孔隙水压计进行。水压计应埋入带刻槽的测点位置,采取措施确保水压计与水直接接触。通过数据采集设备获得各测点读数,并换算出相应孔隙水压力值,水量监控量测可采用三角堰、流量计进行。

1.4 隧道信息化智能管理技术

随着隧道建设的迅速发展,大型地下工程企业往往会面临多个工地同时进行施工,而且工地分布非常分散,要进行远程的管理和技术支持,就必须对施工信息有一个全面、及时和准确的掌握，因此，实现监测数据的远程采集就成为一个急需解决的问题。同时，隧道监测项目众多，监测仪器种类繁杂，监测数据量庞大，如果依靠人工管理和分析则工作量大、效率低、较容易出错，最重要的是实时性差，不能及时发现和警示隧道施工中的安全隐患，不能充分发挥监控量测的作用，不能最大限度地保证施工安全，因此，急需提高隧道工程的信息化、智能化管理水平。

随着多源信息的自动采集、无线传输、可视化、预测预警及安全管理等方面关键技术与方法的发展，目前已经可以通过建立隧道信息化智能管理系统，实现隧道施工过程中监测数据的自动化采集，通过对监测数据的分析和处理可进行结构变形预测、地质超前预报，进而在危险临近时，进行多源信息预警、警灯鸣笛等安全提示，启动相应应急预案，疏导人员撤离，确保隧道施工安全。

一般隧道信息化智能管理系统包含：工程信息管理模块、监测数据采集模块、监测数据管理模块、智能预测分析模块、自动预测预警模块、二衬支护时机预测模块及监测报告生成模块。实现上述功能的关键技术主要有：

(1)无线远程采集技术

隧道结构无线远程自动化实时采集技术是一门综合性技术，涉及结构动力学、信息技术(如信号的传输、处理、存储与管理)、传感器技术、优化设计等多个学科。实现自动化实时采集的工作流程主要为：①现场自动采集系统，主要用于将待测物理量转变为电信号，包括传感器的选择和传感器网络在隧道结构中的布置方案，并将信号进行初步处理；②传输系统，将采集并处理过的数据远程传输到实时监测控制系统。

(2)数据库技术

数据库技术是信息系统的一个核心技术，是一种计算机辅助管理数据的方法。它研究如何组织和存储数据，如何高效地获取和处理数据，通过研究数据库的结构、存储、设计、管理以及应用的基本理论和实现方法，并利用这些理论来实现对数据库中的数据进行处理、分析和理解。数据库技术研究和管理的对象是数据，所以数据库技术所涉及的具体内容主要包括：通过对数据的统一组织和管理，按照指定的结构建立相应的数据库和数据仓库；利用数据库管理系统和数据挖掘系统设计出能够实现对数据库中的数据进行添加、修改、删除、处理、分析、理解、报表和打印等多种功能的数据管理和数据挖掘应用系统；并利用应用管理系统最终实现对数据的处理、分析和理解。

(3)可视化技术

现代的数据可视化(Data Visualization)技术指的是运用计算机图形学和图像处理技术，将数据换为图形或图像在屏幕上显示出来，并进行交互处理的理论、方法和技术。它涉及计算机图形学、图像处理、计算机辅助设计、计算机视觉及人机交互技术等多个领域。数据可视化概念首先来自科学计算可视化，科学家们不仅需要通过图形图像来分析由计算机算出的数据，而且需要了解在计算过程中数据的变化。随着计算机技术的发展，数据可视化概念已大大扩展，它不仅包括科学计算数据的可视化，而且包括工程数据和测量数据的可视化。学术界常把这种空间数据的可视化称为体视化(Volum Visualization)技术。

(4)智能预测分析技术

隧道施工过程中通过监控量测可以实时掌握当下的变形情况，但是不能预知未来，无法提前防范未知的风险，而通过智能预测分析技术对变形进行准确预测，便于选取最佳的施工技术，可有效保障施工安全。预测技术主要分为理论计算法和基于实测数据的实测数据分析法。理论计算法主要包含以 Peck 理论为基础而不断发展、完善的经验理论法，以及以有限元法为主的数值预测法等。实测数据分析法是不管围岩和支护力学行为的变化，直接利用已开挖的隧道现场实测变形数据，通过建立数据模型预测后续变形。主要包含回归分析法、时间序列分析法、神经网络方法、灰色预测模型等。另外为了避免单一预测方法的局限性，可将多种预测方法进行有机组合，形成组合预测方法，提高预测精度。

(5)施工风险预警技术

隧道施工风险预警主要包含三个部分：信息采集和风险源辨识、施工风险评估以及信息反馈预警。信息采集包括地质信息采集、施工信息采集和监测信息采集。在信息采集的基础上对隧道施工不确定性风险进行辨识、评价，实现对施工风险的科学管理与控制。然后利用层次分析法或模糊评价法等方法对不同风险源进行重要度排序，构建施工风险预警指标体系，同时确定预警阈值和预警信号。最后通过定量计算各指标值，当监控指标突破预警阈值时，系统发布预警信号，并给出相应处理措施建议。

2 隧道施工质量检测仪器与原理

随着当前我国交通系统的迅速发展,山岭隧道工程越来越多。但由于工程地质条件的复杂性,以及设计施工不规范等人为因素的影响,已(在)建山岭隧道超欠挖、衬砌剥落、开裂、渗漏水等病害现象时有发生,给隧道施工、安全运营均带来较大隐患。为防患于未然,隧道病害监测与检测、整治问题已经不容忽视。本章主要介绍在隧道施工或运营期间,各种常见质量问题的检测技术及检测仪器的原理和应用。

2.1 隧道检测系统

2.1.1 隧道检测技术研究现状

最早的隧道检测手段是用钻孔探测衬砌的厚度和空洞(钻孔取芯法),该法对衬砌中的缺陷以及衬砌后脱空的判断直观且准确无误,在隧道衬砌健康状态检测中得到了长期的应用。但由于其检测速度较慢,效率较低,对衬砌结构的防排水系统形成破坏,大量抽样对结构受力不利,少量抽样代表性差,导致采用这种方法检测的测点较少,不能对隧道衬砌的总体情况进行全面而准确的评价。因此,在现有的隧道衬砌健康状态检测中,一般采用钻孔取芯法对其他检测方法进行标定。

鉴于钻孔取芯法存在的诸多弊端,人们开始了无损检测技术的探索与研究,该类方法概括起来说就是利用声、光、电、磁和射线等方法,推定混凝土强度、密实度、均匀度及存在的缺陷等。与破损检测相比,无损检测具有仪器简单、操作方便、费用较低、不破坏结构、可进行重复测试等优点。无损检测方法包括回弹法、冲击回波法、浅层地震法、超声波法和这些年发展起来并得到广泛应用的探地雷达法。每种无损检测方法都有各自的优势,同时也有各自的不足,现分述如下。

(1)回弹法

回弹法是在混凝土侧面或顶面(底面)均匀布置一定数量的测点,利用回弹仪测得混凝土的回弹值,并根据已知的测强曲线,以及混凝土抗压强度与混凝土表面回弹值之间存在的统计相关关系,通过换算求得混凝土当前状态和强度,用以检测混凝土的质量和抗压强度。其优点在于:仪器构造简单,方法易于掌握;检测工作有较好的灵活性,可以在结构物的任何部位进行检测;适用于施工现场对混凝土强度进行随机的、大量的检测。但是,回弹法反映的仅是混凝土表面10～15cm厚度范围内的质量,即只用于检测混凝土表面的质量。

(2)冲击回波法

为了检测只存在单一测试面的结构混凝土的厚度及其内部缺陷,国际上从20世纪80年代中期开始研究一种新的无损检测方法—冲击回波法。该法利用一个短时的机械冲击(用一个小钢球或小锤轻敲混凝土表面)产生低频的应力波,应力波传播到结构内部,被缺陷和构件底面反射回来,这些反射波被安装在冲击点附近的传感器接收下来,并被送到一个内置高速数据采集及信号处理的便携式仪器,将所记录的信号进行时域和频域分析即可得出混凝土的厚度或缺陷的深度。根据频率分析结果,能够获得有关衬砌厚度的数据及特殊反射体的重叠,特别适合于单面结构,如路面、机场跑道、底板、护坡、挡土墙、筏型基础、隧道衬砌、大坝等结构的检测。但是,该方法具有很大的片面性,冲击回波到达的检测深度依赖于要检测的材料结构、强度以及应力脉冲的频率,这些会受到所选球尺寸的影响。另外,该方法还极大地依赖回波响应、频谱分析等应力波理论,解释较为困难,而且对混凝土表面的光洁度、耦合剂层厚要求较高。

(3)浅层地震法

浅层地震法是以测量对象的弹性差异为物理前提的。其基本工作方法是在某一条测线上或浅井中用炸药或重锤作震源激发地震波,当地震波向下传播遇到弹性不同的分界面时,就会发生反射、透射和折射,再沿测线的不同位置用专门的地震勘探仪器记录这些地震波。根据波的振幅、速度等参数就可推断测量对象的性质。地震法能探测到隧道围岩中较远的范围,其最大的不足就是工作效率太低。

(4)超声波法

超声波法是在结构的表面或钻孔内布置一定数量的测点,利用低频超声波测出混凝土的波速,将测得的波速与标准状态的波速对照从而求得混凝土的质量和强度。近年来,随着我国建筑业和公路铁道的迅速发展,超声波技术作为无损检测的一种方法得到了广泛应用,取得了显著的成效。该项无损检测技术主要应用于金属探伤、桩基检测等领域。在混凝土强度、均匀性及混凝土内部缺陷的检测方面已广泛为人们所认可,但超声波检测混凝土是逐点进行观测,其工作效率不适合大面积的隧道检测工作。

(5)地质雷达法

探地雷达法(简称GPR)是利用高频电磁波以宽频带短脉冲形式,由地面通过发射天线定向送入地下,经过存在电性差异的介质反射后返回地面,被接收天线接收。电磁波在介质中传播时,其路径、电磁场强度与波形将随所通过混凝土的电性与状态而变化,当发射与接收天线以固定的间距沿测线同步移动时,就可以得到反映测线以下介质的雷达图像。该方法可根据波形记录直接分析混凝土内部缺陷的分布和形态,具有可视性;可根据探测深度、分辨率的要求选用不同频率的天线;可在结构物表面进行,灵活性较好,在同一部位可进行多次重复测试;具有很快的检测速度(最高可达到每小时80km),并且可以连续检测,适合大面积的混凝土检测工作。

(6)瞬变电磁法

瞬变电磁法是用不接地的回线线圈向地下发送一次脉冲,在一次脉冲的发射间歇期间,观测断电后的一次脉冲激发出的二次涡流场的变化规律。涡流场的衰减过程，早期以高频为主，反映的是浅层信息；晚期以低频为主，反映的是深层地下信息。二次涡流场随时间的衰减快慢和强弱与被探测的介质（空气、衬砌、岩石）及介质状态（含水与干燥、完整与破损）有关，TEM法衰减曲线的变化过程反映了检测点由高频到低频、由浅层到深层的地质信息变化过程。检测的参数是各层的视电阻率，对实测的衰减曲线进行反演拟合，绘制地下电性分层及分层的电阻率柱状图，进而以反演拟合曲线为基础，绘制成曲线簇断面图、等值线断面图及电性分级断面图。但该法预报结果易受支护结构的影响，特别是锚杆、钢拱架、钢筋网等金属。

2.1.2 隧道检测的目的与任务

在岩土介质中开挖的公路隧道，其主体是人工地下结构，处于天然介质环境中，由于受经济、技术水平的制约及施工队伍素质的影响，加之为隐蔽工程，在这样的条件下修建隧道，一旦对施工监管松懈，很可能产生众多施工质量问题。如隧道衬砌厚度不足，衬砌模筑混凝土蜂窝或严重离析、空洞或脱空，在施工过程中对超欠挖控制不利，造成大的超挖发生，而回填又不密实，导致在衬砌建设期间及建成之后围岩崩落，致使衬砌受力不合理而过早开裂；由于人为的偷工减料而增加钢拱架或钢筋的间距等，以上施工质量问题的产生使得隧道衬砌在经受温度变化、地下水静水压力及脱空区掉块荷载时，容易产生诸如渗漏水、衬砌裂损、衬砌冻害、衬砌腐蚀等一系列病害情况，严重影响隧道的正常运营及使用年限。

因此在隧道建设中，为确保工程的施工质量符合设计要求，应从隧道开挖完成、初期支护喷射混凝土开始到二次衬砌施工完毕，对隧道的施工质量进行全程跟踪检测，具体检测内容包括衬砌厚度和钢支撑密度是否达到设计要求；衬砌结构层内或层间是否存在空洞或脱空欠实；衬砌背后是否存在大面积的积水等。对发现的衬砌缺陷和影响正常运营的病害隐患，责令施工单位进行针对性的处理，直至复检合格后方可进行下一个工序，真正地实现隧道衬砌质量完全监控检测，检测流程如图 2-1 所示。

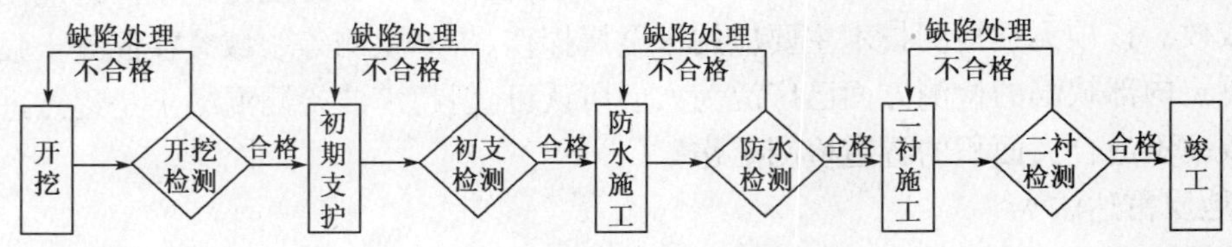

图 2-1　隧道衬砌质量检测流程图

2.2 隧道施工开挖检测仪器与原理

在地下工程施工中，各种隧道、洞室、巷道等开挖断面的检测是工程质量评价的重要指标之一。在开挖施工中，按设计和规范要求控制超欠挖量和断面平整程度，不仅关系到施工的成本，还要影响初衬和二次衬砌的质量以及围岩与支护结构的受力状态。地下工程断面的检测有多种方法，主要可分为接触性检测和非接触性检测，传统的接触性检测方法准确性受人为因素影响很大，且测量环节多、费力，量测断面数量少，造成检测结果严重滞后于施工进度，达不

到即时性要求，因此这种低效率、精度差的量测方法给施工、检测带来很多困难。随着检测技术的不断发展，非接触性检测方法在地下工程中得到了广泛应用。本节主要介绍非接触性断面检测方法及检测仪器的原理和应用。

2.2.1 激光断面仪

激光断面检测法作为一种非接触性检测方法，具有安全、方便、准确、快速的特点，可用于检测隧道开挖断面、衬砌断面，若结合施工动态检测，可用于监测开挖后断面的收敛变形，以判断围岩的稳定性，以及检验衬砌厚度和平整度。

1)测量原理

激光断面仪法的测量原理为极坐标法。如图 2-2 所示，以某物理方向（如水平方向）为起算方向，按一定间距（角度或距离）依次测定仪器旋转中心与实际衬砌轮廓线的交点之间的矢径（距离）及该矢径与水平方向的夹角，将这些矢径端点依次相连即可获得实际衬砌的轮廓线。通过洞内的施工控制导线可以获得断面仪的定向定点数据，在计算软件的帮助下自动完成实际开挖轮廓线与设计开挖轮廓线的三维匹配。用断面仪检测断面开挖轮廓线的优点在于不需要合作目标（反射棱镜），而且它的量测精度满足现代施工测量的要求。

目前，激光断面仪广泛的应用于初期支护（喷射混凝土）、二次衬砌断面轮廓、平整度和厚度的检测。

2)测量仪器及主要技术指标

激光断面仪是把现代激光测距和计算机技术相结合开发出来的硬、软件一体化的隧道断面测量仪器。我国自 20 世纪 90 年代开始引进瑞士 Amberg 公司生产的断面仪，国内测量仪器厂商经过科研攻关，也相继开发出了新的隧道断面检测系统。如北京光电技术研究所开发的 BJSD 系列激光隧道多功能断面检测仪，该研究所通过对硬件的研制和软件的开发，生产出了专用于隧道断面检测的仪器——激光隧道断面检测仪，在此基础上又将其功能扩展到可用于指示炮眼位置，进行围岩收敛量测等方面。目前有 BJSD-2B 型、BJSD-2C 型、BJSD-3 型等型号。下面对 BJSD-3 型（如图 2-3 所示）主要技术指标及功能予以介绍。

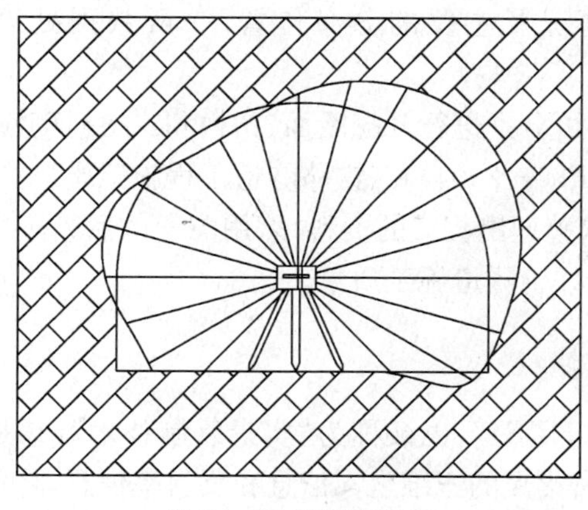

图 2-2　断面仪测量原理

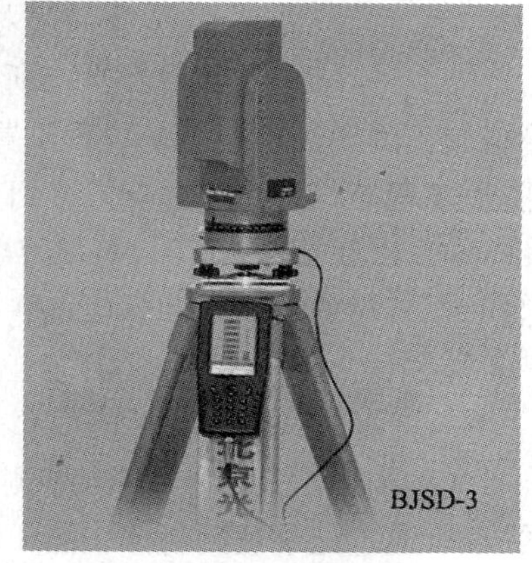

图 2-3　BJSD-3 激光断面仪

BJSD-3 型断面仪由检测主机、检测控制记录器（掌上电脑）、三脚架、软件、外接电源盒等部分组成。

(1)仪器特点

①测量数据自动记录,存储空间大。

②无须交流供电,使用充电电池供电,携带方便。

③软件功能强大,操作简便,全中文界面,支持多种操作系统。

(2)主要技术指标

①检测距离精度:±1mm。

②角度精度:0.01°。

③可存储500个断面。

④方位角转动范围为:300°～360°。

⑤定位测量方式:具有垂直向下激光自动对中、测量高程功能。

(3)测量方式

本仪器需全站仪配合,其测量方式有以下几种:

①手动检测方法:由操作者控制移动检测指示光斑随意进行测量和记录。

②定点检测法:可设置起止角度及测量点数等参数,仪器将按照所定参数自动测量并记录。

③自动量测法:仪器依照内部设定的间隔,自动检测并记录数据。

3)测点布置

利用BJSD-3型断面仪在对隧道衬砌断面施测时,为了保证测量精度和定位测量断面,首先采用全站仪沿隧道中心线每间隔100m放设一个测站点,并精确测定和记录该点的平面坐标和高程。同时以该点为中心,垂直隧道中心线在隧道两侧分别放设一点,作为BJSD-3型断面仪测量该断面的定向点和校正点。测站点、定向点和校正点布置如图2-4所示。

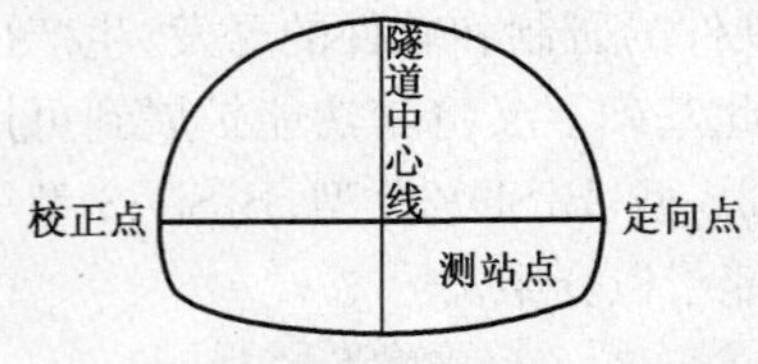

图2-4 断面测量检测点示意图

4)数据、图形的输出处理

BJSD-3型隧道激光限界仪由控制器存储数据,在相应的内置软件支持下,可由输出端口输出数据,存入计算机后进行数据和图形的处理,从数据分析图形上可直观地判断出隧道超欠挖情况及主要的分布位置,一般数据处理结果如图2-5所示。

在隧道施工的不同阶段同一里程位置还可分别进行开挖断面、初衬和二次衬砌检测,并根据《公路隧道工程质量检验评定标准》(JTG F80—2004)和《铁路隧道工程施工质量验收标准》(TB 10417—2003/J 287—2004)等规定要求整理出相应的资料,采用配套的后处理软件可计算出隧道初衬、二衬的平整度和厚度,进一步评价隧道施工质量。

2.2.2 三维激光扫描检测系统

三维激光扫描技术又称作"高清晰测量(HDS)",也被称为"实景复制技术",它是利用激光测距的原理,通过记录被测物体表面大量密集点的三维坐标信息和反射率信息,将各种实体或实景的三维数据完整地采集到电脑中,进而快速复建出被测目标的三维模型及线、面、体等各种图件数据。所采集的点云数据还可以用于其他领域专业软件进行处理应用。目前该技术已在建筑、水利和交通等多个领域得到了广泛应用。

1)三维激光扫描仪测量原理

三维激光扫描仪基于激光的单色性、方向性、相干性和高亮度等特性，在注重测量速度和操作简便的同时，保证了测量的综合精度，其测量原理主要分为测距、测角、扫描、定向四个方面。

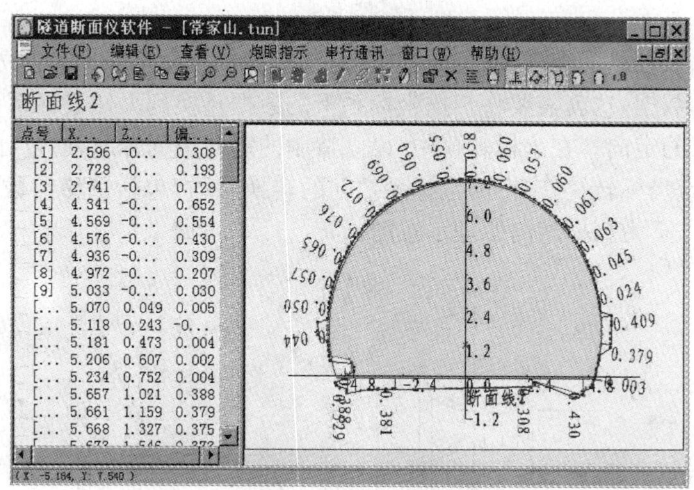

图 2-5　激光断面仪数据处理结果

(1)测距原理

激光测距作为激光扫描技术的关键组成部分，对于激光扫描的定位、获取空间三维信息具有十分重要的作用。目前，测距方法主要有：三角法、脉冲法和相位法，该三种方法的区别主要集中在测程与精度的关系上，脉冲测距法测量距离最长，但精度随距离的增加而降低；相位测距法适合于中程测量，具有较高的测量精度，但是它是通过两个间接测量获得目标距离，所以应用这种测距原理的三维激光扫描仪较少；三角测距法测程最短，精度最高，适合近距离、室内的测量。

(2)测角原理

区别于常规仪器的度盘测角方式，激光扫描仪通过改变激光光路获得扫描角度。把两个步进电机和扫描棱镜安装在一起，分别实现水平和垂直方向扫描。步进电机是一种将电脉冲信号转换成角位移的控制微电机，它可以实现对激光扫描仪的精确定位。在扫描仪工作的过程中，通过步进电机的细分控制技术，获得稳步、精确的步距角 θ_b：

$$\theta_b = \frac{2\pi}{N_r m b} \tag{2-1}$$

式中：N_r——电机的转子齿数；

m——电机的相数；

b——各种连接绕组的线路状态数及运行拍数。

在得到 θ_b 的基础上，可得扫描棱镜转过的角度值，再通过精密时钟控制编码器同步测量，便可得每个激光脉冲横向、纵向扫描角度观测值。

(3)扫描原理

三维激光扫描仪通过内置伺服驱动马达系统精密控制多面扫描棱镜的转动，决定激光束出射方向,从而使脉冲激光束沿横轴方向和纵轴方向快速扫描。目前,扫描控制装置主要有:摆动扫描镜和旋转正多面体扫描镜两种,如图 2-6 所示。

摆动扫描镜为平面反射镜,由电机驱动往返振荡,扫描速度较慢,适合高精度测量;旋转正多面体扫描镜在电机驱动下绕自身对称轴匀速旋转,扫描速度较快。

(4)定向原理

三维激光扫描仪扫描的点云数据都在其自定义的扫描坐标系中,但是数据的后处理要求是大地坐标系下的数据,这就需要将扫描坐标系下的数据转换到大地坐标系下,这个过程就称为三维激光扫描仪的定向。在坐标转换中,设立特制的定向识别标志,通过计算识别标志的中心坐标,采用公共点坐标转换,求得两坐标系之间的转换参数,包括平移参数 Δx、Δy、Δz 和旋转参数 α、β、γ。图 2-7 为扫描定向原理示意图。

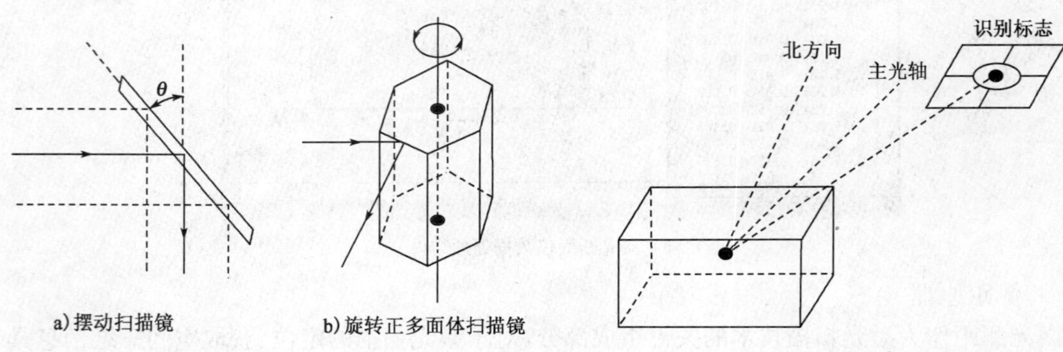

图 2-6　扫描控制装置

图 2-7　扫描定向原理

2)三维激光扫描仪发展现状

三维激光扫描仪作为光、机、电等技术集成化的新型测绘仪器,种类繁多,按测距原理可分为三角法、脉冲式、相位式和脉冲—相位式激光扫描仪。按测量平台可分为:地面固定型、车载型、手持型及机载型激光扫描仪。按测量的扫描距离可分为:短距离型、中距离型及长距离型激光扫描仪。各种扫描仪在测程范围、扫描视场、扫描速率、测距精度、测角精度等方面各有特点。表 2-1 为国内常见三维激光扫描技术参数对比表。

三维激光扫描仪技术参数　　表 2-1

参数 型号	扫描原理	测距范围(m)	视场范围	单点测距精度	测角精度	最高扫描速率(点/s)
MENSI S10	三角	0.8～10	320°×46°	±0.1mm	±4″	100
VX 空间测站仪	脉冲	150	360°×310°	±3mm+2ppm	±1″	15
LPM-321	脉冲	10～6000	360°×150°	±15mm	0.009°	1000
ILRIS-36D	脉冲	3～1500	360°×110°	±7mm	±4″	2500
GLS-1000	脉冲	1～330	360°×70°	±4mm	±6″	3000
HDS3000	脉冲	2～100	360°×270°	±6mm	±60mrad	4000
GS 100	脉冲	1～100	360°×60°	±6mm	±6″	5000
GX 3D	脉冲	1～350	360°×60°	±12mm	±12″	5000

续上表

参数 型号	扫描原理	测距范围(m)	视场范围	单点测距精度	测角精度	最高扫描速率(点/s)
ILRIS-3D	脉冲	3～1200	360°×310°	±4mm	0.00075°	10000
LMS-Z620	脉冲	2～2000	360°×80°	±10mm	0.002°	11000
ScanStation2	脉冲	2～300	360°×270°	±6mm	±12″	50000
VZ-400	脉冲	1～500	360°×100°	±2mm	0.0005°	300000
LS880	相位	0.6～76	360°×320°	±3mm	0.009°	120000
Photon 80	相位	0.6～80	360°×320°	±5mm	0.009°	120000
HDS6000	相位	1～79	360°×310°	±6mm	±25″	500000
Photon 120	相位	1～120	360°×320°	±2mm	0.009°	976000

上表中三维激光扫描仪依照最高扫捕速率从小到大排列，通过参数对比可知，三角法测量距离最短，扫描速率慢，但是其精度很高，适合许多高精度的测量，在医学和精密工业中有很好的应用，如外科整形、人体测量、矫正手术、在线加工、工业设计等；脉冲式测程远，扫描速率快，测距精度较低，但角度测量精度较高，并随着测程与扫描速率的增加，精度呈现降低的趋势，主要应用在基础设施测量、地形测量、变形测量、工程施工、事故现场恢复、古迹修复与保护等方面；相位式测程介于上述两者之间，扫描速率最大，主要应用在如数字工厂(石油、天然气、化工、汽车、重工业等工厂)的生成，铁路轨道扫描和隧道扫描等领域。

3)FARO 三维激光扫描隧道测量系统

三维激光扫描系统已在国内诸多领域得到了广泛应用，涉猎产品较多，为进一步说明该系统在隧道测量中的使用方法和步骤，本文仅就 FARO 3D photon 120 这一型号产品的组成和功能做简要介绍。

(1)系统的组成和功能

FARO 三维激光扫描隧道测量系统的组成有以下三部分：

①FARO 三维激光扫描仪(见图 2-8)。用来扫描获取实体表面的三维数据。

图 2-8　FARO 3D photon 120 三维激光扫描仪

②FARO SCENE 后处理软件。用来控制扫描仪操作、视角、测量和分析，也可以用来处理数据、识别物体和连接 CAD 系统(所有的 CAD 和 CAPE 系统都支持)。

③RR Tunnel 隧道测量软件包。

上述三个软硬件系统的配合使用可实现隧道量测、分析、处理和管理为一体的目的，高速测量、快速分析、及时处理，可为管理者提供合理的、可靠的决策方案。

(2)扫描仪技术参数

①有效扫描距离：120m。

②系统误差距离：25m 处 2mm。

③清晰间距：153.49m。

④典型解析度：8000×3500。

⑤典型持续时一间：233s。

⑥最大解析度：470000×16384。

⑦测量频率：97 万 6 千点/s。

⑧激光功率：20.0mW。

⑨波长：785nm。

⑩垂直视角：320°。

⑪水平视角：360°。

⑫重量：14.5kg。

⑬数据储存：内置 80G 硬盘或网络连接。

⑭尺寸：400mm×160mm×280mm。

(3)系统处理平台

笔记本电脑，至少有以下配置：

①CPU：2.13GHz。

②RAM：2GB。

③HD：80GB。

④显卡：512MB。

⑤预装 Windows NT 或 2000 或 XP 操作系统。

(4)三维激光扫描仪系统工作流程

①测站设计。根据待扫描开挖隧洞段的长度架设标靶和三维激光扫描仪。具体操作：首先，在已开挖隧洞的有效扫描范围内布置 2～3 个标靶；然后，将三维激光扫描仪架设在待扫描的隧洞开挖段大约中部的任意地方，不必架设在已知的测量控制点上。

②扫描仪扫描测量。扫描仪无需像传统测量仪器那样定向后才能测量，只需较随意地选好架站地点初平扫描仪即可。扫描仪架好后，接通 FARO 三维激光扫描仪电源待机预热 4min 左右(经过预热后，三维激光扫描仪可提供最佳的扫描测量结果)。然后，启动扫描仪上的扫描按钮，扫描仪便会自动逆时针旋转片刻后停止，紧接着自动转为顺时针运动同时进行所有的连续扫描测量。待扫描仪自动顺时针旋转 360°后完成扫描，扫描仪又会自动逆时一针旋转回到其最初的位置。至此，一个测站的现场扫描操作全部结束。

③控制标靶中心坐标的获取。在已有的控制测量点上用全站仪直接测量标靶的控制测量系统的三维坐标。

④坐标配套。使用 FARO SCENE 后处理软件以标靶为基准，通过测得的标靶测量系统

三维坐标值，把三维激光扫描仪现场扫描获得的激光点独立系统的三维数据转换成控制测量系统的三维坐标数据。

⑤三维建模。使用 RR Tunnel 隧道测量软件在计算机中生成隧道开挖三维视图。

⑥成果输出。使用 RR Tunnel 隧道测量软件在计算机中可自动生成 CAD 图纸，如反映隧洞超(欠)挖的剖面图、超(欠)挖数值、超(欠)挖面积，以及自动计算超(欠)挖方量等。

2.3 衬砌质量无损检测技术与原理

目前隧道无损检测技术的应用还处于发展阶段，与其他勘察和结构测试技术相比显得比较稚嫩，具体表现在测试精度和置信度上，还未能建立针对隧道工程特点的完整测试体系，这一方面是由于岩土介质本身的性质(如离散性、构造性等)造成，同时也因为缺乏足够的工程经验与应用实践，然而，鉴于无损检测技术所具有的不可替代的潜在优势，随着对方法本身的研究提高以及在工程中的推广应用，这一先进手段将在隧道工程建设中发挥越来越大的作用。

2.3.1 回弹法

回弹法检测是指以在结构或构件混凝土上测得的回弹值和碳化深度来评定结构或构件混凝土强度的方法。采用回弹法检测不会对结构和构件的力学性质和承载能力产生不利影响，因而被广泛应用于工程验收的质量检测，常用回弹仪如图 2-9 所示。

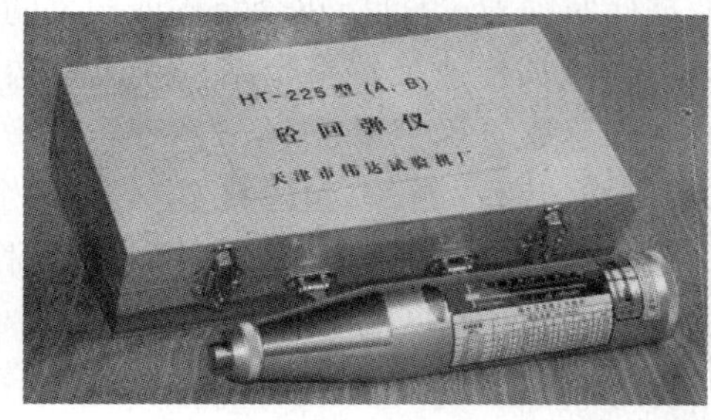

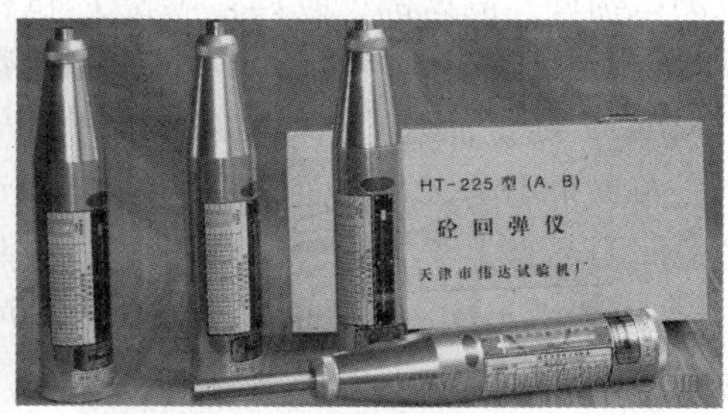

图 2-9 HT-255 型混凝土回弹仪

1)检测原理

由于混凝土的抗压强度和表面强度之间存在某种相关关系，而回弹仪的弹击锤被一定的弹力打在混凝土的表面上，其回弹高度(通过回弹仪读得的回弹值)与混凝土表面硬度成一定比例关系，并根据表面硬度则可推求混凝土的抗压强度。

2)操作规程

正确操作回弹仪，可提高测试准确度。在操作回弹仪全过程中，都应注意保持仪器姿势的正确：一手握住回弹仪中前部位，另一手握压仪器尾部的尾盖。操作基本要领是：缓慢均匀用力推压，扶正垂直对准测面，不晃动。

回弹仪操作程序如下：

(1)回零操作

将回弹仪弹击杆顶住混凝土测试面，轻压尾盖，定位钩销脱开导向法兰。慢慢抬起仪器，在压缩弹簧作用下，弹击杆伸出，挂钩与弹击锤挂上，同时导向法兰将指针滑块带到零位，即指针滑块上红刻线与刻度尺零线重合。

(2)回弹仪获得能量操作

将已伸出的弹击杆对准混凝土测试面上测点，均匀缓慢推压回弹仪，弹击杆被压入回弹仪，弹击拉簧拉伸。当仪器推压到一定位置时，导向法兰上的挂钩背部与尾部调整螺栓头端面接触并开始转动，到挂钩脱开弹击锤的瞬间，弹击拉簧伸长度达到规定的标准长度 75mm，此时仪器获得了标称功能 2.207N·m，弹击锤处于一触即发的状态。这一操作过程应始终保持回弹仪轴心垂直于测试面，切忌推压用力过猛，速度过快。

(3)弹击操作

紧接上述操作并继续推压回弹仪，直至弹击锤与挂钩脱开，在弹击拉簧拉力作用下，弹击锤沿中心导杆向弹击杆飞速冲击，动能在锤杆碰撞瞬间分解：一部分能量使混凝土产生塑性变形而被吸收；另一部分使混凝土产生弹性变形而弹给弹击锤使其回跳。

(4)读取回弹值操作

当弹击锤与弹击杆碰撞后第一次碰撞回跳时将指针滑块带到一定位置(通过弹簧片)，此后应继续压住回弹仪，并从指针滑块刻线所对应的读尺刻线读取回弹值 R_i；若不便读数，可按动按钮锁住机芯，保留指针滑块的位置，然后将回弹仪拿到便于读数处读取回弹值。以上是一次弹击测试操作过程，并获得一个测点的回弹值 R_i。重复上述操作过程便可得到所需要的测点回弹值。

3)检测方法

被测试构件和测试部位应具有代表性，试样的抽样原则为：当推定单个结构或构件的混凝土强度时，可根据混凝土质量的实际情况测定数量。当用抽样法推定整个结构或成批构件的混凝土强度时，随机抽取的试样数量不少于结构或构件总数的 30%。

测点布置采用测区和测面的概念。在每个试样上均匀布置测区，测区数不少于 10 个，相邻测区的间距不宜大于 2m。每个测区宜分为两个测面，通常布置在结构或构件的两相对浇筑侧面上，如不能满足这一要求时，一个测区允许只有一个测面，测区的大小以能容纳 16 个回弹测点为宜，一般取为 $400cm^2$。

测面表面应清洁、平整、干燥，不应有接缝、饰面层、粉刷层、浮浆、油垢、蜂窝、麻面，必要时，可用砂轮打磨清除表面上的杂物和不平整处，测面上不应有残留的粉末或碎屑。

根据测得的回弹值和炭化深度即可评估混凝土强度是否满足要求。

2.3.2 超声波法

超声波法就是利用超声波的传播特性来评价混凝土的抗压强度。

(1)检测原理

超声波在混凝土中传播时，其纵波速度的平方与混凝土的弹性模量成正比，与混凝土的密度成反比。声波振幅随其传播距离的增大而减弱，声波遇到空洞、裂缝时，界面产生波的折射、反射，边缘产生波的绕射，使接收的声波振幅减小，传播时间加长，产生畸形波等。据此特征可以判断混凝土的强度和质量。

(2)系统组成

超声波检侧系统包括超声波检测仪和换能器(探头)及耦合剂，如图 2-10 所示。工程中常用的检测仪为汕头超声波仪器厂生产的 CIS-25 型非金属超声检测仪，声时范围0.1～9999μs，测读精度 0.1μs，电压 220V，换能器频率50～100kHz。常用耦合剂为黄油。

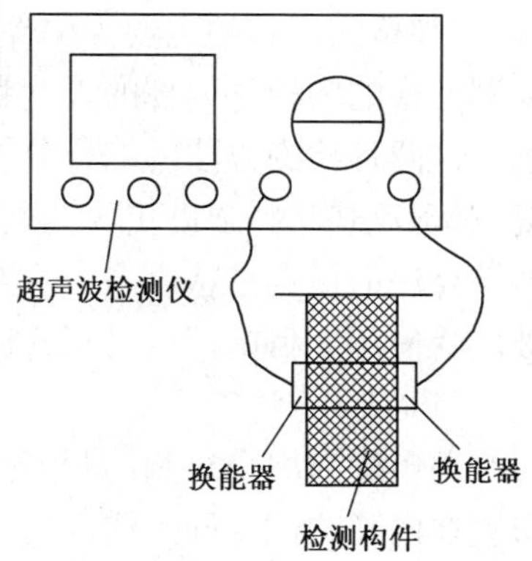

图 2-10　超声波检测系统

在进行超声波测试前，应了解设计施工情况，包括构件尺寸配筋、混凝土组成材料、施工方法和龄期等。选择探头频率，如采用 500KC 探头并将仪器设置在“自振”工作频率一档，已能满足要求。测试应选择在配筋少、表面干燥、平整及有代表性的部位上，将发射与接收探头测点互相对应画在构件两侧，编号并涂黄油，即可测试。测试时，要注意零读数和掌握超声波传播时间精确读法。测定超声波在混凝土内的传播时间，将仪器中“增益”调节到最大，容易取得较精确的时间读数。另外，还需在平时凭借衰减器，熟悉不同振幅下第一个接收波讯号起点的位置，这样在测定低强度等级或厚度较大的混凝土时，就能对振幅小的波形读出较准确的读数。

(3)超声传播时间的测量

超声检测的现场准备及测区布置与回弹法相同。在每个测区相对的两侧面选择呈梅花状的 5 个测点。对测时，要求两探头的中心同置于一条轴线上。涂于探头与混凝土测面之间的黄油是为了保证两者之间具有可靠的声耦合。测试前，应将仪器预热 10min，并用标准棒调节首波幅度至 30～40mm 后测读声时值作为初读数。实测中，应将探头置于测点并压紧，将接收信号中扣除初读数后即为各测点的实际声时值。

(4)测区声速计算值

取各测区 5 个声时值中 3 个中间值的算术平均值作为测区声时值 t_m(μs)，则测区声速值为：

$$V=\frac{L}{t_m} \tag{2-2}$$

式中：L——超声波传播距离，可用钢尺直接在构件上量测(mm)。

(5)强度评定

根据混凝土材料强度 R 与声速 W 的核定曲线，可以按检测所得的声速查得测区混凝土强度值，进而推断结构或构件的混凝土强度。标定曲线的制作是一项十分重要但又相当繁重的工作，需要通过对大量不同配比和不同龄期混凝土试块的超声波测试和抗压试验，由数理统计方式对测试数据进行回归、整理和分析后才能得出。由于受到材料性质离散性的影响，标定曲线具有一定的误差，同时还受到检测仪器种类的限制。对于一般检测人员而言，应尽可能参照与检测对象和条件较为一致的标定曲线，同时还应结合其他检测手段，诸如试块强度测试、回弹法检测等综合判定。

2.3.3　超声回弹综合检测

所谓综合法，就是采用两种或者两种以上的测试方法同混凝土强度建立关系。根据以往检测经验，同一结构采用回弹法检测和超声法检测所得到的混凝土强度值相差较多。究其原因,回弹检测反映的主要为构件的表面或浅层的强度状况,回弹值受构件表面影响较大。超声检测反映的为构件内部的强度状况,但声波速度值受骨料粒径、砂浆等影响较大。由此认为,基于这两种检测方法的综合分析,建立在超声波传播速度和回弹值综合反映混凝土的抗压强度,对于反映材料强度更为全面和真实,同时具有相当的量测精度。与单一方法相比,超声回弹综合法的优点是精度高,适应范围广,对混凝土工程无任何破坏,故在我国混凝土工程中已被广泛使用。目前国内已正式颁布有关超声回弹综合法检测混凝土强度的地方标准。

(1)测试方法

超声回弹综合检测的测试仪器及现场准备分别与超声法和回弹法的要求相同。超声测点布置在回弹测试的同一测区内,先进行回弹测量,后进行超声测量。测区数量及抽样的要求与回弹法相同。超声回弹综合法的影响因素比声速或回弹值单一参数要少,各因素的影响见表2-2。

超声回弹综合法的影响因素 表 2-2

因　素	试验验证范围	影 响 程 度	修 正 方 法
水泥品种及用量	普通水泥、矿渣水泥、粉煤灰水泥 200～450kg/m^3	不显著	不修正
细集料品种及用量	山砂、特细砂、中砂;28%～40%	不显著	不修正
粗集料品种及用量	卵石、碎石、骨灰比;1∶4.5～1∶5.5	显著	必须修正或指定不同的测强曲线
粗集料粒径	0.5～2cm;0.5～4cm;0.5～3.2cm	不显著	＞4cm 应修正
外加剂	木钙减水剂、硫酸钠、三乙醇胺	不显著	不修正
炭化深度	—	不显著	不修正
含水率	—	有影响	尽可能在干燥状态下
测试面	浇筑侧面与浇筑上表面及底面比较	有影响	对声速值和回弹值分别修正

(2)回弹值的测量与计算

在测区内的回弹值的测量、计算及其修正均与回弹法相同。

(3)超声值的测量与计算

测区声时值的测量及计算方法与超声法完全相同。

当在混凝土浇筑的顶面和底面测试时,测区声速值应按下列公式修正:

$$V_\alpha = \beta V \tag{2-3}$$

式中:V——测区声速值(km/s);

V_α——修正后的测区声速值(km/s);

β——超声测试面修正系数。在混凝土浇筑顶面和底面测试时,β=1.034;在混凝土侧面时,β=1。

(4)测区混凝土强度换算

根据测区的回弹值及测区声速值,优先采用专用或地区的综合法测强曲线推定测区混凝土强度换算值。当无该类测强曲线时，经验证后可按《超声回弹综合法检测混凝土强度技术规程》(CECS 02:2005)附录C规定的全国统一测区混凝土抗压强度换算表换算，也可按下列全国统一测区混凝土抗压强度换算公式计算：

①当粗骨料为卵石时：

$$f_{\mathrm{cu},i}^{\mathrm{c}} = 0.005\,6 v_{ai}^{1.439} R_{ai}^{1.769} \tag{2-4}$$

②当粗骨料为碎石时：

$$f_{\mathrm{cu},i}^{\mathrm{c}} = 0.0162 v_{ai}^{1.656} R_{ai}^{1.410} \tag{2-5}$$

式中：$f_{\mathrm{cu},i}^{\mathrm{c}}$——第 i 个测区混凝土抗压强度换算值(MPa)，精确至0.1MPa。

2.3.4 地质雷达法

地质雷达(见图2-11)是一种广泛应用于探测地下目标体的地球物理探测方法，应用领域涉及地质勘察、基础工程质量检测、灾害地质调查与考古调查、结构工程无损检测等领域。由于地质雷达检测技术采用了先进的连续扫描无损探伤技术，探测精度比传统检测方法高，而且是连续扫描，可获得隧道探测的连续结果，能全面地对隧道衬砌的实际情况进行检测，是一种快速、高效、经济、简便的无损检测高新技术，现已被广泛地应用到衬砌病害无损检测中。

图2-11 瑞典MALA公司GPR-CUⅡ型地质雷达

1)测设原理

由于隧道施工本身的特点，隧道的二衬和初衬之间、初衬与围岩间，如果施工控制不当，容易出现空隙、混凝土不密实等问题。相对于探地雷达所用的高频电磁脉冲而言，通常工程勘探和检测中所遇到的介质都是以位移电流为主的低损耗介质。在这类介质中，反射系数和波速主要取决于介电常数。

$$r = \frac{\sqrt{\varepsilon_1} - \sqrt{\varepsilon_2}}{\sqrt{\varepsilon_1} + \sqrt{\varepsilon_2}} \qquad v = \frac{c}{\sqrt{\varepsilon}} \tag{2-6}$$

式中：r——反射系数；

v——速度；

ε——相对介电常数；

c——光速；

1、2——分别表示上、下介质。

电磁波由空气进入二衬的混凝土层，会出现强反射，同样，当电磁波由二衬传播至初衬，继而由初衬传播到岩层时，如果交界处贴合不好，或存在空隙，亦会导致雷达剖面相位和幅度发生变化，由此可确定衬砌厚度和发现施工缺陷，工作原理如图 2-12 所示。电磁波遇到以传导电流为主的介质，比如衬砌中存在的钢筋，会出现全反射，接收到的能量非常强，在雷达剖面上可形成清晰的反射弧，以此可确定钢筋分布情况。

2）剖面量测方法

目前常用的地质雷达测量方式有剖面法、宽角法、环形法、多天线法等，以剖面法结合多次覆盖技术应用最为广泛。剖面法是发射天线（T）和接收天线（R）以固定间距沿测线同步移动的一种测量方式，如图 2-13 所示。当发射天线与接收天线间距为零，亦即发射天线与接收天线合二为一时，称为单天线形式，反之称为双天线形式。剖面法的测量结果可以用地质雷达时间剖面图像表示，其中横坐标记录了天线在地表的位置，纵坐标为反射波双程走时，表示雷达脉冲从发射天线出发经地下界面反射回到接收天线所需的时间。这种记录能够准确描述测线下方各反射界面的形态。

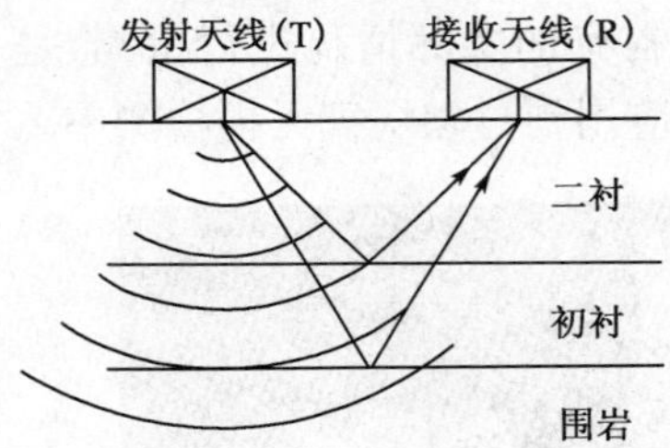

图 2-12　地质雷达工作原理

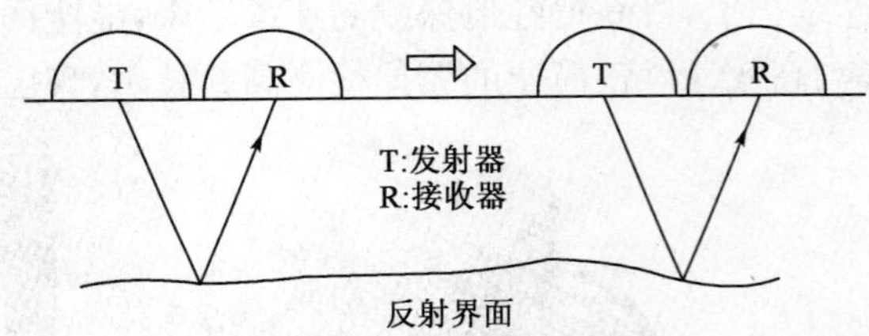

图 2-13　剖面量测方法示意图

由于介质对电磁波的吸收，来自深部界面的反射波会由于信噪比过小而不易识别，这时可应用不同天线距的发射—接收天线在同一测线上进行重复测量，然后将测量记录中相同位置的记录进行叠加，以增强对深部地下介质的分辨能力。

3）测网布置

检测工作进行之前首先应建立测区坐标，以便确定测线的平面位置，通常应遵循以下原则：

（1）检测对象分布方向已知时，测线应垂直于检测对象长轴方向。如果方向未知时，则应布置成方格网。

（2）检测对象体积有限时，只用大网格小比例尺初查以确定目标体的范围，然后用小网格大比例尺测网进行详查。网格大小等于检测体尺寸。

（3）进行基岩面等二维体调查时，测区应垂直二维体的走向，线距取决于检测对象沿走向方向的变化程度。

4）资料解释方法

由于隧道结构的工程质量存在很大的波动性、围岩地质条件又有明显的随机性，电磁波传播的过程又十分复杂，存在多解性，加上检测时汽车、钢架、隧道内预埋件对雷达存在干扰，使地质雷达的图像有时难以解释。

目前隧道检测资料解释主要是根据经验进行处理分析的，对解释人员的经验要求较高。

总的来说解释应在掌握测区内物性参数和衬砌结构的基础上，按由已知到未知和定性指导定量的原则进行。

(1)反射层的拾取

初次衬砌和二次衬砌、初次衬砌与围岩之间介电常数的差异，能产生出明显的反射界面。拾取反射层是隧道地质雷达资料解释的基础。通过隧道无损检测模型与雷达图像对比，建立隧道各个结构层的反射波组特征。识别反射波组的标志为同相性、相似性、反射波形特征等。

在隧道地质雷达图像剖面中，同一结构层面(如二次衬砌、初次衬砌层)，若无钢筋影响，同一波组往往有一组光滑平行的同相轴(同相轴指雷达剖面中，把不同道上同一个反射波相同相位连接起来的对比线)，这种性质称为反射波组的同相性。反射波形的相似性是指隧道检测中地质雷达回波相邻记录道上同一反射波组状态的主要特征会保持不变的性质。另外，由于隧道结构中，同一结构层的电性特征比较接近，而不同的结构层的电性特征差异相对较大，因此同一结构层反射波组的波形、波幅、周期及其包络线形态等有一定特征。

隧道结构中初次衬砌和二次衬砌，由于介质均匀，雷达图像表现为平行的同相轴波组。二次衬砌中同相轴一般比较有规律呈水平状态，而初支衬砌中由于反射波能量强，频率较低，加之围岩开挖过程中不可避免地带来超欠挖使得其同相轴起伏明显，通过这些特征就能够拾取反射层。

(2)结构缺陷的判断

利用地质雷达探测隧道结构内部缺陷是通过识别雷达反射图形来进行的，其关键就是雷达资料的解释。雷达波在不同的介质中传播，因介质的电磁性差异，使接收到的雷达回波的频率、振幅等表现出不同的特征。根据雷达波反映出来的波形特征，就能够准确判断隧道结构内部质量情况。

2.4 隧道环境质量检测仪器与原理

隧道环境检测分为施工环境检测和运营环境检测。施工环境主要检测洞内瓦斯、有害气体或粉尘的浓度，以解决隧道内的通风条件，改善洞内及工作面的空气问题，降低瓦斯爆炸和有害气体及粉尘等危害，保证隧道施工安全；运营环境主要检测洞内光度、亮度、风速以及CO浓度，通过调节风速置换洞内的污浊气体，改善洞内的空气质量，通过光度、亮度检测，调节隧道灯具布置方案，以减少驾驶员“暗适应”、“明适应”时间，在保证运营安全的同时，进一步提高驾驶人员的舒适性。

2.4.1 粉尘浓度检测计

经过多年来的研究开发，目前国内外开发生产的各类测尘仪器及采用的测量方法各种各样，粉尘浓度的表示方法也不一定相同，但是它们大致可以分为两大类：取样法和非取样法，如图2-14所示。

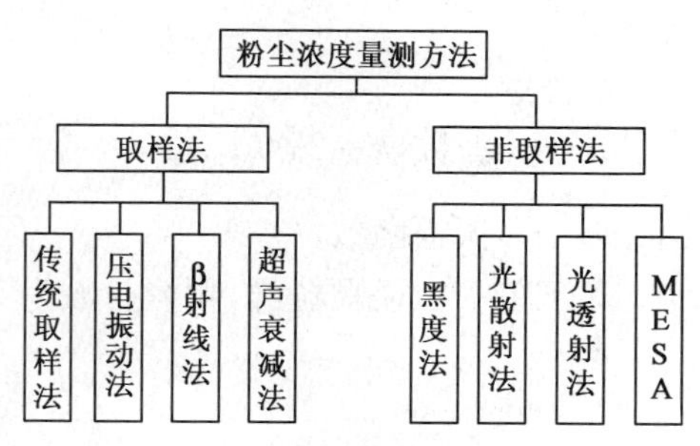

图2-14 粉尘浓度量测方法的分类

取样法的最大优点是测量原理简单，除能测量粉尘的绝对浓度和粒径大小外，由于取得了尘粒的样品,还能进一步分析粉尘的物理特性和化学成分,这点对于环境保护,保障人民身体健康是十分重要的。缺点是对采样操作要求高,如果不能做到等速采样就会给测量结果带来误差,即使满足了等速采样的条件,含尘气体在输送过程中也可能会发生损失,使测量结果不准确,测量费时费力,自动化程度低,很难用于在线监测。

非取样法的主要优点是能在线测量粉尘排放浓度,其中一些可以自动、连续监测粉尘排放,另一些能同时给出粉尘的浓度与粒径。其中光电测量的方法具有不改变浮游粉尘的物理化学性质,能够实现自动连续监测空气中的含尘浓度等优点,得到了广泛引用,并研制出了相应的商品化仪器,如图 2-15 所示,现以光散射理论为例说明这类仪器的检测原理。

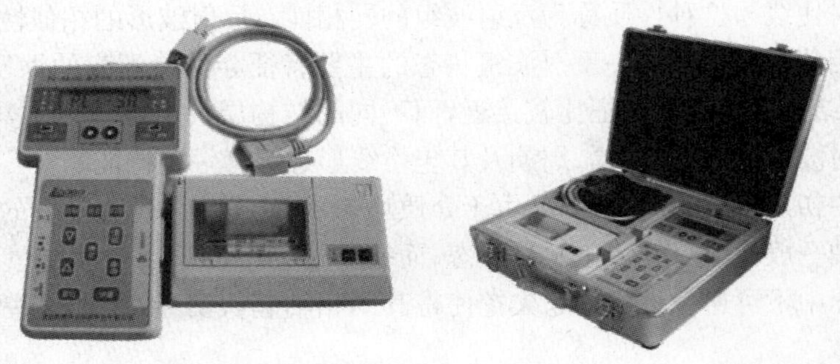

图 2-15　PC-3A 便携式粉尘检测仪

(1)PC-3A 粉尘检测仪主要技术指标

①可吸入粉尘测量范围:0.001～10mg/m^3;1～999999 粒/L。

②检测灵敏度:0.001mg/m^3。

③粉尘浓度测量相对误差:±10%。

④稳定性相对误差:±2.5%。

⑤采样流量:1.0L/min。

⑥采样时间:1min。

(2)检测原理

光散射技术基本原理主要是基于经典的光散射理论(Mie 散射理论)及其近似结论。根据 Mie 散射理论,当直径为 d 的球形粒子受到强度为 I_0,波长为 λ 的入射光照射时,在与散射体相距 r,与光轴 Z 成 θ 角的观察点 P 处的散射光强 I 为:

$$I = I_0 \hat{F}(\theta,\varphi)/k^2 r^2 \tag{2-7}$$

其中:

$$\hat{F}(\theta,\varphi) = |\hat{S}(\theta,\varphi)|^2 \tag{2-8}$$

式中:k——波数,$k=2\pi/\lambda$;

$\hat{S}$——振幅函数。

对于单一粒径颗粒群,颗粒总数为 N,散射光强度为 I 为:

$$I = NI_0 \hat{F}(\theta,\varphi)/k^2 r^2 \tag{2-9}$$

实际粉尘颗粒是具有一定尺寸分布的,而不同粒径粒子的 $\hat{F}(\theta,\varphi)$ 不同。对于独立散射粒子系，有：

$$\hat{F}(\theta,\varphi)=\sum\hat{F}_i(\theta,\varphi) \tag{2-10}$$

即：

$$I=\frac{N_vV}{k^2r^2}I_0\sum\hat{F}_i(\theta,\varphi) \tag{2-11}$$

上式中的 V 为含尘气流空气。

实际的粉尘尘粒，通常是由有一定分布的多个粒子的粒子群组成的，当颗粒为具有分布 $N(D)$ 的多分散系时，设 $n_r(D)$ 为粒子群的归一化频数分布函数，即可以推出粉尘的粒子浓度 N_v 为：

$$N_v=\frac{8\pi^2r^2I/I_0}{\lambda^2V\sum(i_1+i_2)\cdot n_r\cdot\Delta D_i} \tag{2-12}$$

换算成质量浓度为：

$$M_v=\frac{4\pi^3r^2\rho I/I_0}{3\lambda^2V\sum\frac{(i_1+i_2)\cdot n_r}{D_i^3}\cdot\Delta D_i} \tag{2-13}$$

光散射技术利用气流中颗粒的反射闪光频率和持续时间来测量颗粒的含量，相比其他技术而言主要优势是把由于气流中的湿度导致的误差大大地降低到了可忽略的水平。

2.4.2 瓦斯浓度检测计

隧道在掘进时穿过煤系地层或采空区，常伴有瓦斯突出现象。瓦斯是多种可燃气体的总称，主要成分是甲烷(CH_4)，在引燃下，极易发生爆炸，危及施工安全。

在瓦斯和其他可燃气体的检测中，最常用的载体催化型的仪器，它使用的载体催化元件是一种热敏式瓦斯传感器。由于它具有体积小、质量轻、构造简单、使用方便、消耗功率小、性能稳定等一系列优点，成为目前国内外自动检测瓦斯的主要传感器。

在铂、钯、钍等催化剂作用下，瓦斯与氧气在较低温度下发生强烈氧化，反应的化学方程式为

$$CH_4+2O_2\xrightarrow{\text{催化}}CO_2+2H_2O+Q$$

根据催化理论，反应过程是由于催化剂 Pt、Pd 的存在，降低了瓦斯和氧气发生链反应的活化能，在氧化剂表面的活化中心附近，被吸附的 CH_4 分子内部结构脱离了稳定状态而活化裂解，加速链反应的进行，CH_4 和 O_2 在 Pt、Pd 催化下的反应是一种多相反应，在这种反应中，气体在催化剂表面的吸附与否与活化程度和催化反应密切相关。

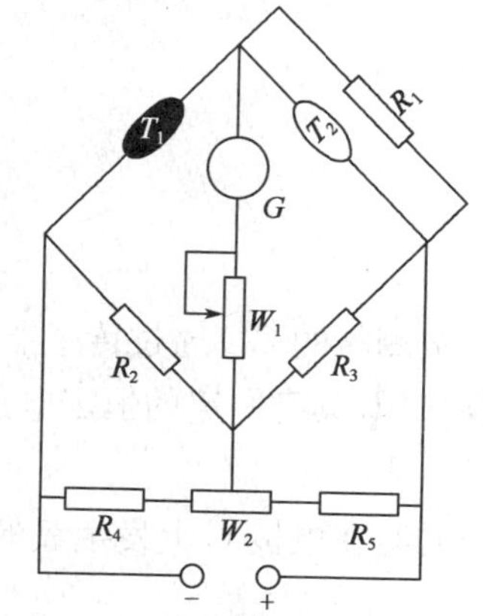

图 2-16 测量接桥

利用载体催化原件测量瓦斯浓度的原理如图 2-16 所示。这是一个简单的测量电桥，催化原件 T_1(黑元件)为工作元件，没有浸渍催化剂的元件 T_2(白元件)为补偿元件。无瓦斯时，通过 W_2 的调整，可使电桥处于平衡状态，此时在工作电流加热下，元件温度为 500℃左右。当有瓦斯时，瓦斯与氧气在工作元件表面发生反应，放出反应热 Q，反应热被元件吸收引起温度升

高。由于铂丝是电阻温度系数很高的热敏材料，元件的温度增量 ΔT 将引起电阻增量 ΔR，从而使电桥不平衡，产生一个与瓦斯浓度成正比例的输出信号。利用这个原理可以检测瓦斯浓度。如果把获得的信号放大传送到远处，就可以实现瓦斯浓度的遥测。

由于隧道在施工中人员比较分散，工作地点变换频繁，便携式瓦斯检测仪具有十分重要的作用。常用的便携式瓦斯检测仪器有：SJ-1 型、SWJ-1 型、DTX-2 型和 WS85-01 型等。

2.4.3 CO 浓度检测计

一氧化碳是无色、无臭、无味的气体，对空气的相对密度为 0.97，故能均匀地散布于空气中，不用专门的仪器不宜察觉，一氧化碳微溶于水，一般化学性不活泼。早前用于矿井一氧化碳测定的是检支管，有比色式和比长式两种。利用装载管中的药品与一氧化碳发生反应，根据检支管颜色与标准浓度尺对比即可测定一氧化碳浓度，但无论哪种类型检支管，只能使用一次，且精度相对较差。

随着检测技术的不断发展，与检支管不同的另一种一氧化碳检测器，是利用控制电位化学原理来检查一氧化碳浓度。现以 AT2 型仪器为例来说明这类仪器的检测原理。

AT2 型一氧化碳检测仪是一种矿用安全火花型携带式检测仪器。

(1)主要技术指标

①测量范围：0～50ppm、0～500ppm 两个量程。

②测量精度：误差小于±5%满度值(20±5℃)。

③反应时间：反应 90%时≤30s。

④传感器寿命 1 年，保证使用半年。

(2)检测原理

仪器采用控制电位化学原理，实现对空气中 CO 浓度的测定。工作原理如图 2-17 所示。

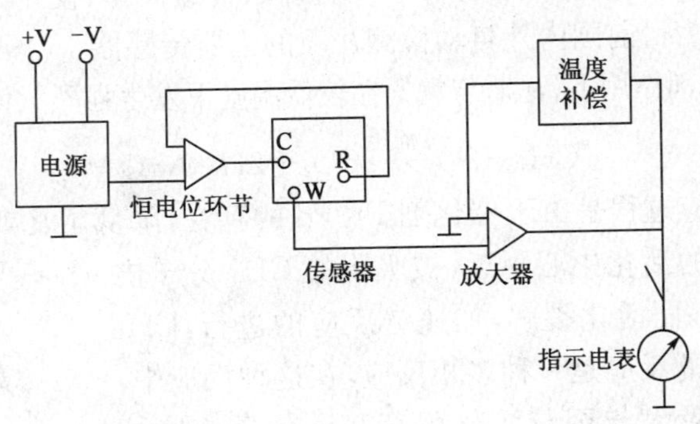

图 2-17 AT2 型 CO 传感器工作原理

被测量的 CO 通过传感器聚四氟乙烯薄膜扩散到工作电极 W，W 电极收到恒电位环节的控制作用，具有一定的恒定电位，CO 在 W 电极上发生化学反应：

$$CO + H_2O \longrightarrow CO_2 + 2H^+ + 2e^-$$

同时在电极 C 上发生氧的还原反应：

$$\frac{1}{2}O_2 + 2H^+ \longrightarrow H_2O$$

总化学反应式为：

$$CO+\frac{1}{2}O_2 \longrightarrow CO_2$$

图中 R 是参考电极，给定一个恒电位，于是，在传感器工作电极 W 和电极 C 之间，就产生了微电流，其大小与 CO 浓度呈正比，该电流经放大后由电表指示 CO 的浓度值。

仪器的性能主要决定于传感器的性能。目前，为了提高传感器的性能，仍有许多工作需要继续开展，改善密封，防止漏酸。此外，为保证仪器测量精度，使用一段时间之后要用标准气压校正。

2.4.4　风速计

隧道由于空间小，具有类似密闭性的特点，行经隧道的车辆又不断排出废气，其通风情况直接关系到行经隧道的车辆司乘人员和维护工作人员的人身安全。为了对隧道通风情况进行全天候的有效监测以及对风机进行有效合理的控制，自动化的风速风向测量仪在现代化隧道交通中已经成为不可缺少的检测设备。

图 2-18　翼式风表

常用隧道测速风表按其结构不同，可分为翼式和杯式，翼式风表如图 2-18 所示。根据测量风速的范围，风表又可分为高速（v>10m/s）、中速（v=0.5～10m/s）、低速（v=0.3～5m/s）三种。具有高灵敏度的翼式风表也可以用来检测 0.1～0.5m/s 的低风速。

杯式和翼式风表内部结构相似，由一套特殊的钟表转动结构、指针和叶轮组成。杯式的叶轮是四个杯状铝勺，翼式的叶轮则是八张铝片。此外，风表上有一个启动和停止指针转动的小杆，打开时指针随页轮转动，关闭时叶轮虽转动但指针不动。

检测时，先回零，待叶片转动稳定后打开开关，则指针随着转动，同时记录时间。经 1～2min 后关闭开关。测完后，根据记录的指针读数和指针转动时间，算出风表指示风速，在用如图 2-19 所示的校正曲线换算成真实风速。风表可以测一点的风速，也可以测隧道的平均风速。

用风表测隧道断面的平均风速时，测风员应该使风表正对风流，在所测隧道断面上，按一定的路线均匀移动风表。通常采用的路线如图 2-20 所示。

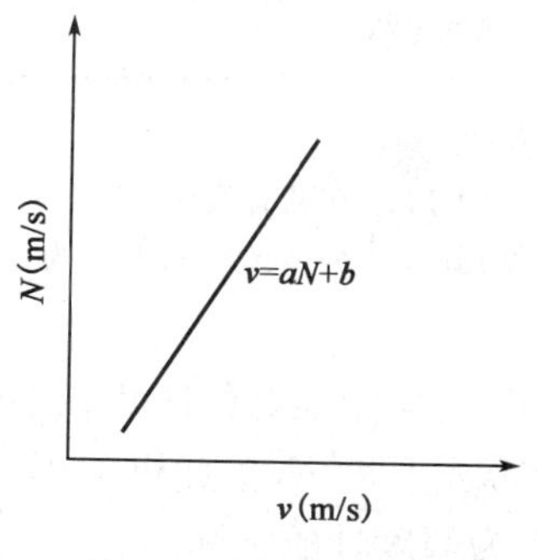

图 2-19　风表校正曲线

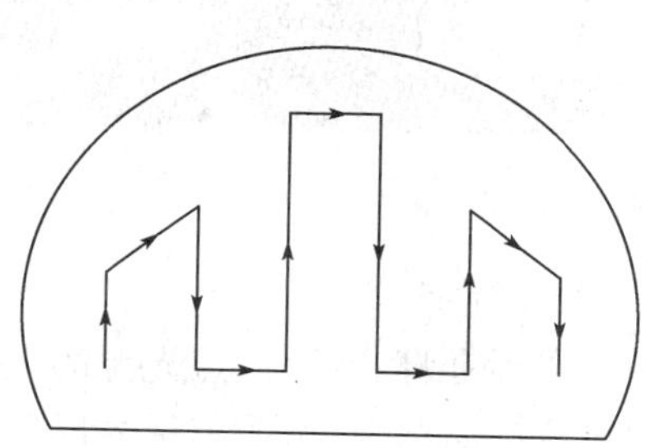

图 2-20　风表检测断面平均风速的线路

风速计在测量路线移动时，速度要均匀，如果风速计在隧道中心部位停留的时间长，则测量结果偏大。反之，若风速计在隧道周壁停留时间长，则测出数值较实际偏小。

风速计的量程应和所测定的风速相适应。否则，将损坏风速计或测量不准确。甚至吹不动叶轮无法测量。风速大于10m/s时，应选用高速风速计；风速为0.5～10m/s时，选用中速风速计；风速小于0.5m/s时，要选用低速风速计。

2.4.5 照度计

照度计(或称勒克斯计)是一种专门测量光度、亮度的仪器仪表，如图2-21所示。用来表示被照面上光的强弱程度，也即物体表面所得到的光通量与被照面积之比。照度计通常是由硒光电池或硅光电池和微安表组成。

(1)TES 1330A照度计主要技术指标

①取样率：2.5次/s。

②操作环境：0～50℃，相对湿度<70%RH。

③储存环境：－20～60℃，0～80%RH(电池移除后)。

④精确度测试环境：(23±5)℃，相对湿度<75%RH。

⑤感测器：矽质光二极体感测器。

⑥范围：20lux，200lux，2000lux，20000lux，20fc，200fc，2000fc，20000fc。

⑦解析度：0.01lux，0.01fc。

(2)检测原理

光电池是把光能直接转换成电能的光电元件，原理如图2-22所示。当光线射到硒光电池表面时，入射光透过金属薄膜4到达半导体硒层2和金属薄膜4的分界面上，在界面上产生光电效应。产生电位差的大小与光电池受光表面上的照度有一定的比例关系。这时如果接上外电路，就会有电流通过，电流值从以勒克斯(Lx)为刻度的微安表上指示出来。光电流的大小取决于入射光的强弱。照度计有变挡装置，因此可以测高照度，也可以测低照度。

图2-21　TES 1330A照度计图

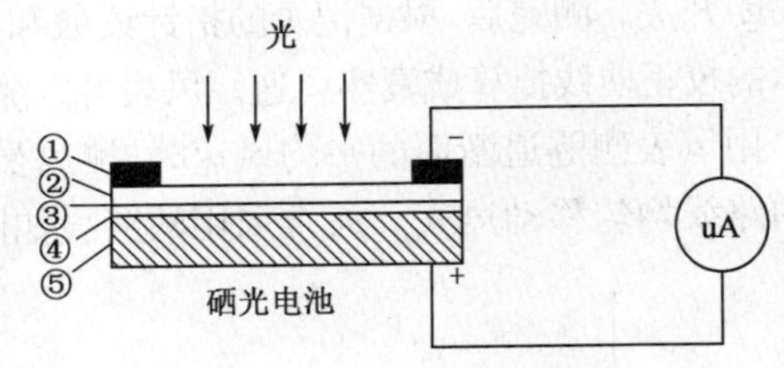

图2-22　照度计设计原理

①-金属底板；②-硒层；③-分界面；④-金属薄膜；⑤-集电环

(3)照度计标定

利用光强标准灯，在近似点光源的工作距离下，改变光电池与标准灯的距离，记录下各个距离下的电流计的读数，由距离平方反比定律 $E = I/d^2$ 计算光照度 E，由此可以得到一系列不同照度的光电流值 i，作光电流 i 与照度 E 的变化曲线，即为照度计的定标曲线，可对照度计表盘进行分度。标定曲线不仅与硒光电池有关，而且与电流计有关，换用硒光电池或电流计时，必须重新标定。

3 隧道检测项目与分析评判方法

隧道设计施工条件复杂，建造施工周期长，地质条件多种多样，运营环境差等诸多因素影响着隧道的建设和运营。为确保隧道工程质量，保证隧道运营安全，必须对隧道进行检测且对其质量进行分析评判。本章主要介绍在隧道施工和运营期间，隧道检测项目与分析评判，包括超前支护与预加固围岩、洞身开挖、初期支护质量、防排水质量、混凝土衬砌质量、通风和照明的检测与分析评判。

3.1 超前支护与预加固围岩检测与评定

隧道在浅埋地段、自稳性差的软弱破碎地层、严重偏压地段、岩溶流泥地段、砂土层、砂卵(砾)石层、断层破碎带以及大面积淋水或涌水地段施工时，由于开挖后围岩的自稳时间小于完成支护所需的时间，往往会发生开挖面围岩失稳，或由于初期支护的强度不能够满足围岩稳定的要求以及大面积淋水、涌水而导致洞体围岩丧失稳定而产生坍塌、冒顶。这时需要进行超前支护或预加固围岩。

常用的辅助施工方法有超前支护及预加固两大类，主要有地表砂浆锚杆或地表注浆加固、超前锚杆或超前小导管支护、管棚钢架超前支护、超前小导管注浆和超前围岩深孔预注浆等，其他超前支护方法有冻结法、水平高压旋喷法和隔断墙法等。

3.1.1 超前支护及预加固方法

1)地表砂浆锚杆或地表注浆加固

地表砂浆锚杆或地表注浆加固适用于洞口段、浅埋段和局部地形偏压地段。能有效防止地表下沉、稳定隧道掌子面、处理偏压结构、防止坡面崩塌。地表砂浆锚杆或地表注浆加固对隧道开挖作业和工期影响较小。

2)超前锚杆或超前小导管支护

超前锚杆或超前小导管支护适用于浅埋松散破碎的地层，其地层应力不大，地下水较少的软弱破碎围岩隧道。此类超前支护的柔性较大，整体刚度较小，施工的灵活度较大。

3)管棚钢架超前支护

管棚钢架超前支护适用于极破碎地层、塌方体、岩堆等地段。管棚钢架与围岩一起形成棚架体系，形成下列支护效果：

(1)梁效应：因钢管是先行设置的，在掘进时，钢管在掌子面及其后方的支撑下，形成梁式结构，防止围岩崩塌和松弛。

(2)加固效应：钢管插入后，压注水泥浆，加强了钢管周边的围岩。

管棚钢架超前支护可以最大限度控制围岩变形和松弛，对地表结构物有利，但是施工步序较多、工艺繁琐、造价较高、工期较长。

4)超前小导管注浆

适用于自稳时间很短(12h)的砂层、卵(砾)石层、断层破碎带、软弱围岩浅埋地段或处理塌方等地段。

5)超前围岩深孔预注浆

适用于极其松散、破碎、软弱地层或大量涌水的软弱地段以及断层破碎带的隧道。多用于断面较大或不允许有过大沉降的各类地下工程中。

3.1.2 注浆材料性能试验

注浆是指将注浆材料按一定的配合比制成的浆液压入围岩或衬砌与围岩之间的空隙中，经凝结、硬化后起到防水和加固作用的一种施工方法。注浆材料浆液应满足黏度低，渗透力强，流动性好的特点；并可调节并准确控制浆液的凝固时间，且浆液凝固时体积不收缩，稳定性好，长期存放不变质；同时，浆液需无毒，无臭，不污染环境。因此，注浆材料应在黏度、渗透能力、凝胶时间、渗透系数和抗压强度等方面满足设计和规范要求，可进行化学浆液黏度测定和水泥细度检验。

(1)化学浆液黏度测定

化学浆液黏度测定试验方法可参照《合成胶乳黏度的测定》[SH/T 1152—92(1998)]的规定，在温度控制下，采用黏度计对化学浆液黏度进行测定。

(2)水泥细度检验

水泥细度检验试验方法可参照《水泥细度检验方法(80μm 筛筛析法)》(GB/T 1345—2005)的规定，采用 80μm 筛对水泥试样进行筛析试验，用筛网上所得的筛余物的质量占试样原始质量的百分数来表示水泥样品的细度，结果计算至 0.1%。

3.1.3 超前支护施工质量检测

(1)超前锚杆

超前锚杆在施工质量检测中，锚杆材质、规格等应符合设计和规范要求；其与隧道轴线的外插角宜为 5°～10°，长度应大于循环进尺，宜为 3～5m；超前锚杆与钢架支撑配合使用时，尾端应与钢架焊接牢靠；锚杆插入孔内长度不得短于设计长度的 95%，搭接长度不小于 1m。质量检测时，首先从外观上鉴定超前锚杆是否沿开挖轮廓线周边均匀布置，尾端与钢架是否焊接牢固，锚杆入孔长度是否符合要求。然后对超前锚杆进行实测项目检测，检测方法和频率见表 3-1。

超前锚杆实测项目　表 3-1

项　次	检查项目	规定值或允许偏差	检查方法和频率
1	长度(m)	不小于设计值	尺量:检查锚杆数的 10%
2	孔位偏差(mm)	±50mm	尺量:检查锚杆数的 10%
3	孔深偏差(mm)	±50mm	尺量:检查锚杆数的 10%
4	孔径(mm)	大于杆体直径+15mm	尺量:检查锚杆数的 10%

(2)超前钢管

超前钢管在施工和质量检测中,超前钢管的型号、规格、质量符合设计和规范要求,其与钢架配合使用时,应从钢架腹部穿过,尾端与钢架焊接。质量检测时,首先从外观上鉴定超前钢管是否沿开挖轮廓线周边均匀布置,尾端与钢架是否焊接牢固,入孔长度是否符合要求,然后对超前钢管进行实测项目检测,检测方法和频率见表 3-2。

超前钢管实测项目　表 3-2

项　次	检查项目	规定值或允许偏差	检查方法和频率
1	长度(m)	不小于设计值	尺量:检查 10%
2	孔位偏差(mm)	±50mm	尺量:检查 10%
3	孔深偏差(mm)	±50mm	尺量:检查 10%
4	孔径(mm)	大于钢管直径+20mm	尺量:检查 10%

(3)管棚和超前小导管检测

管棚和超前小导管的钢管品种、级别、规格和数量应符合设计要求;其注浆浆液强度和配合比应符合设计要求,其中超前小导管注浆浆液必须充满钢管及周围的空隙。管棚的搭接长度也应符合设计要求。管棚和超前小导管施工允许偏差和检验方法应符合表 3-3 的规定。

管棚和超前小导管施工允许偏差和检验方法　表 3-3

项　目	钻孔外插角(°)	孔距(mm)	孔深(mm)	检验数量	检验方法
管棚	1	±150	±50	全部检查	仪器测量、尺量
小导管	2	±50	±50	每环抽查 3 根	仪器测量、尺量

(4)注浆效果检查

注浆结束后应及时对注浆效果进行检查,检查方法通常有分析法、检查孔法、声波监测法三种。

分析法即分析注浆记录,查看每个孔的注浆压力、注浆量是否达到设计要求;注浆过程中漏浆、跑浆是否严重,从而以浆液注入量估算浆液扩散半径,分析是否与设计相符。

检查孔法即用地质钻机按设计空位和角度钻检查孔,提取岩芯进行鉴定,同时测定检查孔的吸水量或漏水量,单孔时应小于 1L/min · m,全段应小于 20L/min · m。

声波检测法即用声波探测仪测量注浆前后岩体声速、振幅及衰减系数等来判断注浆效果。

3.2 洞身开挖检测与评定

开挖是控制隧道施工工期和造价的关键工序。超挖越多，不仅因出渣量和衬砌量增多而提高工程造价，而且由于局部超挖会产生应力集中问题，影响围岩稳定性；而欠挖则直接影响到衬砌厚度，对工程质量和安全产生隐患，处理起来费时、费力、费物。所以隧道开挖的基本原则为在保证围岩稳定或减少对围岩的扰动的前提条件下，选择恰当的开挖和掘进方式，保证开挖质量，并应尽量提高掘进速度。而隧道开挖质量检测的目的则是有效地控制超欠挖，提高围岩的稳定性和运营安全性。

隧道开挖质量评定的内容包括开挖断面的规整度和超欠挖控制。对于规整度一般采用目测的方法进行评定；对于超欠挖，则需通过对大量实测开挖断面数据的计算分析，做出正确的评价。超欠挖测定的实质就是要准确地测出隧道开挖的实际轮廓线，并将它与设计轮廓线纳入同一坐标系中比较，从而明确超挖和欠挖的大小和部位，及时指导隧道施工。

3.2.1 超欠挖测定方法

施工中要根据现场条件采用切实可行的超、欠挖测定方法，通常有直接测量法和非接触观测法两大类，具体包括直接测量法（以内模为参照物）、直角坐标法、三维近景摄影法、极坐标法等。

(1)以内模为参照物测量开挖断面

在二次衬砌立模后，以内模为参照物，从内模量至围岩壁的数据 L 加上内净空 R_1 即为开挖断面数据。测量时，钢尺尽量与内模（梳形木、钢拱架）垂直，如图 3-1 所示。在以内模为参照物测量开挖断面时，隧道开挖质量不能以某一个开挖断面为标准进行评价，而应该以某一长度段内所有的实测数据的综合计算分析来评价本段开挖质量，并与设计要求进行比较分析。

(2)用坐标法测量开挖断面

用坐标法测量开挖断面的测量原理是用经纬仪测量被测开挖断面各变化点的水平角及竖直角，并已知置镜点与被测断面的距离、置镜点仪器高程、被测断面开挖底板高程，以开挖底板高程点为原点，垂直向上为 y 轴正方向，向右为 x 轴正方向，利用几何原理计算出各测点距坐标原点的纵横坐标，按一定比例画出断面图形，并同设计断面比较得到开挖断面的超欠挖情况。

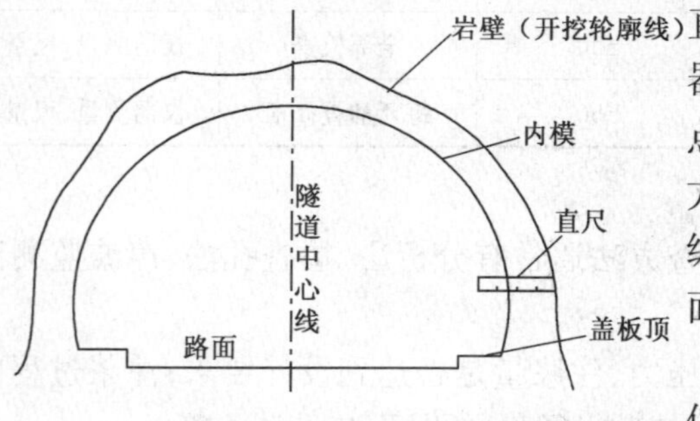

图 3-1 以内模为参照物直接测量法

用坐标法测量开挖断面所需的仪器有经纬仪、水平仪、激光打点仪及钢尺、塔尺等。具体方法是将激光打点仪置于被测断面，照准隧道或线路中线方向，拨 90°角固定水平盘，使各测点处于同一断面上，利用其发出的激光束照准被测开挖断面各变化点；同时在距被测断面一定距离置另一经纬仪，用以测量激光打点仪照准各点的水平角及竖直角（在照准隧道或线路中线方向时，可将水平度盘置为 0 或记下水平读数）。

用水平仪测量经纬仪的高程,用钢尺丈量两置镜的距离。

通过上述仪器和方法得到检测数据,对数据进行计算:

$$X=L\tan(\alpha-\alpha_0)$$

$$Y=\frac{L\tan\beta}{\cos(\alpha-\alpha_0)}+h_1-h_2 \tag{3-1}$$

式中:X——断面水平方向坐标;

Y——断面竖直方向坐标;

L——两置镜的距离;

α——水平角读数;

α_0——水平角中线方向初始角读数;

β——竖直角读数;

h_1——经纬仪的高程;

h_2——开挖断面底板高。

(3)三维近景摄影法测量开挖断面

用摄影经纬仪分别在隧道轴线上、摄影基线的左端、右端采用正直、等倾右偏、等倾左偏等摄影方法获取立体像对。将获取的隧道开挖的立体像对利用隧道内的施工控制导线,在室内用立体测图仪进行定向和测绘,即可获得实际开挖轮廓线与设计开挖轮廓线的比较。

(4)激光断面仪测量开挖断面

激光断面仪的检测原理、仪器主要技术指标和检测方法详见章节 2.2.1。采用断面仪进行测量时,断面仪可以放置于隧道中任何适合于测量的位置(任意位置),扫描断面的过程(测量记录)是全自动的。除此以外,在自动测量过程中,测点之间的间距还可以根据断面轮廓线的实际凸凹形状,随时动态地加以修正。如果事先在控制器中输入了设计断面形状、隧道轴线平面、纵面设计定线参数(可以在室内输入)以及断面仪实测时的定向参数(实测时输入),则完成某一开挖断面的实际测量后,可以立即在控制器的屏幕上显示。在控制器上操纵断面仪测距头旋转,指向激光所指示的断面轮廓线上的某点,就对应于控制器上图形显示的光标点,并可适时显示该点的超、欠挖数值。

将断面仪的控制器中的数据传输到普通的计算机中,运行断面仪配套的后处理软件,则可以从打印机、绘图机上自动获得较为理想的视图效果。

3.2.2 开挖质量标准

(1)开挖质量基本要求

开挖断面尺寸要符合设计要求。同时,应严格控制欠挖,当石质坚硬完整且岩石抗压强度大于 30MPa,并确认不影响衬砌结构稳定和强度时,允许岩石个别凸出部分($1m^2$ 内不大于 $0.1m^2$)突入衬砌断面,锚喷支护时突入不大于 3cm,整体式衬砌应小于 10cm,其他衬砌不应大于 5cm;拱脚、墙角以上 1m 内严禁欠挖。超挖现象同样应该严格控制,不同围岩地质条件下的允许超挖值规定见表 3-4;当采用特殊方法支护时,允许超挖量应适当降低。

隧道允许超挖值(mm)　表 3-4

开挖部位 \ 围岩条件(类别)	硬岩(Ⅵ类围岩)	中硬岩和软岩(Ⅴ～Ⅲ类围岩)	破碎松散岩石及土质(Ⅱ、Ⅰ类围岩)
拱部	平均 100	平均 100	平均 100
	最大 200	最大 250	最大 150
边墙、仰拱、隧底	平均 100	平均 100	平均 100

注:1. 超欠挖的测量仪爆破设计开挖线为准。

2. 硬岩是指岩石抗压极限强度 R_b＞60MPa,中硬岩 R_b＝30～60MPa,软岩 R_b＜30MPa。

3. 平均线性超挖值＝超挖面积/爆破设计开挖断面周长(不包括隧底)。

4. 最大线性超挖值系指最大超挖处至设计开挖轮廓切线的垂直距离。

5. 表列数值不包括测量贯通误差、施工误差,如采用预留支撑沉落量时,不应再计超挖值。

6. 采用支架式风钻和浅眼(不超过 3m)爆破。

(2)爆破效果要求

对于用钻爆法开挖隧道,其爆破效果应满足开挖轮廓圆顺,开挖面平整;爆破进尺达到设计要求,爆出的石块快度满足装渣要求;周边炮眼痕迹保存率为残留有痕迹的炮眼数占周边眼总数的百分比,其应满足表 3-5 规定;采用支架式风钻打眼时,炮眼深为 3m,两茬炮衔接时,出现的台阶形误差不得大于 15cm;采用光面爆破开挖(大型钻孔台车开挖,大于 3m 的深眼爆破),爆破效果应符合表 3-6 的要求。

炮眼痕迹保存率标准　表 3-5

围岩条件	硬岩	中硬岩	软岩
炮眼痕迹保存率(%)	≥80	≥70	≥50

注:1. 周边炮眼痕迹要在开挖轮廓面上均匀分布。

2. 炮眼痕迹保存率计算公式不包括地板的周边眼。

3. 当炮眼痕迹保存率大于孔长 70%时,按可见眼痕炮眼计算。

4. 松散软岩很难保留炮眼痕迹,故软岩周边主要应以满足平整圆顺即可认为合格。

光面爆破效果评定　表 3-6

序　号	项　　目	硬　岩	中硬岩	软　岩
1	平均线性超挖量(cm)	16～18	18～20	20～25
2	最大线性超挖量(cm)	20	25	25
3	两茬炮衔接台阶最大尺寸(cm)	15	20	20
4	炮眼痕迹保存率(%)	≥80	≥70	≥50
5	局部欠挖(cm)	5	5	5
6	炮眼利用率(%)	90	90	95

注:1. 平均线性超挖量是由凿岩台车的外插角而定,随循环进尺长度而变,孔深时取最大值。

2. 岩面上不要有明显的爆破裂缝。

3. 爆破后石渣破碎程度要与所使用的装渣机械相适应,否则应调整爆破参数。

3.3 初期支护质量检测与评定

初期支护是指隧道开挖后,用于控制围岩变形及防止坍塌及时施作的支护。其类型有锚杆支护、喷射混凝土支护、喷射混凝土与钢筋网联合支护、喷射混凝土与锚杆及钢筋网联合支护、喷射钢纤混凝土支护、喷射钢纤混凝土与锚杆联合支护,以及以上几种类型加设钢架或者格栅而成的联合支护。

3.3.1 锚杆支护质量检测

锚杆是用机械方法或者粘结方法将一定长度的杆体(通常为钢筋)锚固在围岩预先钻好的锚杆孔内,由于锚杆具有"悬吊作用"、"组合梁作用"和"加固拱作用"等而使围岩得到加固。

1)锚杆质量检查

(1)锚杆材料

①抗拉强度:由于锚杆主要承受的是拉力,检测其抗拉强度十分必要。检测时,从原材料中或成品锚杆上截取试样,在拉力试验机上拉伸,测试材料的力学特性,确定其是否满足工程要求。

②延展性与弹性:由于隧道围岩变形也有时会较大,检测其延展性与弹性有着重要的意义。检查时,可采用现场弯折或锤击,观察其塑性变形情况。

(2)杆体规格

锚杆杆体的直径必须与设计相符,可用卡尺或直尺测量。同时,观察杆径是否均匀也很重要,若发现杆径粗细不一,应弃用。

(3)加工质量

隧道施工中,多数锚杆均需一定的加工,其加工质量十分重要。检测时,首先应测量各部分的尺寸,其次检查焊接件的焊接质量;对于车丝部分,应检查丝纹质量,观察是否有偏心现象。

2)锚杆安装尺寸检查

(1)锚杆位置

钻孔前应根据设计要求定出孔位,作出标记。施工时可根据围岩壁面的具体情况,允许孔位偏差±15mm,允许孔距偏差±150mm。检测时,应对锚杆间距与排距的尺量。

(2)锚杆方向

钻孔方向应尽量与围岩壁面和岩层主要结构面垂直。检测时,应特别注意拱顶钻孔的垂直度,目测即可。

(3)钻孔深度

对于水泥砂浆锚杆,允许孔深偏差为±50mm;对于树脂锚杆和快硬水泥锚杆,钻孔深度应控制更严。施工中孔深不足会造成托板悬空,锚杆难以发挥作用。检测时,钻孔深度可用带有长度刻度的塑料管或木棍等插孔量测。

(4)孔径与孔形

对于砂浆锚杆来说,孔径过小会减小锚杆杆体包裹砂浆层的厚度,影响锚杆的锚固力及其耐久性。检测时，砂浆锚杆应尺量钻孔直径，孔径大于杆体直径 15mm 时，可认为孔径符合要求。为了便于锚杆安装，钻孔应圆而直。

3)锚杆拉拔力测试

锚杆拉拔力指锚杆所能承受的最大拉力，它是锚杆材料、加工和施工安装质量的综合反映，是锚杆质量检测的一项基本内容。

(1)拉拔设备：锚杆拉拔试验的常用设备为中空千斤顶、手动油压泵、油压表、千分表。

(2)测试方法：根据试验目的，在隧道围岩指定部位钻锚杆孔，按照正常的安装工艺安装待测锚杆，且根据锚杆的种类和试验目的确定拉拔时间；在锚杆尾部加上垫板，套上中空千斤顶，将锚杆外端与千斤顶内缸固定在一起，并装设位移量测设备与仪器，通过手动油压泵加压，从油压表读取油压，根据活塞面积换算锚杆承受的拉拔力。

(3)注意事项：

①安装拉拔设备时，应使千斤顶与锚杆同心，避免偏心受拉。

②加载应匀速，一般以每分钟 10kN 的速率增加。

③如无特殊需要，可不作破坏性试验，拉拔到设计拉力即停止加载。

④千斤顶应固定牢靠，并有必要的安全保护措施。

(4)试验要求：

①每安装 300 根锚杆至少随机抽样一组(3 根)，设计变更或材料变更时另作一组拉拔力测试。

②同组锚杆锚固力或拉拔力的平均值，应大于或等于设计值。

③同组单根锚杆的锚固力或拉拔力，不得低于设计值的 90%。

4)砂浆锚杆砂浆位满度检测

砂浆锚杆砂浆位满度检测采用锚杆检测仪进行检测。在施工现场按设计参数，对不同类型的围岩，各设 3～4 组标准锚杆，每组 1～2 根。在这些标准锚杆上测定反射波振幅值(若每组有一根以上锚杆则取平均值)，这些值即作为检测其他锚杆的标准。这些标准值在进行其他锚杆的检测前储入仪器，在检测其他锚杆时可由测量仪器自动显示被测锚杆的长度与砂浆密实度的级别。

5)端锚式锚杆施工质量无损检测

对于端锚式锚杆的锚固质量检测，除了采用锚杆拉拔机进行破坏性拉拔外，还可利用扭力扳手进行无损伤拉拔试验。试验中，锚杆螺母扭力矩的量测工具为扭力扳手。具体检测方法是首先将套筒套在待检测锚杆的螺母上，并将扭力扳手主体与套筒连接；然后，左手轻按扭力扳手套筒端，右手扳动手柄，同时读取扭力矩的最大读数，并作记录；最后，根据扭力矩和锚杆拉力之间的对应关系，确定锚杆的拉力。

3.3.2 喷射混凝土质量检测

喷射混凝土是指将水泥、砂、石子、外加剂和水按一定的配合比和水灰比拌和而成的混合物，以风压为动力快速喷至岩体表面而形成的人造石材。喷射混凝土支护工程质量必须做到内坚外美。外观上，无漏喷、离鼓、裂缝、钢筋网(或金属网)外露现象，做到混凝土表面平整密实，断面轮廓符合要求；从内部看，喷射混凝土抗压强度和厚度必须达到设计要求。

在实际检测中，喷射混凝土的质量检验指标主要有喷射混凝土的强度和厚度两项内容。喷射混凝土的强度包括抗压强度、抗拉强度、抗剪强度、疲劳强度、黏结强度等；根据强度间内在关系，喷射混凝土抗压强度作为其物理力学性能和耐久性的综合指标是工程实践中喷射混凝土强度的关键指标，可由此推知其他强度指标。在施工中保证喷射混凝土厚度是确保喷射混凝土质量的前提，则喷射混凝土厚度也是喷射混凝土质量的重要指标之一。此外，喷射混凝土粉尘、回弹率等也是喷射混凝土质量的检测指标。

1)喷射混凝土抗压强度试验

喷射混凝土的抗压强度是指喷射混凝土板件上，切割制取边长100mm的立方体试件，在标准养护条件下养护至28d，用标准试验方法测得的极限抗压强度，乘以0.95的系数。喷射混凝土的抗压强度是按照《公路隧道工程质量检验评定标准》(JTG F80—2004)和《铁路隧道工程施工质量验收标准》(TB 10417—2003/J 287—2004)规定进行校核。

(1)试块的制作方法

①喷大板切割法。在施工的同时，将混凝土喷射在45cm×35cm×12cm(可制成6块)或45cm×20cm×12cm(可制成3块)的模型内，在混凝土达到一定强度后，加工成10cm×10cm×10cm的立方体试块，在标准条件下养护至28d进行试验(精确到0.1MPa)。

②凿方切割法。在具有一定强度的支护上，用凿岩机打密排钻孔，取出长约35cm、宽约15cm的混凝土块，加工成10cm×10cm×10cm的立方体试块，在标准条件下养护至28d，进行试验(精确到0.1MPa)。

(2)检查试块的选取

两车道隧道每10延米，至少在拱部和边墙各取1组(3个)试样；其他工程，每喷射20～100m^3混合料或小于50m^3混合料的独立工程，不得小于1组。材料或配合比变更时另取一组，每组至少取3个试块进行抗压强度试验。

(3)抗压强度判定

同批(指同一配合比)试块组数$n \geqslant 10$时：试件抗压强度平均值不低于设计强度，任一组试件抗压强度不低于0.85倍设计值。同批试块组数$n<10$时：试件抗压强度平均值不低于1.05倍设计强度，任一组试件抗压强度不低于0.9倍设计值。同批试块为3～5组时，低于设计强度的试块组数不得多于1组。试块为6～16组时，不得多于两组。17组以上，不得多于总组数的15%。检查不合格时，应查明原因采取措施，可用加厚喷层或增设锚杆的办法予以补强。

2)喷射混凝土厚度检测

喷层厚度可用凿孔或激光断面仪、光带摄影等方法检查。凿孔检查时，宜在喷射混凝土后8h以内，用短钎将孔凿出，发现厚度不够时可及时补喷。在检查断面设置时，每10延米至少检查一个断面，再从拱顶中线起每隔2m凿孔检查一个点。

喷射混凝土厚度检测中，每个断面拱、墙分别统计，全部检查孔处喷层厚度应有60%以上不小于设计厚度，平均厚度不得小于设计厚度，最小厚度不应小于设计厚度的1/2，且不小于3cm。在软弱破碎围岩地段，喷层厚度不应小于设计规定的最小厚度，钢筋网喷射混凝土的厚度不应小于6cm。

3)喷射混凝土与围岩黏结强度试验

检查试块的制作方法有成型试验法和直接拉拔法。成型试验法是在模型内放置面积为10cm×10cm×5cm且表面粗糙度近似于实际情况的岩块，用喷射混凝土掩埋；在混凝土达到一定强度后，加工成10cm×10cm×10cm的立方体试块，在标准条件下养护至28d，用劈裂法进行试验。直接拉拔法是在围岩表面预先设置带有丝扣和加力板的拉杆，用喷射混凝土将加力板埋入，喷层厚度约10cm，试件面积约30cm×30cm（周围多余的部分应予清除），经28d养护，进行拉拔试验。

喷射混凝土与岩石的黏结力，Ⅵ类及以上围岩不低于0.8MPa，Ⅲ类围岩不低于0.5MPa。

4）喷射混凝土回弹检查

隧道喷射混凝土回弹率应予以控制，拱部不超过40%，边墙不超过30%，挂钢筋网后，回弹率限制可放宽5%，应尽量采用验证的新技术，减少回弹率，回弹物不得重新用喷射混凝土材料。

5）喷射混凝土强度匀质性

喷射混凝土强度的匀质性、可用现场28d龄期同n组试块抗压强度的标准差S_n和变异系数V_n表示。

$$S_n=\sqrt{\frac{1}{n-1}\sum_{i=1}^{n}(R_i-\bar{R}_n)^2} \tag{3-2}$$

式中：n——同批试块的组数；

R_i——第i组试块的强度代表值（MPa）；

$\bar{R}_n$——同批n组试块的强度平均值（MPa）。

因为喷射混凝土由非均质材料组成，在施工中影响混凝土强度的因素较多，故强度离散型较大。根据国内喷射混凝土施工状况，结合有关资料，喷射混凝土施工质量判别条件见表3-7。

喷射混凝土匀质性指标

表3-7

项　目	施工控制水平	优	良	及格	差
标准差S_n（MPa）	母体的离散	<4.5	4.5～5.5	5.5～6.5	>6.5
	一次试验的离散	<2.2	2.2～2.7	2.7～3.2	>3.2
变异系数V_n（%）	母体的离散	<15	15～20	20～25	>25
	一次试验的离散	<7	7～9	9～11	>11

3.3.3 钢支撑施工质量检测

钢支撑一般都用在围岩条件较差的区段，因其质量欠佳导致隧道冒顶、坍塌失稳的现象时有发生，因此钢支撑的加工和施工质量检测十分重要。根据钢材种类的不同，目前我国隧道施工中常见的钢支撑有钢格栅、型钢支撑、钢管支撑等。钢支撑的质量检测只要包括钢支撑的加工质量检测和施工安装质量检测。

1）加工质量检测

钢支撑的加工质量检测中应满足以下几方面的要求：首先钢支撑加工尺寸应符合设计要求；其次钢支撑必须具备足够的强度和刚度；最后钢支撑焊接施工中，应检查其是否有假焊现象，检测焊缝长度、深度是否符合要求。

2)安装质量检测

(1)安装尺寸:检测时应用钢卷尺测量,其误差不应超过设计尺寸 5cm。其次应注意量测钢架拱顶的标高,要求钢架不得侵入二次衬砌空间 5cm。钢架间距允许偏差为±100mm,钢架横向允许偏差为±50mm,钢架保护层厚度允许偏差为−5mm。

(2)倾斜度:钢架在平面上应垂直于隧道中线,在纵断面上其倾斜度不得大于 2°。在平面上检测可用直角尺,在纵断面上检测可用坡度规。如果隧道某区段路面坡度接近 3%,则该区段钢架可以上部向下坡方向倾斜,且倾斜角度应在 2°～3°之间。

(3)连接与固定:施工过程中要检查钢架与锚杆的连接,要保证焊接密度与焊接质量,最终使锚杆、钢架和衬砌形成整体承载结构。

3.3.4 初期支护背后空洞检测

支护背部与围岩间存在空洞时,会导致围岩松弛,使支护结构产生弯曲应力,而损伤支护结构的功能,降低其承载力,极大的影响了隧道的安全使用。地质雷达探测是根据电磁波在不同电性介质里传播时其波形特征(双程走时、幅度、波形)发生改变,进而推测介质分布情况。因此,采用地质雷达法可有效的检测支护和衬砌厚度、支护背部回填的密实度、空洞及支护解雇内部的钢架、钢筋分布。

现场检测时,首先要布置现场测线,现场测线一般以纵向为主,横向为辅,纵向测线的位置应在隧道的拱顶、左右拱腰、左右边墙和隧底各布一条;横向测线可按检测内容和要求布设,一般情况线距 8～12m;采用点测时每断面不少于 6 个点;其中三车道应在隧道拱顶部位增加 2 条测线。检测中发现不合格地段应加密测线和测点。

检测前还应对衬砌混凝土的介电常数和电磁波速做现场标定。即采用在已知厚度部位或材料与隧道相同的其他预制件上测量;在洞口或洞内避车处使用双天线直达法测量和钻孔实测等方法标定介质参数。

在测线布置和介质参数标定的基础上,确定测量时窗、扫描样点数及测量频率,连续测量隧道支护结构,完整、清晰、准确地记录信号数据,经分析处理判定支护质量。其中衬砌背后回填密实度的主要判定特征为:

(1)密实:信号幅度较弱,甚至没有界面反射信号。

(2)不密实:衬砌界面的强反射信号同相轴呈绕射弧形,且不连续,较分散。

(3)空洞:衬砌界面反射信号强,三振相明显,在其下部仍有强反射界面信号,两组信号时程差较大。

衬砌内部钢架、钢筋位置分布的主要判定特征为:

(1)钢架:分散的月牙形强反射信号。

(2)钢筋;连续的小双曲线形强反射信号。

3.4 防排水质量检测与评定

渗漏水是隧道的常见病害之一,隧道渗漏水的长期作用,将极大地降低隧道内各种设施的使用寿命和功能,恶化隧道的运营环境。在隧道的设计施工中,隧道防排水应遵循“防、排、截、堵结合，因地制宜，综合治理”的原则，而防排水材料及施工质量检测则成为防排水质量体系中的重要环节。

3.4.1 高分子防水卷材检测

高分子防水卷材与传统的石油沥青油毡相比，具有使用寿命长、技术性能好、冷施工、质量轻和污染性低等优点，在隧道防水工程中得到了广泛的应用。常见隧道用高分子防水卷材性能要求如表 3-8。

隧道用高分子防水卷材性能要求 表 3-8

项　目	技术性质						
	EVA	ECB	LDPE	PVC－Ⅱ	PE	EPDM	SBS
拉伸强度(MPa)	≥15	≥10	≥16	≥12	≥10	≥7.5	≥2
断裂伸长率(%)	≥500	≥450	≥500	≥250	≥400	≥250	≥150
不透水性 24h(MPa)	≥0.2	≥0.2	≥0.2	≥0.2	≥0.2	≥0.3	≥0.3
低温弯折性(℃)	≤－35	≤－35	≤－35	≤－25	≤－35	≤－40	≤－30
热处理尺寸变化率(%)	≤2.0	≤2.5	≤2.0	≤2.0	≤2.0	≤2.0	≤2.0

(1)取样方法

高分子防水卷材均应成批提交验收，对于出厂合格的产品，同一生产厂家、品种、规格的产品 5000m 为一批进行验收，从每批产品的 1～3 卷中取样，在距端部的 300m 处截取约 3m，用于厚度允许偏差、最小单个值检验和截取各项物理力学性能试验所需的样片。试样截取前，在温度(23±2)℃，相对湿度 45%～55%的标准环境下进行状态调整，时间不少于 16h。裁取试件的部位、种类、数量及用作试验的项目，应符合图 3-2 和表 3-9 的规定。

物理力学性能试验所需的试样尺寸及数量 表 3-9

试验项目	符　号	尺寸(纵向×横向)(mm)	数　量
拉伸强度	A	200×200	3
热处理尺寸变化率	B	100×100	3
低温弯折性	C	50×100、100×50	1/1
抗渗透性	D	ϕ100	3
抗穿孔性	E	150×150	3
剪切状态下的黏合性	F	300×400	2
热老化处理	G	300×200	3
人工侯化处理	H	300×200	3
水溶液处理	I	300×200	9

(2)隧道高分子防水卷材外观检测

外观质量检查包括气泡、疤痕、裂纹、黏结和孔洞检查。高分子防水卷材的长度和宽度用卷尺测量；厚度用压力为(2±0.2)×10^{-2}MPa、压头直径为 10mm 的测厚仪(分度 0.01mm)量测，厚度测量点(至少 10 个点)均布在卷材的横向上；平直度和平整度的量测是在平整基面上展开 10m，用分度值为 1mm 的直尺测量。

(3)拉伸性能试验

试验设备:裁片机、拉力试验机(量程范围 1～1000N,分度值 2N,示值精度±1%;夹持器的移动速度应为 80～500mm/min)。

试验步骤:拉伸性能试验在标准环境下进行,在对裁取的三块 A 样片上,用裁片机对每块样片沿卷材纵向和横向分别裁取试样两块。标注标距线和夹持线,在标距区内,用测厚仪测量标距中间和两端三点的厚度,取其算术平均值作为试样厚度,精确到 0.1mm。测量两标距线间初始长度 L_0。将试验机的拉伸速度调到(250±50)mm/min,再将试样置于夹持器的中心,对准夹持线夹紧。开动机器拉伸试样,读取试样断裂时的荷载 P,量取试样断裂瞬间的标距线间的长度 L_1,若试样断裂在标距外,则该试样作废,另取试样重做。

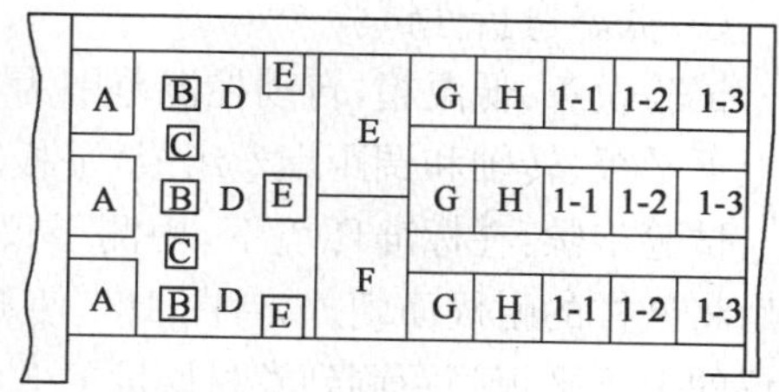

图 3-2 试样截取布置

试验结果计算:分别计算试样纵向和横向的算术平均值,精确到 1%。拉伸强度:

$$\sigma=\frac{F}{b\cdot d} \tag{3-3}$$

式中:σ——试样的拉伸强度(MPa);

F——试样断裂时的荷载(N);

b——试样标准段的宽度(mm);

d——试样标准段的厚度(mm)。

断裂伸长率:

$$\varepsilon=\frac{L_1-L_0}{L_0}\times100\% \tag{3-4}$$

式中:ε——试样的断裂伸长率(%);

L_0——试样标距线间初始有效长度(mm);

L_1——试样断裂瞬间标距线间的长度(mm)。

(4)热处理尺寸变化率试验

试验设备:鼓风恒温箱:自动控温范围为 50～240℃,误差为±2℃;直尺:量程为 150mm,分度值为 0.5mm;模板:100mm×100mm×0.4mm 金属板;垫板:300mm×300mm×2mm 的硬纸板 3 块,表面光滑平整。

试验步骤:用模板裁取 3 块 B 试样,标明卷材的纵横方向,并标明每边的中点,作为试样处理前后测量时的参考点。在标准环境下,用直尺测量试样纵向或横向上两参考点间的初始长度 S_0,将试样平放在撒有少量滑石粉的垫板上,再将垫板水平地置于鼓风恒温箱中,3 块垫板不得叠放。在(80±2)℃的温度下恒温 6h,取出垫板置于标准环境中调节 24h,在测量纵向或横向上两参考点间的长度 S_1。

纵向和横向的尺寸变化率为:

$$L_h=\frac{|S_1-S_0|}{S_0}\times100\% \tag{3-5}$$

式中:L_h——试样的热处理尺寸变化率(%);

S_0——试样同方向上两参考点间的初始长度(mm);

S_1——试样处理后同方向上两参考点间的长度(mm)。

分别计算3块试样纵向和横向的尺寸变化率的平均值,试验结构以其中较大的数值表示,精确到0.1%。

(5)低温弯折性试验

试验设备:低温箱,自动控温范围为0~40℃,误差为±2℃;弯折仪,主要由金属裁量制成的上下平板、转轴和调距螺丝组成,平板间距可任意调节;放大镜,放大倍数为6倍。

试验步骤:在标准环境下,用测厚仪测量C试样的厚度。试样的耐候面应无明显缺陷。然后将试样的耐候面朝外,弯曲180°使50mm宽的边缘重合、齐平,并确保不发生错位,将弯折仪的上下平板间距调到卷材厚度的3倍,试验2块试样。将弯折仪上平板翻开,将两块试样平放在弯折仪下平板上,重合的一边朝向转轴,且距离转轴20mm,将弯折仪连同试样放入低温箱内,在规定温度下保持1h。然后在1s之内将弯折仪的上平板压下,达到所调间距位置,保持1s后将试样取出,待恢复室温后观察试样的弯折处是否有断裂,或用放大镜观察试样弯折处受拉面是否有裂纹。

两块试样均不断裂或无裂纹时评定为无裂纹。

(6)抗渗透性试验

在标准环境下,将裁取的3块D试样分别置于3个透水盘中,盖紧槽盘,然后按《沥青防水卷材试验方法》(GB 328—1989)规定操作不透水仪,以每小时1/6规定压力2×10^5Pa的速度升压。达到规定压力后保压24h,观察试样表面是否有渗水现象。

3块试样均无渗水现象时评定为不透水。

(7)抗穿孔性试验

试验设备:穿孔仪由一个带刻度的金属导管(长为0~500mm,分度值为10mm)、可在其中活动的活动重锤(500g)、锁紧螺栓和半球形钢珠(直径12.7mm)重头组成,此外还有铝板(厚度不小于4mm)和玻璃管(内径不小于30mm,长600mm)。

试验步骤:将裁取的E试样自由地铺在铝板上,并一起放在$25kg/m^3$、厚度50mm的泡沫垫块上。穿孔仪置于试样表面,使重锤在落差高度300mm处自由下落,撞击位于试样表面的重头,然后将试样取出,检查是否穿孔,试验3块试样。无穿孔时,将圆形玻璃管垂直放在试样穿孔试验点处,密封缝隙进行水密试验,即将试样置于滤纸上,把染色剂水溶液加入玻璃管中,静置16h,如有渗透现象则表明试样已穿孔。

3块试样均无穿孔时评定为不渗水。

(8)剪切状态下的黏合性试验

将两块裁取的F试样平放于60℃的按热处理尺寸变化率试验的恒温箱中15min。在样片中间部位按胶黏剂的使用说明用橡皮刮刀涂抹胶黏剂宽度100mm且厚度适当的胶黏剂,然后将样片上部未涂抹胶黏剂的部分裁去,在长度方向剪成宽度b为50mm的样条,得到50mm×100mm的胶黏表面,如此成5块试样在标准环境下放置24h,再按拉伸试验方法进行拉伸剪切试验。

如果拉伸剪切时试样在黏结面滑落,则剪切状态下的黏合性以拉伸剪切长度σ表示,公式为$\sigma=P/b$(N/mm),其中P为最大拉伸剪切荷载(N),b为试样黏合面宽度(mm)。结合5块试样的算术平均值,精确到0.1N/mm。

如果在拉伸剪切时，试样在接缝外断裂，则评定为接缝外断裂。该试验方法也可以测试热焊接接缝的黏结特性。

(9)热老化处理试验

试验设备：热老化试验箱(自动控温范围为50～240℃，误差为±2℃)。

试验步骤：用模板裁取3块G试样放置在撒有滑石粉的按热处理尺寸变化率试验的垫板上，然后一起放入热老化试验箱中，在(80±2)℃的温度下恒温7d，取出样片置于标准环境中调节24h，分别按外观、拉伸性能试验规定的方法进行检查和试验。

3块G试样外观质量和低温弯折率的结果评定分别与相应的试验条文相同。处理后的试样拉伸强度相对变化率(精确到1%)为：

$$R_\sigma = \left(\frac{\sigma_t'}{\sigma_t} - 1\right) \times 100 \tag{3-6}$$

式中：R_σ——试样处理后拉伸强度相对变化率(%)；

σ_t'——处理后5块试样的平均拉伸强度(MPa)；

σ_t——未处理试样的平均拉伸强度(MPa)。

处理后的试样断裂伸长率相对变化率(精确到1%)为：

$$R_t = \left(\frac{\varepsilon_t'}{\varepsilon_t} - 1\right) \times 100 \tag{3-7}$$

式中：R_t——试样处理后断裂伸长率相对变化率(%)；

ε_t'——处理后5块试样的平均断裂伸长率(MPa)；

ε_t——未处理试样的平均断裂伸长率(MPa)。

对于防水卷材中的外观质量、面积允许偏差、卷材中的允许接头数、卷材平直度、平整度、厚度允许偏差和最小单个值等6项要求，其中有2项不合格即为不合格卷材。不合格卷不多于2卷，且卷材各项物理力学性能均符合要求时，判定为批合格。

对于不合格卷为2卷或有1项物理力学性能不符合要求，则判定为该批不合格。如不合格卷为2卷，但有两卷出现上述6项中的同一项不合格，则仍判定为该批不合格。

对于判定不合格的批，允许在批中按规定重新加倍抽样，对不合格项目进行重检，如果仍有一组试样不合格，则判定为批不合格。

3.4.2 土工织物特性检测

隧道用土工织物的物理性能测试一般有单位面积质量试验和厚度试验。土工织物的力学特性包括抗拉强度及延伸率、握持强度及延伸率、抗撕裂强度、顶破强度、刺破强度、抗压缩性能等；因此，隧道用土工织物的力学特性测试有条带拉伸试验、撕裂试验、顶破强度试验、刺破试验等。隧道用土工织物水力学特性应该能够防止被保护围岩衬砌的颗粒随水流流动，保证渗流水通畅排走，防止材料被细土颗粒堵塞失效；因此，隧道用土工织物的水力学特性测试一般有土工织物孔隙的特征试验和土工织物渗透特性试验，操作方法可参考相应国家标准。

3.4.3 防水混凝土抗渗性能试验

隧道工程防水混凝土的一般要求有一般地区抗渗等级不得小于S_8；试件的抗渗等级应比

设计要求提高 0.2MPa；防水混凝土结构应满足衬砌厚度不小于 300mm，裂缝宽度应不大于 0.2mm，并不贯通，迎水面主筋保护层厚度不应小于 50mm。

混凝土抗渗性能试验中，抗渗试块为圆柱体（直径、高度均为 150mm）或圆台体（上底直径 175mm，下底直径 185mm，高为 165mm）；每组试块为 6 个，人工插捣成型时，分两层装入混凝土拌和物，每层插捣 25 次，在标准条件下养护不少于 28d，不超过 90d。

混凝土抗渗性测定和试验研究采用 HS-40 型混凝土抗渗仪。试验前试块应保持潮湿状态，表面应干燥（在低于 50℃的烘箱中烘 10～30min，在通风处放 5～15min，表面干燥即可）；将试模预热至 50℃左右，涂以石蜡，装入试块，使试块周围与试模内壁之间的缝隙被石蜡填满；装好试块的试模冷却后即可安装在渗透仪上进行加水试验。试验时，水压从 0.2MPa 开始，每隔 8h 增加 0.1MPa，边加压，边观察，一直加至 6 个试块中有 3 个试块表面发现渗水，记下此时的水压力，即可停止试验。将未渗水的试块剖开，记录渗水高度。

混凝土的抗渗标号是以每组 6 个试件中 4 个未发现有渗水现象时的最大水压力表示。抗渗标号为：

$$S=10H-1 \tag{3-8}$$

式中：S——混凝土抗渗标号；

H——第三个试件顶面开始有渗水时的水压力（MPa）。

3.4.4 防排水施工质量检查

防水层材料规格、品种、形状、尺寸、数量、间距、接头位置必须符合设计要求和有关标准。在外观鉴定中，防水层需表面平顺，无折皱、无气泡、无破损等现象，与洞壁紧贴，松弛适度，无紧绷现象；接缝、补眼粘贴密实饱满，不得有气泡、空隙。

（1）防水层铺设基面检测

隧道开挖初期支护以后，喷射混凝土基面仍较粗糙，局部凹凸不平，并有可能有锚杆头外露现象，此时铺设防水卷材，防水质量难以保证。因此在防水卷材铺设前，应进行处理，处理后需检测。喷射混凝土基面平整度用直尺检测，隧道边墙 $D/L\leqslant 1/6$，拱顶 $D/L\leqslant 1/8$，其中，L 为喷射混凝土相邻两凸面间的距离，D 为喷射混凝土相邻两凸面间下凹的深度；基面不得有钢筋、凸出的管件等尖锐突出物；隧道断面变化或转弯处的阴角应抹成 $R\geqslant 5$cm 的圆弧；防水层施工时，基面不得有明水。

（2）防水板施工质量检测

目前防水卷材的铺设工艺有无钉热合铺设法和有钉冷粘铺设法两种。复合式衬砌防水层实测项目见表 3-10。

复合式衬砌防水层实测项目 表 3-10

检查项目		规定值或允许偏差	检查方法与频率
搭接宽度（mm）		≥100	尺量：全部搭接均要检查，每搭接检查 3 处
缝宽（mm）	焊接	两侧焊缝宽	尺量：每搭接检查 5 处
	黏结	黏缝宽	
固定点间距（m）		符合设计要求	尺量：检查总数的 10%

焊缝质量检测一般用肉眼检查，也可采用充气法抽样检查。用气压泵与压力表相接，用打气筒充气（脚踏式或手动式皆可），充气时检查孔会鼓起来，当压力达 0.1～0.15MPa 时，停止充气。保持该压力时间不少于 1min，说明焊接良好。如压力下降，证明有未焊好之处，用肥皂水涂抹产生气泡处焊接欠佳。压力表压不降或因材料继续变形压力有所下降，但下降幅度在 20％以内，保证 2min 不漏气，说明焊接良好；反之则有问题需进行检查和修补。每焊接 1 000 延米抽检 1 处焊缝，且每天每台热合机均应抽取 1 个试样。焊缝拉伸强度不得小于防水板强度的 70％，焊缝抗剥离强度不小于 70N/cm。

防水层施工需精细，需进行质量检查。检查出破损后立即作出明显标记，以便修补；修补后采用真空检验法检验修补质量。修补时，补丁要剪成圆角，不要有尖角且不得过小，离破坏孔边沿不得小于 7cm。

3.4.5 排水系统施工质量检查

山岭隧道常见的排水系统和地下水流向关系为：围岩→环向排水管→纵向排水管→横向排水盲管→中央排水管→洞外出水口，如图 3-3 所示，其具体检测项目如下：

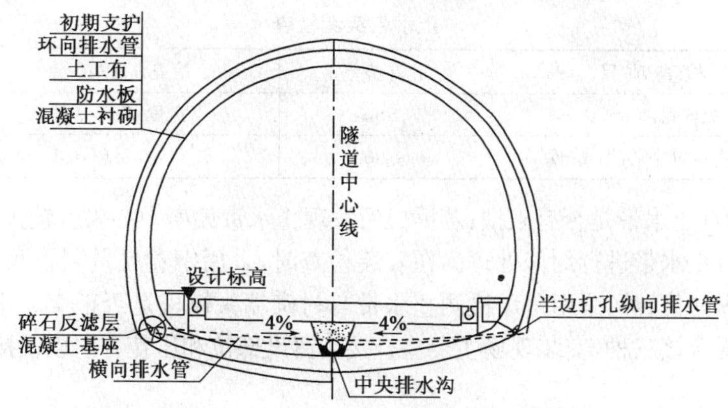

图 3-3 隧道排水系统示意图

(1)环向排水管

外观检查弹簧管质量时，首先检查玻璃纤维布或塑料滤布是否套紧；其次检查弹簧涂塑层是否均匀，涂层有无老化；然后用直尺量测弹簧管的直径，检查其是否与设计尺寸一致；最后从轴向和横向用力压弹簧管，观察其是否有较大的塑性变形，孔径是否有异常变化。

施工检查中首先要按要求布设环向弹簧排水管，要保证基本间距，局部涌水量大时还应适当加大其密度。其次，安装时弹簧排水管应尽量紧贴渗水岩壁，尽量减小地下水由围岩到弹簧排水管的阻力。第三，弹簧排水管布置时沿环向应尽量圆顺，尤其在拱顶部位不得起伏不平。第四，弹簧排水管安装时应先用钢卡等固定，再用喷射混凝土封闭。最后应检查弹簧排水管与下部纵向排水盲管的连接，确保弹簧排水管下部排水畅通。

(2)纵向排水盲管

外观检查纵向排水盲管材质及规格；在纵向盲管安装前，必须用直尺检查钻孔的孔径和孔间距。在安装检查中，要检查纵向排水盲管的安装坡度、包裹安装质量及与上下排水管的连接质量。

(3)横向盲管

对横向盲管的检查,主要是接头应靠牢、密实,保证纵向盲管与中央排水管间水路畅通,严防接头处断裂,由纵向盲管排出之水在路面下漫流,造成路面翻浆冒水,影响行车安全;其次是在横向盲管上部应有一定的缓冲层,以免路面荷载直接对横向盲管施压,造成横向盲管破裂或变形,影响其正常的排水能力。

(4)中央排水管

外观检查预制管段的规整性和管壁的强度,检查混凝土强度是否满足设计与施工要求。在施工检查中,应先对中央排水管基础进行检查,即施工中应特别注意检查基础的坡度,不仅总体坡度应符合要求,而且局部的几个管段间也应符合要求;同时也应对管段铺设进行检查,逐段进行通水试验,发现漏水,及时处理。

3.4.6 止水带检测

隧道施工中,衬砌施工缝和沉降缝一般都采用塑料止水带或橡胶止水带进行防水。止水带的安装方式有外贴式、预埋式、内贴式等,其质量检测实测项目见表 3-11。

止水带实测检查 表 3-11

项次	检查项目	允许偏差	检查方法与频率	权值
1	纵向偏离(mm)	±50	尺量:每环 3 处	1
2	偏离衬砌中心线(mm)	≤30	尺量:每环 3 处	1

从外观上检查止水带是否有破损;若拆模后发现止水带偏离中心幅度较大,应适当凿出或填补部分混凝土,对止水带进行纠偏处理。在安装检查时,采用钢卷尺量测止水带预埋位置(止水带安装的横向、纵向位置),采用角尺检测止水带与衬砌端头模板是否正交。止水带的接头方式有对接、搭接和复合接三种,安装现场主要检查接头留设部位和压茬方向以及接头的强度。

3.5 混凝土衬砌质量检测

隧道混凝土衬砌是重要的支护措施,是隧道结构"内实外美"的直接体现者。混凝土衬砌质量的好坏对隧道的长期稳定性、运营功能的发挥有着重要的影响。隧道混凝土衬砌常见的质量问题有混凝土开裂和内部缺陷、混凝土强度不够、衬砌厚度不足、钢筋锈蚀、衬砌表面渗漏水和衬砌背后充填不密实等。因此,混凝土衬砌质量检测是隧道施工质量检测的重要内容,其主要包括衬砌混凝土强度、厚度、钢筋、混凝土缺陷和几何尺寸等的检测,根据检测与施工工序的时间关系,可以分为施工检测和工后或运营检测。

3.5.1 施工检查

1)衬砌施工的条件

(1)整体式衬砌的开挖轮廓线要求

在衬砌混凝土浇筑之前,应用尺量或隧道断面仪对衬砌施工前的隧道毛洞实际轮廓进行检测。如有凸出部分基岩面已侵入衬砌断面,则应在浇筑前进行处理,以保证衬砌混凝土厚度。

(2)隧道围岩稳定性要求

复合式衬砌采用仰拱超前时,应根据随围岩和支护量测的变形规律,确定二衬的施工时间;二衬一般应在围岩和初期支护变形基本稳定后施工;变形稳定性指隧道周边位移速度有明显减缓趋势;拱脚水平相对净空变化速度小于 0.2mm/d,拱顶下沉速度小于 0.15mm/d。

(3)基础地基承载力要求

基坑的基本尺寸应符合设计要求,在混凝土浇筑前,应清理基坑内的浮渣和积水,检测基底承载力是否满足要求;基础浇筑前,还应检查排水管铺设情况和是否畅通,止水带预埋位置和预留长度是否合适。

2)衬砌混凝土浇筑施工检查

衬砌混凝土浇筑中,模板检查主要是对模板的强度、刚度、外形、尺寸及位置进行检测;钢筋检查主要是对钢筋的间距、数量、位置及长度进行检测,此外钢筋保护层的厚度也是其检测的重要一环;衬砌混凝土浇筑检查对衬砌混凝土配合比、强度、塌落度及浇筑密实度进行检测,并对照有关规范进行评定;对仰拱和底板同样需要检测。

3)拆模检查

在衬砌混凝土达到一定的强度之后才能拆除衬砌模板。拆模应符合以下要求:不承受外荷载的拱、墙,混凝土强度应达到 5.0MPa,或在拆模时混凝土表面和棱角不被损坏并能承受自重;承受围岩压力较大的拱、墙,封顶和封口的混凝土应达到设计强度的 100%;承受围岩压力较小的拱、墙,封顶和封口的混凝土应达到设计强度的 70%。拆除模板后,普通混凝土覆盖或洒水养护 7d,加外加剂者 4d;混凝土内部温度和外部温度差不得超过 20℃,混凝土的降温速率最大不应超过 3℃/d。

3.5.2　混凝土强度检测

隧道现场检测混凝土强度的方法主要有回弹法、超声法、超声—回弹综合法、钻芯法、拔出法等。

回弹法和超声—回弹综合法是应用最广泛的无损检测方法。采用回弹法、超声波法及超声—回弹综合法检测混凝土强度详见章节 2.3。混凝土强度的有损检测方法主要是采用钻芯法检测混凝土强度。钻芯法是利用钻机和人造金刚石空心薄壁钻头,从结构混凝土中钻取芯样以检测混凝土强度和混凝土内部缺陷的方法,但对结构造成一定的损伤。钻芯取样时固定钻芯机的方法有配重法、真空吸附法、顶杆支撑法和膨胀锚栓法;隧道混凝土取芯一般采用膨胀锚栓法。

3.5.3　隧道衬砌厚度检测

混凝土的厚度如达不到设计要求,将会影响结构的整体强度及其耐久性,造成工程隐患,甚至引起严重工程事故。常见的衬砌厚度检测方法有冲击—回波法、超声发射法、激光断面法、地质雷达法和直接测量法等。

1)冲击—回波法

冲击—回波法适用于检查混凝土浇筑质量,测试表面开放裂缝程度,测试密集的裂缝、空隙和蜂窝缺陷等。

(1)检测原理：冲击一回波法是基于瞬态应力波应用于无损检测的一种技术。利用一个短时的机械冲击产生低频的应力波，应力波传播到结构内部，被缺陷和构件底面反射回来，这些反射波被安装在冲击点附近的传感器接收下来(见图3-4)，并被送到一个内置高速数据采集及信号处理的便携式仪器。将所记录的信号进行幅值谱分析，谱图中的明显峰正是由于冲击表面缺陷及其他外表面之间的多次反射产生瞬态共振所致，它可以被识别出来并被用来确定结构混凝土的厚度和缺陷位置，其计算公式如下：

$$h = \frac{v_f}{2f} \tag{3-9}$$

式中：v_f——声波在混凝土中的传播速度；

f——频谱分析得出的峰值频率。

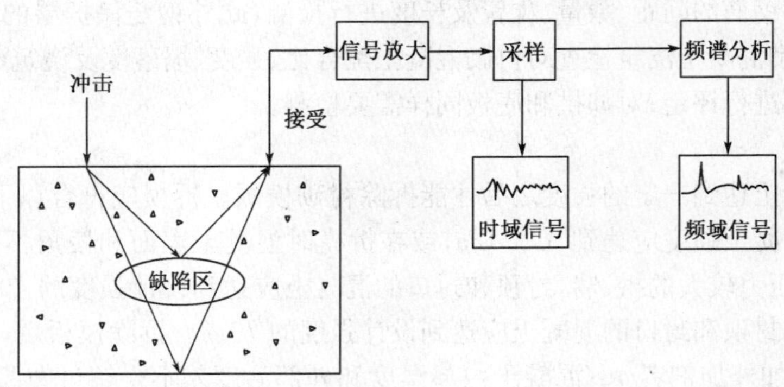

图3-4 冲击—回波法原理示意图

(2)测试仪器：冲击—回波测试系统，由冲击器、接受器、采样分析系统等组成。

(3)测试方法：检测前，对衬砌表面进行处理。用砂轮将待测点周围磨平，至少将“拉毛”层打平，保证传感器与待测表面接触良好；选择有适宜灵敏度和较宽频带范围的传感器，以提高信号质量和测试不同厚度混凝土衬砌；根据预计衬砌厚度选择频率值适宜的冲击器，使得接受信号强且质量较高；声速测量十分重要，可用超声平测法测量混凝土的声速；以上前期工作完成后根据上述测试原理测量峰值频率，以求得衬砌厚度。

2)激光断面法

激光断面法是基于激光断面仪快速检测各类隧道界限，并根据衬砌浇筑前的初期支护内轮廓线或围岩开挖轮廓线的检测结果实现自动数据比较，快速指导施工决策和验收，详见章节2.2.1。

3)地质雷达法

地质雷达法可检测混凝土衬砌背后的空洞、衬砌厚度的变化、衬砌内部钢拱架和钢筋分布等，详见章节2.3.4。

4)直接测量法

直接测量法就是在混凝土衬砌上打孔或凿槽，从而直接测量衬砌的厚度，其包括冲击钻孔取芯量测法和钻打孔量测法。

3.5.4 混凝土缺陷检测

衬砌混凝土在施工和使用过程中所生成的缺陷有裂缝、空洞、蜂窝和层状破坏等。根据缺陷的部位，混凝土缺陷检测内容可分为外观表面缺陷检测和内部缺陷检测两部分。

外观表面缺陷检测是利用刻度放大镜和塞尺测量混凝土的裂缝、蜂窝、麻面、平整度和几何轮廓等。内部缺陷检测是混凝土缺陷检测的重点和难点，常用的检测方法有水压法、超声波法、钻孔取芯法、地质雷达法、红外成像法、冲击—回波法等。

1)超声波法

(1)检测依据：低频超声遇到缺陷产生绕射现象；超声波在缺陷界面产生散射，抵达接收探头时能量明显衰减；超声脉冲各频率成分在遇到缺陷时衰减程度不同，接收波频谱与反射波频谱产生差异；超声波在缺陷处的波形转换和叠加造成接收波形畸变等。

(2)检测步骤：用超声波法检测混凝土内部缺陷时，首先选择便于测试操作部位较宽的被测裂缝；打磨清理混凝土表面，即当被测部位不平整时，应打磨、清理表面，以保证换能器与混凝土表面耦合良好；布置超声测点后，分别作跨缝、不跨缝超声测试；记录首波反相时的测试距离，求不跨缝各测点的声波实际传播距离及混凝土声速。

(3)数据处理：各测点裂缝深度计算值可按式(3-10)计算：

$$h_{ci} = \frac{l_i}{2}\sqrt{\left(t_i^0 \cdot \frac{v}{l_i}\right) - 1} \qquad (\text{mm}) \tag{3-10}$$

测试部位裂缝深度的平均值按式(3-11)计算：

$$m_{\text{ac}} = \frac{1}{n} \cdot \sum_{i=1}^{n} h_{ci} \tag{3-11}$$

2)红外成像法

运用红外热像仪探测物体各部分辐射红外线的能量，根据物体表面的温度场分布状况所形成的热像图直观地显示材料、结构物及其结合上存在不连续缺陷的检测技术，称为红外成像检测技术。

(1)检测原理：红外线是介乎可见红光和微波之间的电磁波，它的波长范围为 0.76～1000μm，频率为 $4\times10^{14}\sim3\times10^{11}$ Hz。在自然界中，任何高于绝对温度零度(－273℃)的物体都是红外辐射源。由于红外线是辐射波，被测物具有辐射的现象，所以，红外无损检测是测量通过物体的热量和热流来鉴定该物体质量的一种方法。当物体内部存在裂缝和缺陷时，物体的热传导性能被改变，使物体表面温度分布产生差别，所以，可利用红外成像检测仪检查隧道衬砌缺陷。

(2)测试仪器：红外成像仪，由光学系统、红外探测器和前置放大器、信号处理机、监视器等组成。

(3)测试应用：对于隧道衬砌缺陷的检测，红外成像法主要应用于衬砌渗漏水检查和衬砌因火灾、冻胀、侵蚀出现的缺陷评价。

3)冲击—回波法

冲击—回波法不但可以在测试混凝土厚度时应用，在衬砌混凝土缺陷检测中同样能够得到应用，其可以利用谱图中频率峰值变化检测背后存在空洞的衬砌和存在内部缺陷的衬砌，测试原理和方法详见章节 3.5.3。

3.6 通风检测

隧道通风可分为施工通风和运营通风。施工通风旨在将炮烟、运输车辆排放的废气以及施工过程中产生的粉尘排至洞外，为施工人员输送新鲜空气；运营通风是用洞外的新鲜空气置换来往车辆废气污染过的洞内空气，提高行车的安全性和舒适性，保护司乘人员和洞内工作人员的身体健康。通风检测包括施工期间粉尘浓度测定、瓦斯检测，运营期间的CO检测，烟雾Ⅵ浓度检测、隧道内风压测定、风速测定等。

3.6.1 粉尘浓度测定

隧道施工中含10%以上游离二氧化硅的粉尘，每立方米空气中不得大于3mg；含10%以下的，不得大于4mg。粉尘浓度测定可采用滤膜测尘法进行检测，是用抽气装置抽取一定量的含尘空气，使其通过装有滤膜的采样器，滤膜将粉尘截留，然后，根据滤膜所增加的质量和通过的空气量计算出粉尘浓度。主要器材有滤膜、采样器和抽气装置。

$$G=\frac{W_2-W_1}{QT} \tag{3-12}$$

式中：G——粉尘浓度（mg/m^3）；

W_1——采样前滤膜质量（mg）；

W_2——采样后滤膜质量（mg）；

Q——流量计读数（m^3/min）；

T——采样时间（min）。

两平行样品的偏差值小于20%时，方属合格，否则需重测。偏差值的公式为$P=2\Delta G/(G_1+G_2)\times100\%$，其中$\Delta G$为平行样品计算结果之差（$mg/m^3$）。

滤膜测尘的准确性比较高，能够比较真确的反应测尘状况，但这种方法操作程序多，需要时间长，不能即时测定结果。为简化测尘过程，迅速获得测尘结果，国内外都在研究各种快速测尘仪器，如光电测尘仪、静电测尘仪和β射线测尘仪等，随着这些新型测尘仪的推广和应用可极大提高测尘效率，及时指导现场防尘工作的开展。

3.6.2 瓦斯检测

瓦斯是多种可燃气体的总称，在隧道施工中必须对瓦斯进行严格检测。甲烷（CH_4）按体积计不得大于0.5%，否则必须按煤炭工业部现行的《煤炭安全规程》有关规定办理。瓦斯浓度检测仪器主要包括通过化学反应检测的催化型瓦斯测量仪和通过物理反应检测的光干涉瓦斯检定器。

3.6.3 一氧化碳检测

一氧化碳对空气的相对密度为0.97，故能均匀地散布于空气中，在浓度达13%～75%时能引起爆炸。一氧化碳毒性极强，当空气中CO的浓度超过0.4%时，在很短时间内人就会失去知觉。一氧化碳检测仪器主要包括检知管和一氧化碳测量仪。

对于施工隧道：一氧化碳一般情况下不大于 $30mg/m^3$；特殊情况下，施工人员必须进入工作面时，浓度可为 $100mg/m^3$，但工作时间不得超过 30min。

对于营运隧道：采用全横向通风方式与半通风方式时，一氧化碳浓度按表 3-12 取值；采用纵向通风方式时一氧化碳浓度按该表各值增加 50ppm；交通阻滞时，阻滞段的平均一氧化碳的浓度可取 300ppm，经历时间不超过 20min。

隧道一氧化碳允许值 表 3-12

汽车专用隧道一氧化碳浓度			人车混用隧道一氧化碳浓度		
隧道长度(m)	1000	≥3000	隧道长度(m)	1000	≥3000
δ(ppm)	250	200	δ(ppm)	150	100

3.6.4 烟雾浓度的检测

柴油车排放的气体中，除 SO_2 等物质外，还有大量的游离碳素(煤烟)。煤烟不仅影响隧道内能见度、舒适性，而且对司乘人员健康十分不利。煤烟对空气的污染程度用烟雾浓度表示，由于不能直接测出烟雾浓度，可以通过采用光透过率仪测光透过率来求烟雾浓度

$$\tau = \frac{E}{E_V} \text{ 且 } \tau = \mathrm{e}^{-aL} \tag{3-13}$$

式中：E、E_V——同一光源通过污染空气和洁净空气后的照度；

τ——光线在烟雾中的透过率；

a——烟雾吸光系数。

由上式可推出烟雾浓度 k，即：

$$a = -\frac{1}{L}\ln\tau \Rightarrow k = -\frac{1}{100}\ln\tau \tag{3-14}$$

采用钠灯光源时，烟雾浓度按表 3-13 取值，采取荧光灯光源时，烟雾浓度应提高一级；当烟雾浓度达到 $0.012m^{-1}$时，应按采取交通管制等措施考虑；隧道内进行养护维修时，应按现场实际烟雾浓度不大于 $0.003\,5m^{-1}$考虑。

烟 雾 浓 度 K 表 3-13

计算行车速度	100	80	60	40
$K(m^{-1})$	0.0065	0.0070	0.0075	0.0090

3.6.5 隧道内风压测定

隧道风压是隧道通风的基本控制参量。其中，空气静压是指气体分子间的压力或气体分子对与之相接触地固体或液体边界所施加的压力，空气的静压在各个方向上均相等；空气动压是指运动着的物体具有动能，当其运动受到阻碍的时候，就有压力作用在障碍物表面上，压力的大小取决于物体动能的大小；风流的全压即静压与动压得代数和。

隧道风压检测中，通常使用水银气压计和空盒气压计测定空气绝对静压；通常使用 U 型压差计、单管倾斜压差计或补偿式微压计与皮托管配合测定风流的静压、动压和全压。

3.6.6 隧道内风速测定

在已建成的设有机械通风的公路隧道中，绝大部分都采用射流风机纵向通风。此通风方式下，隧道风速过小，则不足以稀释排出隧道内的车辆废气；风速多大，则会使隧道内尘土飞扬，影响隧道能见度和舒适性。因此，单向交通隧道风速不宜大于 10m/s，特殊情况可取 12m/s。双向交通隧道风速不应大于 8m/s；人车混用隧道风速不宜大于 7m/s。

断面上的平均风速等于通过流道横断面的风量和流道横断面积的比值。可以采用风表直接测量，常用的风表由杯式（测大风速）和翼式（测小风速）两种；根据测风员与风流方向的相对位置，又分迎面和侧面测风两种，其中：

迎面法：

$$v=1.14v_s \tag{3-15}$$

侧面法：

$$v=\frac{v_s(S-0.4)}{S} \tag{3-16}$$

式中：v——实际风速；

v_s——实测风速；

S——所测隧道的断面积。

也可采用热电式风速仪通过测量暴露风流中的温度变化测定风速；或者采用皮托管与压差计先测定动压，然后换算成隧道风速。

$$\nu=\sqrt{\frac{2H_\nu}{\rho}} \tag{3-17}$$

式中：H_ν——测点动压（Pa）；

ρ——空气密度（kg/m^3）。

3.7 照明检测

车辆在白天接近并通过没有照明或照明不良的隧道时，驾驶人的视觉会出现黑洞效应。暗适应时间约为 10s，明适应时间为 1～3s，因此高等级公路隧道照明设施根据车速和驾驶人视觉适应能力而设计。

1）隧道照明基本概念

照明工程中不同时段和区段照明基本特性较多，其中常用的有：

（1）光谱光效应：是人眼可见光光谱范围内视觉灵敏度的一种度量。

（2）光通量：是光源发光能力的一种度量，是指光源在单位时间内发出的能被人眼感知的光辐射能的大小；光通量常用符号 φ 表示，单位为流明（lm）。

（3）光强：用于反映光源光通量在空间各个方向上的分布特性，它用光通量的空间角密度来度量，用符号 I 表示，单位为坎德拉（cd），可由式（3-18）计算：

$$I=\frac{d\varphi}{d\omega} \tag{3-18}$$

式中：$d\omega$——由(点)光源向外张的微小空间角；

$d\varphi$——微小空间角 $d\omega$ 的光通量。

(4)照度：是用来表示被照面上光的强弱的，以被照场所光通量的面积密度来表示，则平均照度 E= 入射光通量 φ/表面积 A，单位为勒克斯(lx)；

(5)亮度：用于反映光源发光面在不同方向上的光学特性。在隧道照明中，路面照明是最重要的技术指标。亮度 L 与照度 E、反射系数 ρ 间关系为：$L=\rho E/\pi$，单位为坎德拉每平方米(cd/m^2)。

2)隧道照明标准

隧道照明标准综合考虑安全和经济两个方面，其白天照明被划分为成入口段、过渡段、中间段、出口段四个区段；夜间照明全线亮度与中间段亮度相同，见图 3-5。

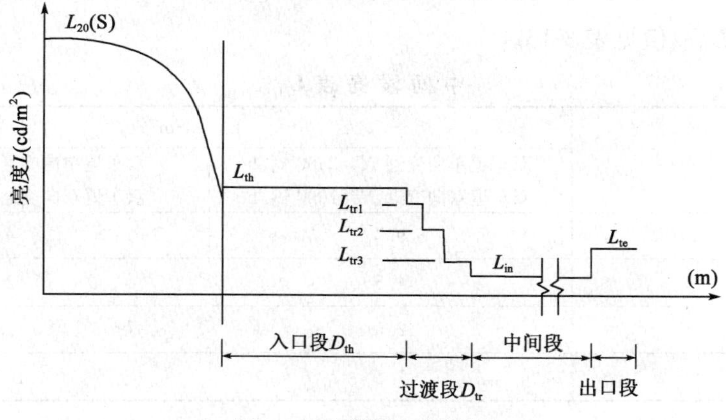

图 3-5 各照明段亮度和长度

(1)入口段：

亮度：

$$L_{th}=k\cdot L_{20}(S) \tag{3-19}$$

式中：L_{th}——入口段亮度(cd/m^2)；

k——入口段亮度折减系数；

$L_{20}(S)$——入口段亮度(cd/m^2)。

长度：

$$D_{th}=1.154D_s-\frac{h-1.5}{\tan 10^\circ} \tag{3-20}$$

式中：D_{th}——入口段长度(m)；

D_s——照明停车视距；

h——洞口净空高度(m)。

(2)过渡段：

过渡段由 tr1、tr2、tr3 三个照明段组成，与之对应的亮度和长度见表 3-14 和表 3-15。

过渡段亮度 表 3-14

照明段	tr1	tr2	tr3
亮度	$0.3L_{th}$	$0.1L_{th}$	$0.035L_{th}$

过渡段长度 D_{tr} 表 3-15

计算行车速度(km/h)	D_{tr1}	D_{tr2}	D_{tr3}
100	106	111	167
80	72	89	133
60	44	67	100
40	26	44	67

(3)中间段:

中间段亮度 L_{in} 取值见表 3-16。

中间段亮度 L_{in} 表 3-16

计算行车速度(km/h)	L_{in}(cd/m²)	
	双车道单向交通 $N>2400$ 辆/h 双车道双向交通 $N>1300$ 辆/h	双车道单向交通 $N\leqslant700$ 辆/h 双车道双向交通 $N\leqslant360$ 辆/h
100	9.0	4
80	4.5	2
60	2.5	1.5
40	1.5	1.5

当双车道单向交通 700 辆/h$<N\leqslant$2400 辆/h,双向交通 360 辆/h$<N\leqslant$1300 辆/h 且通过隧道的行车时间超过 135s 时,可按表 3-16 的 80%取值。人车混合通行的隧道中,中间段亮度不得低于 2.5cd/m²。

(4)出口段:

在单向交通隧道中,应设置出口端照明,出口段长度宜取 60m,亮度宜取中间段亮度的 5 倍;在双向交通隧道中,可不设出口段照明。

针对不同时段和区段照明特性,隧道照明检测分为实验室检测和现场检测。实验室检测主要对单个灯具的特性或质量进行检测,为照明设计提供依据,或为工程选用合格产品;现场检测主要对灯群照明下的路面照度、亮度和眩光参数进行检测,用以评价隧道照明工程的设计效果与施工质量。隧道照明检测包括光度检测、现场照度、亮度检测和眩光检测等。

3.7.1 光度检测

(1)照度检测

照度检测一般采用将光检测器和电流表连接起来,并且表头以勒克斯(lx)为单位进行分度构成的照度计。如 JD 系列指针式照度计和数字式照度计,当光电池全部表面被光照射时,可由表头直接读出照度的数值。照度计携带方便、使用简单,可以在隧道检测中广泛应用。

(2)光强检测

测量光强主要用直尺光度计(光轨),即用光度镜头对标准光源的已知光强进行比较来测量光强。

(3)光强分布量测

为了明确隧道照明的配光特性,常常需要测量照明器或光源在空间各个方向上的光强分布。光强分布量测通常采用分布光度计进行测量,根据接收器和被测体之间的相对运动方式,分布光度计可以分成立式、卧式两大类。

对于照明器光强分布量测,为保证光强测量的精度(要求测量值与实际值的差异不大于±5%),要求光电池的面积对照明器的张角不大于0.25°;测试距离一般不小于3m,或小于照明器发光面上的最大限度的5倍;对于环境温度,管状荧光灯要求(25±2)℃,HID要求(25±5)℃;同时还要注意分布光度计、照明器光度中心位置、电源电压、光源以及空气流动对照明器光强分布量测的影响。

(4)光通量检测

测量光源的光通量通常采用球形积分光度计,也可以采用分布光度计测量待测灯在空间各个方向的光强分布,然后用光源任意方向的光强乘以该方向立体角得到立体角内的光通量,各个立体角内的光通量之和即为总光通量。

(5)亮度检测

根据光度量参数之间存在的关系,可以测量部分光度量,并且可以采用照度计来测量其他光度量。亮度检测中,可以采用根据光度量原理制作的亮度计进行亮度测量。

3.7.2 现场照度和亮度检测

(1)现场照度检测

许多隧道的照明设计参数是直接以照度给出的,且隧道照明中最为重要的亮度可通过公式由照度换算,因此,隧道路面的照度检测是隧道照明检测的基本内容之一。隧道照度检测可分为洞口段照度检测和中间段照度检测。

洞口段照度检测通常会绘制纵向照度测试曲线和横向照度测试曲线,其中横向照度愈均匀说明隧道洞口段横向明暗变化小,对于隧道行车愈安全。隧道中间段照度检测中,中间段路面的平均照度是隧道照明设计的重要指标,其与整个隧道的照明效果和后期运营费用密切相关。将中间段隧道分成若干测区,测区分成若干单元,测试每个单元的照度,取其平均值得到各测区平均照度,最后对各测区平均照度再求平均值,即得全隧道基本段的平均照度。将其与规范要求照度和设计照度进行比较,判定该中间段照度是否满足规范要求和设计要求。可参照图3-6布置照度测点,照度测试时,每30min测一次,取三次读数平均值为测试值,取n个区域的n个测试值的平均值为全隧道基本段的平均照度(lx):

$$E_{av}=\frac{1}{n}\cdot\sum_{i=1}^{n}E_i \tag{3-21}$$

式中:E_{av}——全隧道基本段的平均照度。

(2)现场亮度检测

路面某点的亮度与观察它的方向有关,工程上为了简便,将路面的光反射看成理想漫发射，则作为二次光源的路面亮度便与方向无关。在检测亮度时，通常使用照度仪先测照度，然后用公式换算亮度。亮度检测指标有路面平均亮度和路面亮度均匀度。

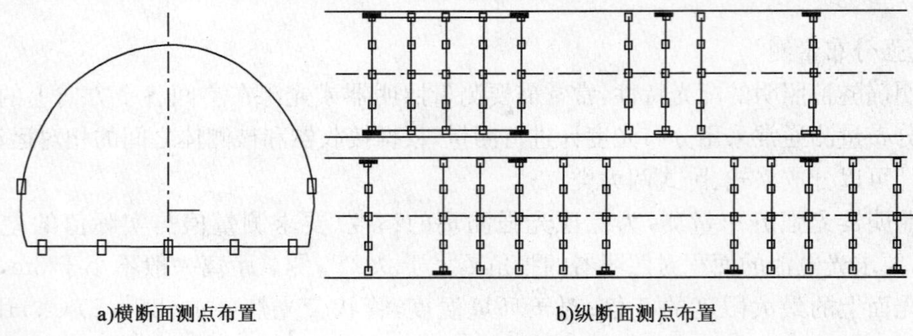

图 3-6 测点布置图

路面的平均亮度越高，驾驶人眼睛的对比灵敏度越好，其在设计或规范中都有明确的规定。路面平均亮度检测方法可参考中间段路面平均照度检测方法，并根据下式：

$$U_0=\frac{E_{av}}{C} \tag{3-22}$$

式中：C——路面平均照度和平均亮度的换算率，对混凝土路面$C=13$，对沥青路面$C=22$。

保证亮度均匀度是为了给驾驶人提供良好的能见度和视觉上的舒适性，其包括总均匀度和纵向均匀度，路面亮度的总均匀度为：

$$U_0=\frac{L_{min}}{L_{av}} \tag{3-23}$$

式中：L_{av}——计算区域的平均亮度；

L_{min}——计算区域的最低亮度。

路面亮度的纵向均匀度为：

$$U_1=\frac{L'_{min}}{L_{max}} \tag{3-24}$$

式中：L'_{min}——路面中心的最小亮度；

L_{max}——路面中心的最大亮度。

3.7.3 隧道眩光检测

进一步评价隧道照明质量，需要检测隧道照明的各项眩光参数，隧道照明的眩光可以分为两类：失能眩光和不舒适眩光。失能眩光是生理上的过程，不舒适眩光，是心理上的过程。

眩光造成的不舒适感，是用眩光控制等级(G)表示所感到的不舒适程度的主观评价，这种主观评价取决于各种照明器和其他照明装置的特性。眩光等级G与主观上对不舒适感觉评价的相应关系为：$G=1$：无法忍受；$G=2$：干扰；$G=5$：允许的极限；$G=7$：满意；$G=9$：无影响。

4 隧道施工监测系统与超前地质预报

4.1 监测方案设计原则

4.1.1 监控量测的目的与意义

隧道施工现场监控量测是新奥法施工的一项重要内容,它既是施工安全的保证措施,又是优化结构、降低材料消耗的重要手段,同时也是实现隧道信息化施工不可缺少的环节。为了保证隧道的安全施工,在隧道修建过程中必须广泛采用现场监控量测—反馈—工程控制各个阶段的信息化施工技术,即现场监控量测隧道围岩的位移和变形,或者构件的应力和应变,然后通过反馈来控制和调整开挖或支护衬砌速率以及支护的强度,并对支护参数进行有效的优化,实现隧道的安全优质施工。

隧道在施工过程中进行监控量测,具有重大的经济意义和实际应用价值,因为通过现场量测,将迅速准确地获取第一手实际量测数据资料,在这些数据资料处理分析和对现场施工观测测试分析的基础上,将及时迅速地向业主方、设计方、监理方和施工方提供资料分析结果,直接服务于隧道的施工,及时掌握施工过程中出现的各种情况,对可能出现的事故进行防范,防止事故的发生。否则,必将延误工期,同时也将大大提高施工成本费用的再投入,贻误大量的时间和经费。因此,对隧道在施工过程中进行监控量测,以相对较少的费用投入,协助与指导隧道施工的顺利开展,避免了由于缺乏对隧道施工现场监控量测数据和处理分析规律性结果造成的施工与支护等工作安排的盲目性,排除了异常情况的发生,少走弯路,节约更多的费用开支和争取更多的时间,在设计计划工期内圆满完成隧道的施工任务和要求。

4.1.2 监测方案设计原则

隧道施工现场监控量测的目的在于了解围岩的动态过程、稳定情况和支护参数的可靠程度,是直接为支护系统的设计和施工决策服务的,这是进行监测方案设计的基本出发点。监测规划设计是否合理,不仅仅决定了这种现场监测能否顺利进行,而且关系到监测结果能否反馈于工程的设计和施工,为推动设计理论和方法的进步提供依据,因此,合理、周密的监测方案的设计是现场监测的关键。

现场监测方案设计的主要内容包括:监测项目的确定、测点位置的确定、监测仪器的选择和监测频率的确定。

(1)监测项目的确定

确定监测项目的原则是监测简单、结果可靠、成本低,便于施工单位采用,监测元件要能尽量靠近工作面安设。此外,所选择的被测物理量要概念明确,量值显著,数据易于分析,易于实现反馈。其中的位移监测是最直接易行的,因而应作为施工监测的重要项目。但在完整坚硬的岩体中位移值往往较小,故要配合应力和压力测量。

监测项目应根据具体工程的特点来确定,主要取决于:①工程的规模、重要性程度;②隧道的形状、尺寸、工程结构和支护特点;③地应力大小和方向;④工程地质条件;⑤施工工序和方法;⑥在尽量减少施工干扰的情况下,要监控整个工程的主要部位的位移,包括各种不同地质单元和隧道结构复杂部位。同时还要考虑业主的财力。

(2)测点位置的确定

从围岩稳定监控出发,应重点监测围岩质量差及局部不稳定的地段;从反馈设计、评价支护参数合理性出发,则应在具有代表性的地段设置观测断面;在特殊的工程部位(如洞口和分叉处),也应设置观测断面。观测点仪器的安装埋设应尽可能的靠近隧道掌子面,以便尽可能完整的获得围岩开挖后初期力学形态的变化和变形情况。

地表沉降、洞周收敛位移、拱顶下沉等监测项目应尽量布置在同一断面上,锚杆应力和衬砌应力等测点最好也布置在同一断面上,以便使测量结果相互对照,相互验证。量测断面的间距视隧道长度、地质条件变化而定。当地质条件情况良好或开挖过程中地质条件连续不变时,间距可加大,地质变化显著时,间距应缩小。在施工初期阶段,要缩小量测间距,取得一定数据资料后,可适当加大量测间距。在洞口及浅埋地段,应当缩小量测间距。

(3)监测仪器的选择

监测仪器的选择主要取决于围岩工程地质条件和力学性质,以及量测的环境条件。通常,对于软弱围岩中的隧道工程,由于围岩变形量值较大,因而可以采用精度稍低的仪器和装置;而硬岩中则必须采用高精度监测元件和仪器。在一些干燥无水的隧道工程中,电测仪器往往能工作很好,在地下水发育的地层中进行电测就较为困难。

仪器选择前需首先估算各物理量的变化范围,并根据测试重要性确定测试仪器的精度和分辨率。

(4)观测频率的确定

各量测项目通常的观测频率为:在洞室开挖或支护后的半个月内,每天应观测 1～2 次;开挖或支护后半个月到一个月内,或掌子面推进到距观测断面大于 2 倍洞径的距离后,每两天观测 1 次;开挖或支护后 1～3 个月,每周测读 1～2 次;开挖或支护后 3 个月以后,每月测读 1～3 次。

4.1.3 量测仪器的基本要求

用于隧道的量测仪器所处的环境条件十分恶劣(高粉尘、高湿度、低照度),有的要长期在潮湿的环境或水下工作,有的要在－30～50℃的交变温度场中工作。从施工时埋设,直到工程运营期长达十年以上。一般地说,仪器一旦埋设就无法修理和更换,甚至观测人员都难以到达仪器布设的地方。因此,对仪器除了技术性能和功能符合使用要求外,通常设计制造要满足以下要求：

(1)高可靠性——设计要周密，要采用高品质的元器件和材料制造，并要严格地进行质量控制，保证仪器埋设后完好率在95%以上。

(2)长期稳定性好——零漂、时漂和温漂满足设计和使用所规定的要求，一般有效使用寿命在10年以上。

(3)精度较高——必须满足量测实际需要的精度，有较高的分辨率和灵敏度，有较好的直观性和重复性，观测数据不受长距离测量和环境温度变化的影响，如果有影响所产生的测值误差应易于消除。

(4)耐恶劣环境性——可在温度－25～60℃，湿度95%的条件下长期连续运行。设计有防撞击和过载冲击的保护装置，耐酸、耐碱、防腐蚀。

(5)密封耐压性良好——防潮密封性良好，绝缘度满足要求，在水下工作要能承受设计规定的耐水压力。

(6)操作简单——埋设、安装、操作方便，容易测读，最好是直接数显。中等文化水平的人员经过短期培训就应能独立施工。

(7)结构牢固——能够耐受运输时的振动以及在工地现场埋设安装可能遭受的碰撞、倾倒，在混凝土振捣或碾压时不会损坏。

(8)维修要求不高——选用通用易购的元器件，便于检修和定时更换，局部故障容易排除。

(9)适于施工——埋设安装时与工程施工干扰要小，能够顺利安装的可能性要大，不需要交流电源和特殊的影响施工的手段。

(10)价格合理——包括仪器购价、维修费用和施工费用、配套的仪表，传输信号的电缆等直接和间接费用应尽可能低。

4.2 测试系统及传感器原理

4.2.1 测试系统的组成和特性

随着半导体技术的发展和大规模集成电路构成的微处理器的出现，测试技术越来越朝着高精度、小型化和智能化方向发展，新型传感器的研制也是当代测试技术的重要发展内容。只有对测试系统有一个完整的了解，才能按照实际需要设计或配置出一个有效的测试系统，以达到实际测试的目的。

1)测试系统的组成

一个测试系统可以由一个或若干个功能单元组成。如图4-1所示是一个完整的力学测试系统，它由四大部门组成：荷载系统、传感器、信号变换与测量电路、显示记录系统以及数据处理和打印机等外围设备。若要以最佳方案完成测试任务，就应该对整套测试系统的各个功能单元作全面和综合的考虑。

(1)荷载系统

荷载系统是使被测对象处于一定的受力状态下，使与被测对象(试件)有关的力学量之间的联系充分显露出来，以便进行有效测量的一种专门系统。

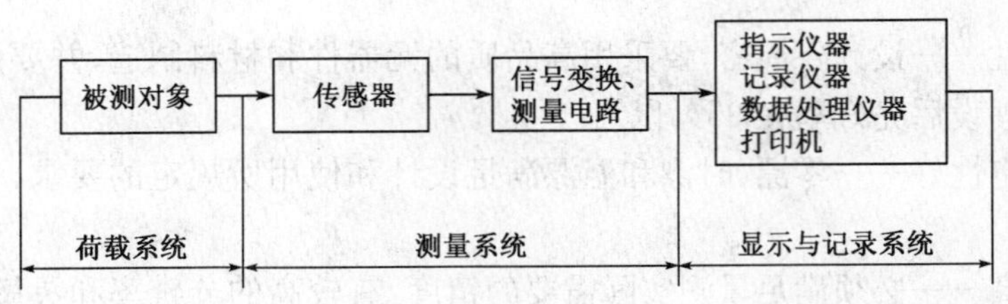

图 4-1　测试系统的组成

(2)测量系统

测量系统由传感器和测量电路组成，它把被测量(如力、位移)通过传感器变成电信号，经过后接仪器的变换、放大、运算，变成易于处理和记录的信号。传感器是整个测试系统中采集信息的关键环节，它的作用是将被测非电量转换成便于放大、记录的电量，所以，又称传感器为测试系统的一次仪表，其余部分为二次仪表或三次仪表。

(3)信号处理系统

信号处理系统是将测量系统的输出的信号进一步进行处理以排除干扰，或输出不同的物理量，如对位移量的一次微分得到速度，二次微分得到加速度。

(4)显示与记录系统

显示和记录系统是测试系统的输出环节，它是将对被测对象所测的有用信号及其变化过程显示或记录(或存储)下来，数据显示可以用各种表盘、电子示波器和显示屏来实现，而数据记录则可采用函数记录仪、光线示波器、磁盘等设备来实现。

2)测试系统的主要性能指标

测试系统的主要性能指标有精确度、稳定性、测量范围、分辨率和传递特性等。测试系统的主要性能指标是经济合理地选择测试系统时所必须明确提出的指标。

(1)测试系统的精度和误差

测试系统的精度是指测试系统给出的指示值和被测量的真值的接近程度。精度和误差是同一概念的两种不同表示方法。通常，测试系统的精度越高，其误差越低，反之，精度越低，则误差越大。实际中，常用测试系统相对误差和引用误差的大小来表示其精度的高低。

(2)稳定性

仪器示值的稳定性有两种指标：一是时间上稳定性，以稳度表示。它是由于仪器中随机性变动、周期性变动、漂移等引起的示值变化；二是仪器外部环境和工作条件变化所引起的示值不稳定，以各种影响系数表示。它是指仪器工作场所的环境条件，诸如室温、大气压、振动等外部状态以及电源电压、频率和腐蚀气体等因素对仪器精度的影响。

(3)测量范围

系统在正常工作时所能测量的最大量值范围，称为测量范围。在动态测量时，还需同时考虑仪器的工作频率范围。

(4)分辨率

分辨率是指系统能够检测到的被测量的最小变化值，也叫灵敏阈。

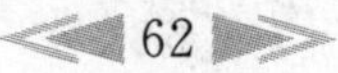

(5)传递特性

传递特性是表示测量系统输入与输出对应关系的性能。了解测量系统的传递特性对于提高测量的精度性和正确选用系统或校准系统特性是十分重要的。

4.2.2 常用传感器的类型和工作原理

常用传感器包括差动电阻式传感器、钢(振)弦式传感器、电感式传感器、电阻应变片式传感器、电容式传感器、压阻式传感器、伺服加速度计传感器等几种类型。差动电阻式传感器利用张紧在仪器内部的弹性钢丝作为传感元件将仪器受到的物理量转变为模拟量;钢弦式传感器利用钢弦的自振频率与钢弦所受到的外加张力关系式测得各种物理量;电感式传感器利用线圈的电感的变化来实现非电量电测;电阻应变片是一种将机械构件上应变的变化转换为电阻变化的传感元件。

目前国内用于隧道的量测传感器主要是差动电阻式传感器、钢弦式传感器两种类型,以下将对其原理进行简要介绍。

(1)差动电阻式传感器的基本原理

差动电阻式传感器是美国人卡尔逊研制成功的。因此,它又习惯被称为卡尔逊式仪器。这种仪器利用张紧在仪器内部的弹性钢丝作为传感元件将仪器受到的物理量转变为模拟量,所以国外也称这种传感器为弹性钢丝式仪器。

由物理学知道,当钢丝受到拉力作用而产生弹性变形,其变形与电阻变化之间有如下关系式:

$$\frac{\Delta R}{R}=\frac{\lambda \Delta L}{L} \tag{4-1}$$

式中:ΔR——钢丝电阻变化量;

R——钢丝电阻;

λ——钢丝电阻应变灵敏系数;

ΔL——钢丝变形增量;

L——钢丝长度。

由式(4-1)可知,仪器的钢丝长度的变化和钢丝的电阻变化呈线性关系,测定电阻变化利用式(4-1)可求得仪器承受的变形。钢丝还有一个特性,当钢丝感受不太大的改变时,钢丝电阻随其温度变化之间有如下近似的线性关系:

$$R_T = R_0(1+\alpha T) \tag{4-2}$$

式中:R_T——温度为 T℃的钢丝电阻;

R_0——温度为 0℃的钢丝电阻;

α——电阻温度系数,一定范围内为常数;

T——钢丝温度。

只要测定了仪器内部钢丝的电阻值,用式(4-2)就可以计算出仪器所在环境的温度。差动电阻式传感器基于上述两个原理,利用弹性钢丝在力的作用和温度变化下的特性设计而成,把经过预拉长度相等的两根钢丝用特定方式固定在两根方形断面的铁杆上,钢丝电阻分别为 R_1 和 R_2,因为钢丝设计长度相等,R_1 和 R_2 近似相等,如图 4-2 所示。

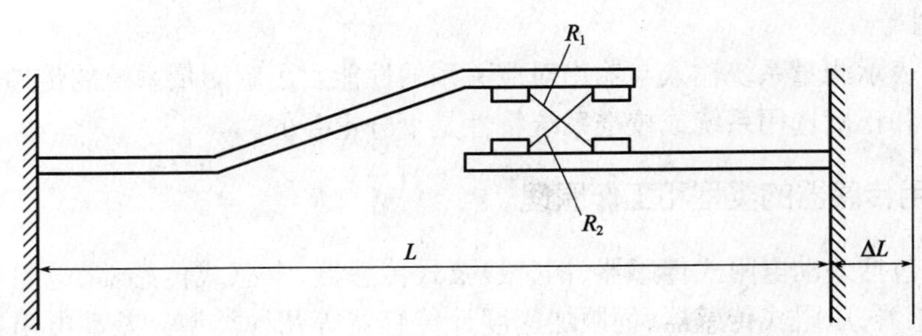

图 4-2　差动电阻式仪器原理

当仪器受到外界的拉压而变形时，两根钢丝的电阻产生差动的变化，一根钢丝受拉，其电阻增加，另一根钢丝受压，其电阻减少，两根钢丝的串联电阻不变而电阻比 R_1/R_2 发生变化，测量两根钢丝电阻的比值，就可以求得仪器的变形或应力。

当温度改变时，引起两根钢丝的电阻变化是同方向的，温度升高时，两根钢丝的电阻则都减少。测定两根钢丝的串联电阻，就可求得仪器测点位置的温度。

差动电阻式传感器的读数装置是电阻比电桥（惠斯通型），电桥内有一可以调节的可变电阻 R，还有两个串联在一起的 50Ω 固定电阻 $M/2$，其测量原理见图 4-3，将仪器接入电桥，仪器钢丝电阻 R_1 和 R_2 就和电桥中可变电阻 R，以及固定电阻 M 构成电桥电路。

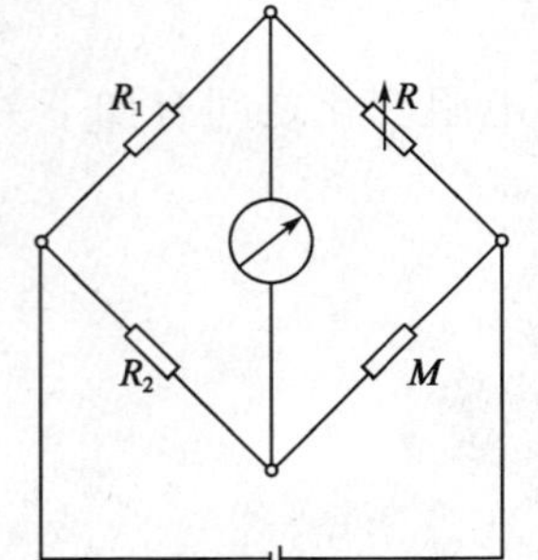

图 4-3　电桥测量原理

图 4-3 是测量仪器电阻比的线路，调节 R 使电桥平衡，则：

$$\frac{R}{M}=\frac{R_1}{R_2} \tag{4-3}$$

因为 $M=100\Omega$，故由电桥测出 R 值是 R_1 和 R_2 之比的 100 倍，$R/100$ 即为电阻比。电桥上电阻比最小读数为 0.01%。

综上所述，差动电阻式传感器以一组差动电阻 R_1 和 R_2，与电阻与电桥形成桥路从而测出电阻比和电阻值两个参数，来计算出仪器所承受的应力和测点的温度。

(2)钢弦式传感器的基本原理

钢弦式传感器利用钢弦的自振频率与钢弦所受到的外加张力关系式测得各种物理量。钢弦式传感器所测定的参数主要是钢弦的自振频率，常用专用的钢弦频率计测定，也可用周期测定仪测定周期，二者互为倒数。在专用频率计中加一个平方电路或程序也可直接显示频率平方。

钢弦式仪器是根据钢弦张紧力与谐振频率成单值函数关系设计而成的。由于钢弦的自振频率取决于它的长度、钢弦材料的密度和钢弦所受的内应力。其关系式为：

$$f=\left(\frac{1}{2}L\right)\cdot\sqrt{\frac{\sigma}{\rho}} \tag{4-4}$$

式中：f——钢弦自振频率；

L——钢弦有效长度；

σ——钢弦的应力；

ρ——钢弦材料的密度。

由式(4-4)可以看出,当传感器制造成功之后所用的钢弦材料和钢弦的直径有效长度均为不变量。钢弦的自振频率仅与钢弦所受的张力有关。因此,张力可用频率 f 的关系式来表示:

$$F = K(f_x^2 - f_0^2) + A \tag{4-5}$$

式中:F——钢弦张力;

K——传感器灵敏系数;

f_x——张力变化后的钢弦自振频率;

f_0——传感器钢弦初始频率;

A——修正常数(在实际应用中可设为"0")。

钢弦式传感器的激振一般由一个电磁线圈(通常称磁芯)来完成。

经过把各种物理量转换为拉(或压)力作用在钢弦上,改变钢弦所受的张力,在磁芯的激发下,使钢弦的自振频率随张力变化而变化。通过频率的变化可以换算出被测物理量的变化值。由于钢弦被置于电测原件"磁芯"的磁场中,当钢弦振动时就在接收线圈中产生感应电动势 V。测出它的频率就确定了被测钢弦的自振频率,代入式(4-5)中即可换算成相应的物理量。

钢弦传感器的激振方式不同,所需电缆的芯数也不同。图 4-4 中表示了钢弦式传感器的三种激振方式。图 4-4a)是单线圈间歇激振型传感器,它激振和接收共用一组线圈,结构简单,但由于线圈内阻不可能很大,一般是几十欧姆到几百欧姆。因此,传输距离受到一定限制,抗干扰能力比较差,传输电缆要求截面较大的屏蔽电缆为好。激振方式为单脉冲输入,如图 4-4(a_2)。当激发脉冲输到磁芯线圈上,磁芯产生一个电动磁场拨动钢弦,钢弦被拨动后产生一个衰减振荡,切割磁芯的磁力线在磁芯的输出端也产生如图 4-4(a_3)的衰减正弦波。接收仪表测出此波的频率即为钢弦此刻的自振频率。

图 4-4b)是一组三线制双线圈钢弦式传感器示意图。它由两个线圈组成,一个线圈为激振线圈,一个为接收线圈,如图 4-4(b_1)。激振线圈由二次仪表送来一个 1000Hz 左右的激发脉冲,一般为正弦波或锯齿波。当钢弦激振后由接受线线圈传送到二次仪表中,经放大反馈一部分到激发线圈上,使激发频率与接收频率相等,让钢弦处于谐振状态,一部分送到整形、计数、显示电路测出频率。图 4-4(b_2)、4-4(b_3)为激发和输出的波形。这种结构比单线圈的性能有了很大的改善,但同样存在线圈内阻小,对电缆要求较高的不足。

图 4-4c)为一组二线制双线圈的钢弦传感器示意图。这种结构比较新颖,磁芯中有一组反馈放大电路,对二次仪表来说,由二芯传输线直流输入,经内部电路激发,正弦波输出。此方式采用了现代电子技术,把磁芯内阻做到 3500Ω 左右,内阻提高,传输损耗小,传输距离较远,抗干扰能力增强。因此,对电缆要求较低。一般用二芯不屏蔽电缆即可。若一组有几个传感器的,每增加一只传感器只需要增加一芯电缆。

钢弦式传感器利用电磁线圈铜导线的电阻随温度变化的特性可以进行温度测量,也可在传感内设置可兼测温度的元件,同样可以达到目的。钢弦式传感器的优点是钢弦频率信号的传输不受导线电阻的影响,测量距离比较远,仪器灵敏度高,稳定性好,自动检测容易实现。

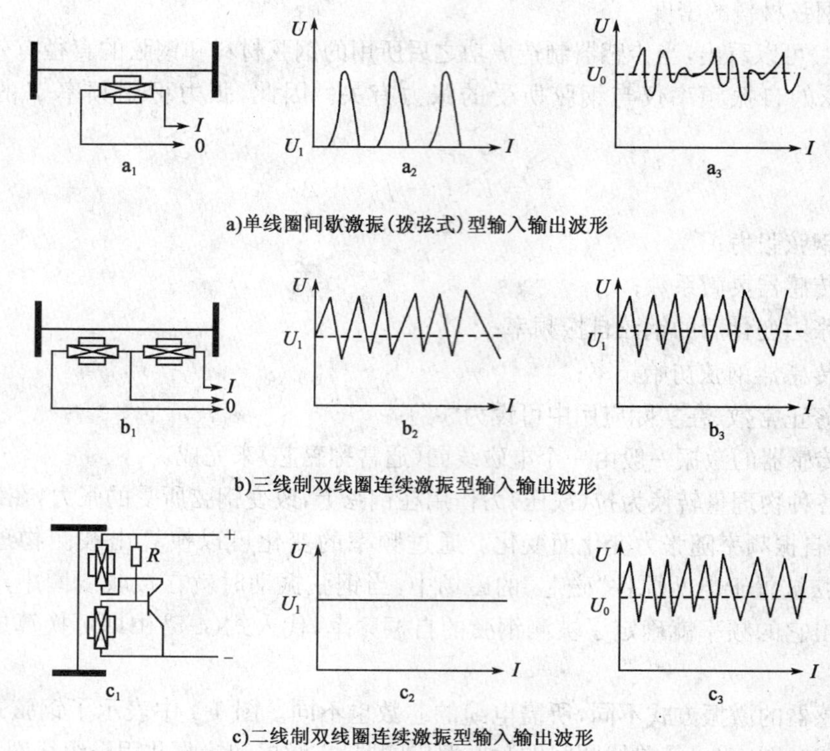

图 4-4　三种钢弦式传感器原理

(3)其他类型传感器的基本原理

电感式传感器是一种变磁阻式传感器,利用线圈的电感的变化来实现非电量电测。它可以把输入的各种机械物理量如位移、振动、压力、应变、流量、比重等参数转化成电量输出。可以实现信息的远距离传输、记录、显示和控制。电感式传感器结构简单,没有活动电接触点、工作可靠、灵敏度高、分辨率大、能测出 0.1 微米(μm)的机械位移和 0.1 角秒的微小角度变化。重复性好,高精度的可以做到非线性度误差达 0.1%。

电阻应变片是一种将机械构件上应变的变化转换为电阻变化的传感元件。它是基于金属的电阻应变效应的原理制成,即金属导体的电阻随着所受机械变形(拉伸或压缩)的大小而变化。因为导体的电阻与材料的电阻系数、长度和截面积有关,导体在承受机械变形过程中,这三者都要变化,因此引起导体电阻产生变化。电阻应变片是美国在二次世界大战期间研制并首先应用于航空工业。由于这种传感器尺寸小、重量轻、分辨率高、能测出 1～2 个微应变(10^{-6}mm×mm),误差在 1%以内,适于远距离测量和巡检自动化。

4.2.3　常见监控量测仪器

隧道量测的对象主要是围岩、衬砌、锚杆和钢拱架等,量测的部位包括地表、围岩内、洞壁、衬砌等,量测类型主要是位移和应力。所采用的仪器主要有水准仪、全站仪、收敛计、锚杆测力计、测振传感器、多点位移计、土压力计、混凝土应变计、钢筋应力计、渗压计和流量计等。

(1)水准仪

在隧道监控量测中,水准仪主要用于拱顶下沉和地表下沉测量。

水准仪主要由望远镜、水准器和基座三部分组成。望远镜包括物镜和目镜、十字丝分划板、视准轴和水平制动螺旋和微动螺旋。水准器包括圆水准器、管水准器和分划值,其中圆水准器用于仪器的粗略整平,管水准器用于精确整平仪器。基座由轴座、脚螺旋、三角压板和底板组成,并通过连接螺旋与三脚架连接,主要用于支承仪器的上部。转动脚螺旋,可调节圆水准气泡。

水准测量是利用水准仪提供的水平视线,借助于带有分划的水准尺,直接测定地面上两点间的高差,然后根据已知点高程和测得的高差,推算出未知点高程。如图 4-5 所示,在地面点 A、B 两点竖立水准尺,利用水准仪提供的水平视线,截取尺上的读数 a、b,则 A、B 两点间的高差 h_{AB} 为:$h_{AB}=a-b$,即高差等于后视读数减去前视读数。

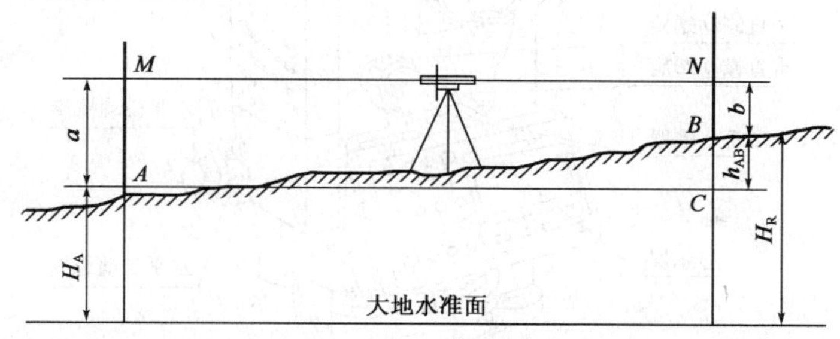

图 4-5 水准测量原理

(2)全站仪

全站仪,即全站型电子速测仪(Electronic Total Station)。是一种集光、机、电为一体的高技术测量仪器,是集水平角、垂直角、距离(斜距、平距)、高差测量功能于一体的测绘仪器系统。因其一次安置仪器就可完成该测站上全部测量工作,所以称之为全站仪。其广泛用于地上大型建筑和地下隧道施工等精密工程测量或变形监测领域。电子全站仪由电源部分、测角系统、测距系统、数据处理部分、通讯接口、及显示屏、键盘等组成(见图 4-6)。

(3)收敛计

收敛计是用于测量两点同相对距离的一种便携式仪器。其构造由百分表、钢尺、恒力弹簧、挂钩,调节螺母等组成。仪器结构简单,操作方便,体积小,重量轻,是用来测量地下厂房、坑道、隧道式坑口对应的墙体间或顶面到地面间距的微小变化,也可以用于监测结构与支承的变形,以及测量不稳定边坡的移动性。

收敛计是利用机械传递位移的方法,将两个基准点间的相对位移转变为数显位移计的两次读数差。当用挂钩连接两基准点 A、B 预埋件时,通过调整调节螺母,改变收敛计机体长度可产生对钢尺的恒定张力,从而保证量测的准确性及可比性,机体长度的改变量,由数显电路测出。当 A、B 两点间随时间发生相对位移时,在不同时间内所测读数的不同,其差值就是 A、B 两点间的相对位移值。

(4)锚杆测力计

锚杆测力计是对锚杆进行拉拔力试验的工具,主要用于检测锚杆在岩层中的锚固程度。

其原理:锚杆测力计在测力钢筒上均布着数支振弦式应变计,当荷载使钢筒产生轴向变形时,应变计与钢筒产生同步变形,变形使应变计的振弦产生应力变化,从而改变振弦的振动频率。电磁线圈激振振弦并测量其振动频率,频率信号经电缆传输至读数装置,即可测出引起受力钢筒变形的应变量,代入标定系数可算出锚杆测力计所感受到的荷载值。

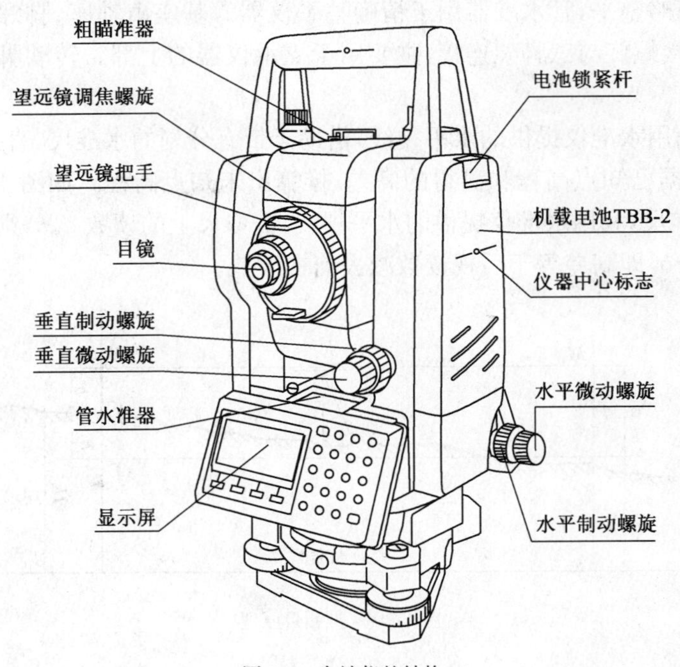

图 4-6　全站仪的结构

(5)多点位移计

多点位移计是由位移计组(3～6 支)、位移传递杆及其保护管、减摩环、安装基座、锚固头等组成,如图 4-7 所示。适用于长期埋设在水工结构物或土坝、土堤、边坡、隧道等结构物内,测量结构物深层多部位的位移、沉降、应变、滑移等。其原理:当被测结构物发生变形时将会通过多点位移计的锚头带动测杆,测杆拉动位移计产生位移变形,变形传递给振弦式位移计转变成振弦应力的变化,从而改变了振弦的振动频率;电磁线圈激振振弦并测量其振动频率,频率信号经电缆传输至读数装置,即可计算出被测结构物的变形量。

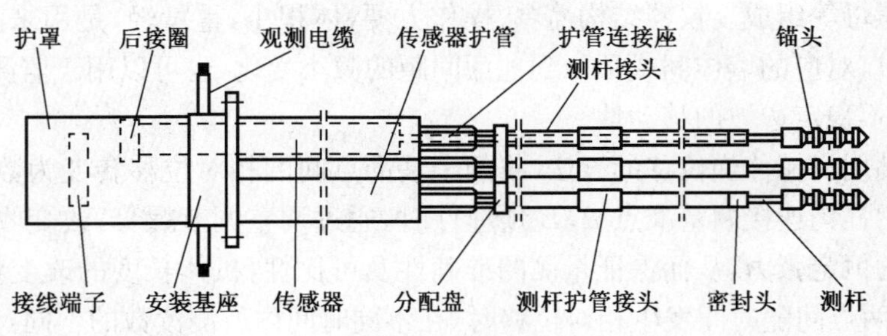

图 4-7　多点位移计结构示意图

(6)土压力计

土压力计主要包括钢弦式压力计和油腔式压力计两种类型。常用的钢弦式压力盒,原理是利用钢弦拉张力(应力)不同,其自振频率也相应变化,通过测得钢弦频率的变化,便得知压力盒膜所受压力的变化。

(7)混凝土应变计

混凝土应变计主要由应变管、钢弦、电磁激励线圈和引出导线等组成,如图 4-8 所示。埋入式应变计被固定在混凝土结构物中,通过两端的端头与混凝土紧密嵌固,中间受力的应变管用布缠绕,与混凝土隔开,当混凝土产生应变时,则由端头带动应变管产生变形,使钢弦内应力发生变化。用频率测定仪器钢弦受力变形后的频率值,即可求得混凝土真正变形值。

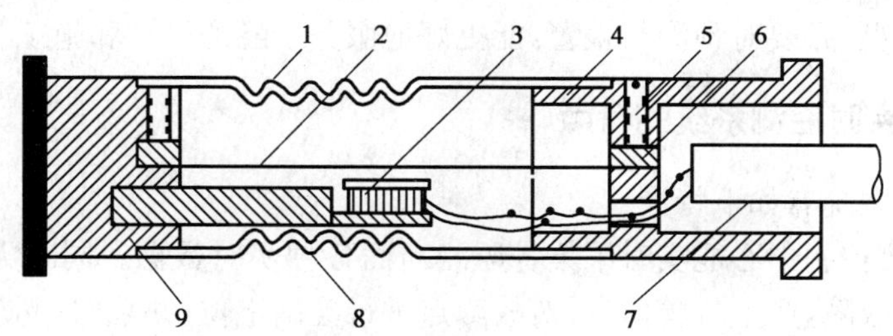

图 4-8 钢弦式混凝土应变计示意图

1-波纹管;2-钢弦;3-电磁激励线圈;4-端头;5-端头螺钉;6-紧销;7-导线;8-线圈架;9-端头

(8)钢筋应力计

钢筋应力计主要由应变片、钢芯、钢弦、钢套和引出电缆等组成,如图 4-9 所示。由于应变体和钢弦是同类材料,因此温漂极小。作为大体积混凝土或面板坝混凝土中使用,用线圈电阻或加装测温。钢筋计与受力钢筋对焊后联成整体,当钢筋受到轴向拉力时,钢套便产生拉伸变形,与钢筋紧固在一起的感应组件跟着拉伸产生变化,由此求得轴向应力变化。

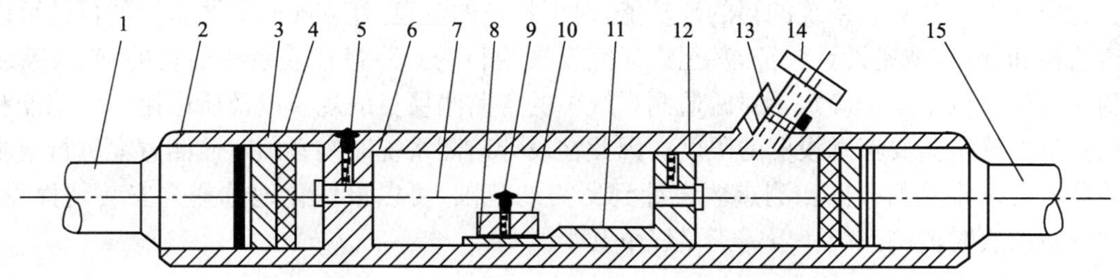

图 4-9 钢弦式钢筋应力计

1-拉杆;2-壳体;3-端封板;4-橡皮垫;5-定位螺丝;6-夹线柱;7-钢弦;8-线圈架;9-铁蕊;10-线圈;11-支架;12-支承堵头;13-密封圈;14-引线嘴;15-拉杆

(9)渗压计

渗压计也称作孔隙水压力计,是用于测量构筑物内部孔隙水压力或渗透压力的传感器,按仪器类型可以分为差动电阻式、振弦式、压阻式及电阻应变片等。它适用于长期埋设在水工结构物或其他混凝土结构物及土体内,测量结构物或土体内部的渗透(孔隙)水压力。振弦式渗压计原理:当被测水压荷载作用在渗压计上,将引起弹性膜板的变形,其变形带动振弦转变成振弦应力的变化,从而改变振弦的振动频率。电磁线圈激振振弦并测量其振动频率,频率信号经电缆传输至读数装置,即可测出水荷载的压力值。

4.3 远程实时监控系统及技术方案

当施工进度以及特殊施工环境对监控量测的信息反馈提出更高的要求时，或者隧道工程进入运营期后，需要在线监测指导养护业务工作的开展，人工监测受到天气、时间、位置、通车等的制约，无法做到任意时刻的实时数据采集。但是，随着数据库技术和网络技术的快速发展，远程实时监测系统的出现使得监控量测工作能够实现隧道监测数据与成果存储和网络共享，及时快速掌握隧道监测工作和进展，提供监测数据录入、查询、分析等功能，并根据设定的预测方法和预测模型，必要时预测与报警，能更好地服务于隧道设计和施工。

4.3.1 远程实时监测系统的特点

远程实时监测系统有如下特点：

(1)采集和监测控制中心能实时采集各监测断面各种实时数据。同时无线监控系统能发现各种不同类型的故障，产生告警信息，对故障点进行准确定位，并采取相应的告警处理措施。

(2)通讯快速、安全可靠的无线监控系统采用了 GPRS 技术，该技术是当前应用在我国通信领域中的强大先进的移动通讯手段，它可为无线监控系统快速稳定的传输数据提供有力保障。

(3)数据准确、信息丰富具备强大的信息存储能力和查询统计功能，能为客户的科学决策提供准确丰富的数据信息。通过查询界面，用户可自定义查询历史数据库中的历史数据。

4.3.2 远程实时监测系统的设计原则

实时监测系统的设计必须遵循功能要求和效益—成本分析两大准则。实时监测系统的设计首先应该考虑建立该系统的目的和功能，对于特定的隧道，建立实时监测系统的目的可以是隧道监控和评估，或是设计验证，甚至以研究发展为目的。一旦建立系统的目的确定，系统的监测项目就可以基本上确定，另外，监测系统中的各监测项目的规模以及所采用的传感器和通信设备等的确定需要考虑投资的限度。因此在设计监测系统时候必须对监测方案进行成本—效益分析可以将监测项目和测点数设计到所需的范围，可以最优化地选择并安装硬件设施。大型隧道的实时监测系统一般需满足以下几个原则：

(1)先进性

系统在设计中不但采用目前具有领先地位的技术，而且采用的技术具有深厚的发展潜力，在未来相当长的时间内仍能保持其领先地位而不至于被淘汰；除技术的先进性以外，还应坚持系统设计方法和工具的先进性。

(2)实用性

针对目前隧道工程的现实情况，在进行实时监测系统开发时，我们力求硬件稳定性好，软件界面方便简单，通过功能强大的信息管理系统提高整个隧道实时监测系统的运行水平。

(3)经济性

系统设计要在先进实用的基础上做到最经济，以最小的投入获得最大的效益。在硬件和软件配置、系统开发和数据库建立上都充分考虑投入和经济效益，同时最大限度利用已有资源和现有部分设备，在性能最好的情况下尽量做到成本最低。

(4)可靠性

考虑到系统运行条件不管是隧道里还是野外,环境都比较恶劣,系统在硬件设计上应该选用工业级,部分关键部位考虑采用军品级;要采用有效的防潮措施来应对现场的恶劣环境;在系统出现故障时能迅速恢复并有适当的应急措施。

(5)可扩展性

由于信息技术发展非常快,硬件更新换代迅速,性能价格比不断跃升,软件版本升级也非常快,平均几个月就有新的版本推出。系统的开发过程中要考虑将来的测试内容的发展、变化。为了减少重复投资,系统设计完成后应该能方便地升级,简易、平滑地扩充系统规模、系统功能、系统数据库等。

4.3.3 远程实时监测系统构架

隧道实时监测系统应结合设计理论以及施工检测、质量监督和养护管理的要求,根据具体的隧道结构和运营等级来确定构件内容。监测系统包括现场监测终端、通信与传输系统和监测中心信息管理系统。

(1)现场监测终端

现场监测终端系统主要有传感器和自动采集系统组成,利用先进的传感技术,实现不同形式的物理量转换为电信号,进而实现数字化的自动采集。设计中硬件设备主要选择低耗能的器材,系统的静态功耗较低。其结构框架图如图 4-10 所示。

(2)通信与传输系统

山岭隧道实时监测自动采集系统大多分布在野外,比较分散,采用有线通信方式有着很大的局限性。一方面,采用有线通信的方式成本高,维护难,不经济;另一方面,采用的有线通信的方式,整个通信网的结构单一,不易扩展。因此,无线通信方式是最佳选择。无线通信方式的优势在于可以节省大量的导线材料及人工费用,免除网络的日常修改和维护工作,达到环保、节能、资源最大共享的目的,最大限度地节省投资。此外,采用一些先进的无线通信技术,不但可以很好的达到远程监控的目的,还可以实现移动监控。

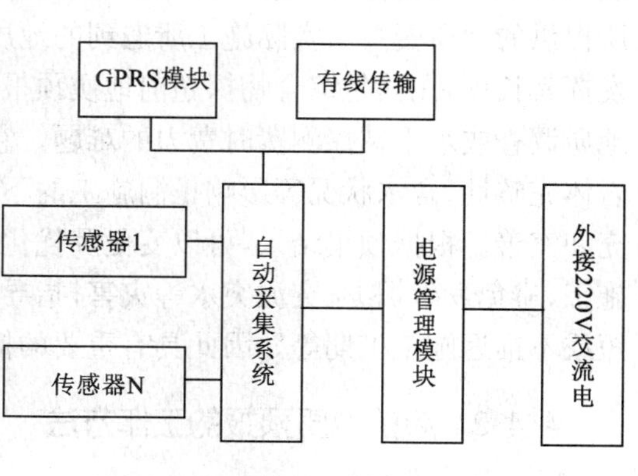

图 4-10 系统监测终端的结构框架图

(3)监测中心信息管理系统

隧道实时监测中心管理系统通过布置在现场的监测终端设备(传感器、自动采集系统)和监测传输系统(GPRS、WEB 网),对隧道施工期和运营期的结构行为及影响进行监测和数据分析,对隧道的健康状况进行评估,并判断隧道结构在设计基准期内的安全性以指导运营及加强安全防范,同时提供实时的安全警报,提前主动采取有效的工程措施,从而保证隧道结构在设计基准期内的安全。

隧道实时监测中心管理系统硬件包括通讯计算机、本地数据服务器、监控工作站、以太网交换机、路由器等。通讯计算机主要用于采集现场各类传感器信号,并经过分析、过滤、处理、运算,直接传到监控室显示,或到数据库服务器,并通过采集接受模块处理后入库,为下一步数据分析做准备;同时为将来健康监测及状况评估专家系统的进一步深化留出扩展空间。本地数据服务器负责计算机系统局域网的数据储存及数据库管理,为监控工作站提供有关监控系统的数据的储存和查询;监控工作站负责信息处理、日常监测、模态分析、异常报告各种报表的形成等工作。

服务器采用共享机制,确保监控系统及时查看图形曲线与实时监测数据;报警系统可与监控系统联动,集成度更好,报警联动后,将建成"一机多能"、预警报警及时可靠。

4.4 隧道超前地质预报技术

虽然隧道施工技术逐渐成熟,但是在开挖过程中可能诱发地质灾害的预测条件却受到了制约,因此隧道超前地质预报工作尤为重要。施工地质超前预报是指利用一定的技术和手段收集隧道岩体的有关资料,并运用相应理论和规律对这些资料进行分析、研究,从而对施工掌子面前方岩体情况或成灾可能性做出预报。

4.4.1 超前地质预报的目的与意义

在隧道施工中对所涉及工程地质环境的掌握程度是非常重要的,是确保工程建设顺利进行的决定性因素。尽管施工前勘察设计单位做了大量的地质勘察工作,但只是停留在表面地质调查和深层钻探,而钻探又只是一孔之见,且费用极其昂贵,不可能面面俱到,所以设计资料所提供的地质资料与实际施工所遇到的地质情况差别较大,在这种情况下,超前地质预报正好发挥其长项,尤其是综合物探超前地质预报不仅方法种类较多,灵活多样,耗时短,解决了传统地质调查或水平钻探测费时费力的难题。它可对隧道掌子面前方的断层破碎带的展布状态、岩体完整性、含水状况等影响正洞施工的不良地质体做出详细的描述,是对勘测设计资料的补充和完善。根据预报结果,可以变更及优化与勘测结果不符区段的隧道设计;指导正洞的正确施工,避免发生坍方、突泥突水等灾害;指导制定正确的隧道施工组织,做到事先心中有数,缩短或不推迟施工工期等。因此具有重要的推广价值。

4.4.2 超前地质预报的工作方法

隧道施工地质预报应根据隧道的地质环境与特点,选择适宜的施工地质预报方法,运用物探与钻探相结合、长距离与短距离相结合、地面与地下相结合、超前导洞与主洞探测相结合等综合方法,对预报结果综合分析,相互验证,提高预报准确性。隧道施工地质预报宜按图 4-11 所示的工作流程进行。

具有下列条件之一的隧道均应全程实施隧道超前地质预报工作:①深埋长大隧道;②水下隧道;③查明或推测存在大断层、岩溶、大量涌水涌泥、岩爆、废弃矿巷、瓦斯突出等严重工程地质灾害的隧道;④隧址区全程或者大部分通过可溶岩,特别是强溶岩层(纯灰岩、白云岩、盐岩)的隧道;⑤可能因开挖造成环境生态破坏的隧道;⑥因地形、地貌等客观条件限制,前期勘察精度不足的隧道。

必做施工地质预报的隧道类型与预报方法项目对照见表 4-1。

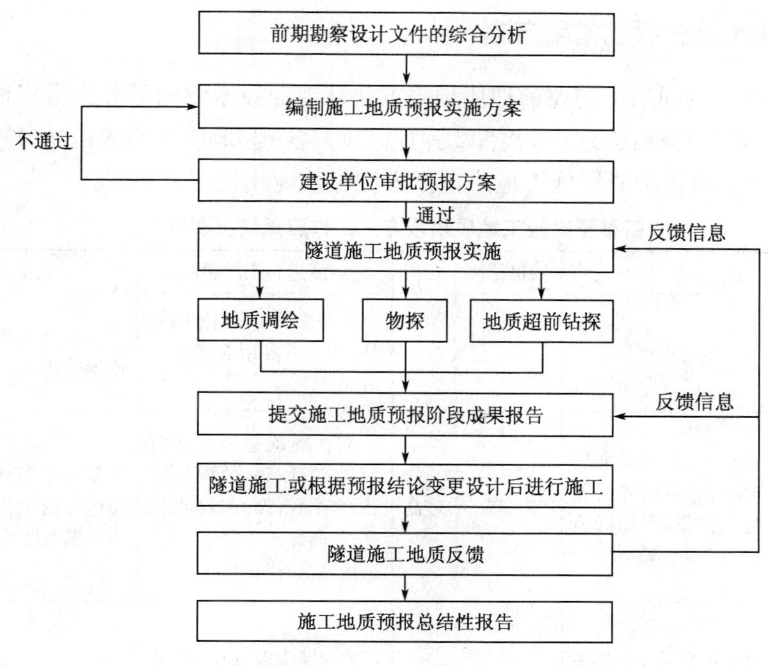

图 4-11 隧道施工地质预报工作流程图

施工地质预报的隧道类型与预报方法对照表 表 4-1

<table>
<tr><th>序号</th><th>隧 道 类 型</th><th>必 做 项 目</th><th>选 做 项 目</th></tr>
<tr><td>1</td><td>深埋长大隧道</td><td>1. 地质调绘；
2. 弹性波反射法；
3. 短、中距离地质超前钻探</td><td>1. 地质雷达法；
2. 红外探测法；
3. 长距离地质超前钻探</td></tr>
<tr><td>2</td><td>水下隧道</td><td>1. 地质调绘；
2. 弹性波反射法；
3. 短、中距离地质超前钻探；
4. 重大围岩危险区段应实施长距离地质超前钻探</td><td>1. 地质雷达法；
2. 红外探测法</td></tr>
<tr><td>3</td><td>查明或推断存在大断层，岩溶，大量涌水涌泥，岩爆、废弃矿巷、瓦斯突出等严重工程地质灾害的隧道</td><td rowspan="2">1. 地质调绘；
2. 弹性波反射法（如遇瓦斯发育须选用非炸药震源类型的弹性波反射法）；
3. 短、中距离地质超前钻探；
4. 重大危险区段应实施长距离地质超前钻探</td><td rowspan="2">1. 地质雷达法；
2. 红外探测法；
3. 超前导洞探测</td></tr>
<tr><td>4</td><td>隧址区全程或者大部分通过可溶岩（灰岩、盐岩），特别是强溶岩（纯灰岩、白云岩、盐岩）的地层的隧道</td></tr>
<tr><td>5</td><td>可能因开挖造成环境生态破坏的隧道。
因地形、地貌等客观条件限制，前期勘察精度不足的隧道</td><td>1. 地质调绘；
2. 弹性波反射法；
3. 短距离地质超前钻探</td><td>1. 地质雷达法；
2. 红外探测法；
3. 中、长距离地质超前钻探</td></tr>
</table>

4.4.3 超前地质预报的常用方法

目前在隧道施工期间采用的超前地质预报方法从专业技术方面可分为常规地质法和物探法两大类，具体有以下几种：①地质调绘；②弹性波反射法；③地质雷达法；④红外探测法；⑤地质超前钻探。表4-2为各种隧道施工地质预报方法工作应用情况对比。

各种隧道施工地质预报方法工作应用情况对比　　表4-2

预报方法		适　用　性	预报距离	费用	对隧道施工的影响	受场地条件的限制
地质调绘		所有不良地质预报	6m左右	低	除开挖工作面地质编录外，几乎不占用隧道施工时间	盾构施工无法开展隧道洞内地质调查
物探	（使用炸药震源的）弹性波反射法	主要对断层、软弱夹层（含煤层）、岩溶前界面等界面位置预报，可分析确定界面间介质性质	100～150m	较高	需在隧道边墙上钻凿24个深1.5m的激振炮孔，2个深2m的接收钻孔；炸药爆破激发地震波，现场测试时间约2h	现场钻凿弹性波接收孔至隧道开挖工作面间需清场并停止洞内爆破施工作业
	（使用非炸药震源的）弹性波反射法	主要对破碎带，软弱夹层，含水区域等界面位置预报，可显示三维空间异常图像	100～150m	低	采用锤击震源激发地震波，在隧道三维空间内布置传感器，现场工作时间约1h	现场开始采集弹性波数据时需停止其他震动干扰源作业，不需清场
	地质雷达法	主要对断层、软弱夹层（含煤层）、岩溶前界面等界面位置预报，可分析确定界面间介质性质	≤30m	适中	无需任何准备，现场测试时间30min	测线附近不得有管线、大型钢构、强电磁干扰设备等物
	红外探测法	主要对含水围岩岩体位置预报，对但水量大小无法确定	≤30m	适中	需停止热量干扰源的辐射作用，如关掉工作设备、照明设备等。现场测试时间20min	受隧道洞内空气温度影响明显，现场确保没有其他热量辐射源
地质超前钻探		所有不良地质预报	6～150m	高	占用隧道开挖工作面施工时间长	隧道开挖工作面较小，钻探范围有限
超前导洞		所有不良地质的预报	视导坑长度而定	最高	超前导洞有临时支护的，扩挖时需去掉临时支护；超前平行导洞、先行施工隧道，对隧道和后施工隧道无影响	无

1）地质调绘

隧道施工地质预报应在隧道施工全过程进行隧道地质调绘工作，为隧道施工地质预报提供基础地质资料，地质调绘同时作为一种短距离的施工地质预报方法，预测预报隧道开挖工作面前方不良地质体。隧道内不良地质体的临近前兆特征见表4-3。

隧道内不良地质体的临近前兆特征

表 4-3

不良地质体	临近前征兆
大型溶洞水体或暗河	(1)临近前裂隙、溶隙间出现较多的铁染锈或黏土； (2)岩层明显湿化、软化，或出现淋水现象； (3)小溶洞出现的频率增加且多有水流、(泥砂)或水流痕迹； (4)钻孔中的涌水量剧增，且夹有泥砂或小砾石； (5)有哗哗的流水声； (6)钻孔中有凉风冒出
断层破碎带	(1)节理组数急剧增加； (2)岩石强度的明显降低； (3)岩层牵引褶曲、牵引褶皱的出现； (4)压碎岩、碎裂岩、断层角砾岩等的出现； (5)临近富水断层前断层下盘泥岩、页岩等隔水岩层明显湿化、软化或出现淋水和其他涌突水现象
人为坑洞积水	(1)岩层明显湿化、软化，或出现淋水现象； (2)岩层裂隙有涌水现象； (3)开挖工作面空气变冷或发生雾气； (4)有嘶嘶的水声； (5)临近煤层老窑积水的前兆是岩层中出现暗红色水锈或渗水中挂红
大规模塌方	(1)拱顶岩石开裂，裂缝旁有岩粉喷出或洞内无故尘土飞扬； (2)支撑拱架变形或发生声响； (3)拱顶岩石掉块或裂缝逐渐扩大； (4)干燥围岩突然涌水等
煤与瓦斯	(1)开挖工作面岩层发生鼓裂； (2)瓦斯含量突然增大或忽高忽低； (3)工作面有移动感； (4)工作面发出瓦斯强涌出的嘶嘶声，同时带有粉尘； (5)工作面附近，时常听到沉雷声或闷雷声

地质调绘主要包括以下几方面的工作：

(1)隧道勘察设计资料的收集与分析

在进行隧道地质调绘工作前，应对隧道勘察设计资料进行收集、整理、分析，在全面了解隧址区域地质情况下进行地质调绘。隧道勘察设计资料的收集与分析应包括下列主要内容：

①收集前期隧道勘察设计资料，熟悉设计文件、资料、图纸。

②明确隧道穿越的地层层序，围岩岩性、结构面密度、产状、充填物，结构面与隧道的空间组合关系，不同地层及岩性在隧道轴线上的分布范围，不同岩层的工程地质、水文地质特性，特殊地层(煤层、可溶岩地层、膏岩层等)的分布。

③掌握特殊地质构造(如断层)在隧道轴线上的分布位置，断层及破碎带宽度、性质、产状，明确地层、不良构造与隧道的相互关系及因隧道施工揭穿可能发生的地质灾害，初步提出施工地质预报重点区段。

(2)隧道工程地质与水文地质地表补充调查

隧道工程地质与水文地质地表补充调查应包括下列主要内容：

①对已有地质勘察成果的熟悉、核查和确认。

②地层、岩性在隧道地表的出露及接触关系，特别是对标志层的熟悉和确认。

③断层、褶皱、节理密集带等地质构造在隧道地表的出露位置、规模、性质及其产状变化情况。

④岩石节理、裂隙统计分析及地应力场研究。

⑤地表岩溶发育位置、规模及分布规律。

⑥煤层、石膏、膨胀岩、含石油天然气、含放射性物质等特殊地层在地表的出露位置、宽度及其产状变化情况。

⑦人工坑洞走向、展布、高程、涌水、塌方等，分析其与隧道的空间关系。

(3)洞内地质调绘

洞内地质调绘是将隧道开挖所揭露的地层岩性、地质构造、结构面产状、地下水出露位置及出水状态、出水量、溶洞等用文字、素描、照片等形式准确记录下来并编制成图表。洞内地质调绘工作包括：开挖工作面和洞身的地质编录，地层分界线及构造线地下和地表相关性分析等。开挖工作面和洞身的地质编录应包括下列主要内容：

①工程地质：主要对与隧道工作地质有关的围岩地质情况进行描述与记录，如地层岩性、围岩地质构造、节理裂隙、岩溶、特殊地层、人工坑洞、地应力显著标志、塌方情况等。

②水文地质：主要对影响隧道围岩地质的地下水及地表水情况进行调查与分析，如地下水类型、水质分析、出水点与地层岩性分析、地表相关气象等。

③围岩稳定性特征及支护情况。

④记录不同工程地质、水文地质条件下隧道围岩稳定性、支护方式以及初期支护后的变形情况。发生围岩失稳或变形较大的地段，详细分析、描述围岩失稳或变形发生的原因、过程、结果等。

⑤提出隧道施工围岩分级建议。

⑥隧道内重要的和具代表性的地质现象应进行摄影或录像。

(4)地质调绘报告编制

地质调绘是隧道施工地质预报的基础性工作，应编制下列基础资料：预报报告；开挖工作面地质编录图，比例尺根据需要确定；隧道洞身地质编录展视图，比例宜为 1∶500～1∶1000；地层分界线及构造线隧道内和地表相关性分析预报图(需要时作)，比例尺根据需要确定；地质复杂地段纵、横断面图，比例宜为 1∶100～1∶500；地质监测与测试资料；相关图片影像资料。

2)地质雷达法

地质雷达法主要用于岩溶探测、断层破碎带、软弱夹层等不均匀地质体或者其他含水地质体的探测，地质雷达探测应满足下列条件：探测目的体与周边介质之间应存在明显介电常数差异，电磁波反射信号特征明显；探测目的体具有足以被探测的规模，测线上岩体表面应相对平缓，无障碍，易于天线移动；极高电导屏蔽层下的目的体或目的层为地质雷达探测的盲区；测区附近不能有大范围的金属构件、焊接施工或无线电发射等较强的电磁波干扰。

(1)地质雷达法的特点

地质雷达利用发射接收不同频率电磁波来探测掌子面前方围岩情况。当电磁波遇到岩性分界面(溶洞，断层，破碎带)时，一部分能量反射回来，被接收器接收，分析接收到的电磁波即

可对前方围岩情况进行判断。当围岩中含水时，由于水对高频电磁波的吸收特性，以及水的介电常数与围岩差异大，可在雷达剖面中有效的识别。该方法快速，高效，准确，简便，应用广泛。缺点是预报距离较短。

(2)地质雷达法的技术要点

①地质雷达法预报距离：在泥质和软弱破碎地层或岩溶发育区，一般每次预报距离应为15m，不宜超过 20m；在岩体完整的硬质岩地层每次可预报 20～30m，不宜超过 40m。

②地质雷达探测仪器的主要技术指标应满足下列要求：天线频率序列可选，由于隧道特殊环境，宜选择屏蔽天线(50～500MHz)；系统增益＞120dB；信噪比应大于 60dB；采样间隔不应大于 0.5ns、模数转换器应不应小于 16 位；具有可选的信号叠加、实时滤波、点测与连续测量、手动与自动位置标记等功能；工作环境温度－10～＋40℃，湿度＜90％。

③地质雷达探测的数据采集：

a. 通过试验确定被探测体介电常数，合理选择雷达天线的工作频率。当探测对象情况复杂时，应选择两种及以上不同频率的天线。当多个频率的天线均能符合探测深度要求时，应选择频率相对较高的天线。

b. 测网密度、天线间距和天线移动速度应反映出探测对象的异常，由于工作面通常采用上、下导洞开挖，工作面很狭小，根据工作面的具体情况，在检测过程中宜采用两横两竖或一横三竖的布线方式，如图 4-12 所示。可根据现场情况灵活布置测线，原则上应尽可能靠近工作面轴心位置，使测线距离尽可能长、尽可能多地采集数据，以备后期数据的分析处理。

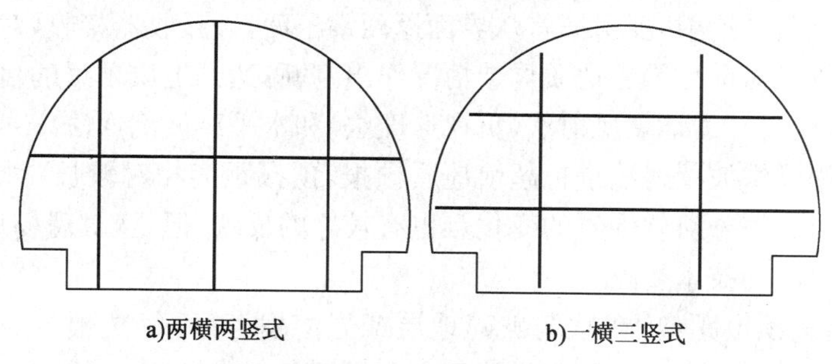

图 4-12 地质雷达测线布置

c. 选择合适的采集时间窗口和采样间隔，并根据数据采集中的干扰变化和效果及时调整工作参数。

d. 地质雷达数据采集时的信号触发方式一般有 3 种，即测量轮触发、时间触发和人工触发，宜采用人工触发方式。

e. 隧址区内不应有较强的电磁波干扰：现场测试时应清除或避开测线附近的金属物等电磁干扰物；当不能清除或避开时应在记录中注明，并标出位置。

f. 支撑天线的器材应选用绝缘材料，天线操作人员应与工作天线保持相对固定的位置。

g. 测线上的岩体表面应相对平整，无障碍，且天线易于移动；测试过程中，应保持工作天线的平面与探测面基本平行，距离相对一致。

h. 现场记录应注明观测到的不良地质体与地下水体的位置与规模等。

i. 重点异常区应重复观测，重复性较差时应查明原因。

④地质雷达探测的资料整理与解释：

a. 地质雷达剖面雷达波形清晰。

b. 雷达数据解释前应对采集数据进行数据处理。比如滤波、信号增益等数字信号处理，如果数据特征较难判断，还应进行道分析、FK 滤波、正常时差校正、褶积、速度分析、消除背景干扰等处理。

c. 结合隧道地质情况、施工情况，探测体的物理性质等因素综合分析雷达剖面数据，解释地质成果。

⑤地质雷达法预报应编制探测报告，内容包括：探测工作概况、采集及解释参数、地质解译结果、测线布置图(表)、探测时间剖面图等，其中时间剖面图中应标出地层的反射波位置或探测对象的反射波组。判断隧道工作面前方的地质情况，并做出相应的结论与建议。

3)弹性波反射法

弹性波反射法适应预报地层特征、地层界线、地质构造和构造与裂隙型岩溶等不良地质体，并应满足下列条件：被探测地质体与周围介质间应存在较明显的波阻抗差异并具有足以被探测到的规模，被追踪地层应具有一定的规模，且应大于有效波波长的 1/4；周围没有震源干扰信号，信噪比较高；被探测的断层应有明显的断距(和宽度)。基于弹性波反射法的隧道地质超前预报系统主要有 TGP、TSP 和 TRT 法。

(1)弹性波反射法的特点

弹性波测量是利用地震波在岩体中向四周传播，当波在隧道掘进前方遇到一岩性分界面时，将会发生反射、折射、透射，反射波将从界面返回掌子面，被接收器接收，对接收的信号进行相关的信号分析，可以对前方围岩地质构造情况作出判断，达到地质预报的目的。弹性波超前预报技术按观测系统可分为地震反射法(负视速度法)和水平声波剖面法。

总的来说，采用弹性波反射法进行超前地质预报，预报距离相对较长，对大的构造尤其是张性结构面反映明显，另外对软硬岩的变化点也有较好的反映，但是，对现场隧道施工干扰大。

(2)弹性波反射法的技术要点

①弹性波反射法预报距离：在软弱破碎地层或岩溶发育区，每次预报距离应为 100m 左右，不宜超过 150m；在岩体完整的硬质岩地层每次可预报 150～200m，但不宜超过 200m。隧道位于曲线段施工时，预报距离不宜太长。

②弹性波反射法连续预报时，前后两次预报区段重叠长度不应少于 20m。

③弹性波反射法仪器工作参数要求：

a. 使用的仪器应经过国家有关部门正式鉴定，每台仪器必须达到出厂规定的技术指标。

b. 仪器动态范围应不小于 120DB；仪器的 A/D 模数转换不应小于 18 位；仪器噪音折合到输入端不应大于 3 微伏。

c. 仪器输入应不少于 6 个通道的信号采集，对于采用多波的仪器应满足不少于两个接收点的三分量地震波采集道。

d. 仪器的记录长度应能够满足预报距离的要求。

e. 仪器的采样间隔设置应在 30～250ms 间具有多档选择，以适应不同隧道围岩探测的要求，一般硬岩宜采用小的采样间隔，软岩采用稍大的采样间隔。

f. 仪器的接收装置应具有高灵敏度的响应特性，对于三分量接收装置具有良好的指向性。

g. 仪器与配套设备应具有防震、防尘、防潮功能，适应山区运输和隧道环境下使用。

h. 仪器的存储介质在隧道内外温差较大的条件下应具有防结雾功能，防止数据的丢失。

i. 仪器采集时不宜选择使用滤波档，因特殊需要使用滤波档时，不应造成有效波记录的畸变，并应有对比记录。

④弹性波反射法的数据采集：

a. 弹性波原始记录包括仪器检查记录、试验记录、质量检查记录、生产记录、班报等。

b. 记录首波(即由震源产生的直达波)中纵波与横波的同相轴应具有清晰分离的特征，应依据记录上的同相轴判断纵波与横波的速度，干扰背景不应影响初至波时间的读取和波形的对比。

c. 采集弹性波记录时，应满足激发与接收同步进行的条件，接收延迟误差不应大于 3ms。每次探测采集的有效地震波的道数不应小于弹性波反射法仪器设备要求的理论工作道数的 75%，如有工作道不正常，则应重新进行数据采集。

d. 弹性波接收装置应与隧道围岩直接或者间接牢固接触，接触位置应与围岩完全凝固耦合。

e. 应利用有效波弹性波进行预报，数据处理系统对各种干扰波应具有剔除的功能。

f. 弹性波检查记录与原观测记录应有基本一致的重复性和波形相似性。

g. 数据采集时应尽可能减少隧道内其他震源震动产生的地震波、声波的干扰，并应采取压制弹性波、声波干扰的措施。

⑤弹性波反射法的数据处理与资料解释：

a. 处理前应剔除不符合记录要求的地震道数据。

b. 采用计算机对反射波特征明显、信噪比高、同相轴清晰的地震道数据记录进行相位追踪对比。

c. 根据波视速度的差异，确定反射界面在隧道轴向前方的距离、位置、规模，反射界面与洞轴方向的夹角。

d. 依据时间剖面图、瞬时振幅图结合地质资料进行分析，对比和追踪波组的相似性、波振幅的衰减程度、振动的同相性和连续性等特征，判释和确定反射波组对应的层位、被测地质体的接触关系、构造形态等。

⑥报告的编写：

a. 隧道工程概况、隧道地质概况、物探工作概况等。

b. 探测开挖工作面地质编录。

c. 运用的物探方法原理及采用的仪器设备名称、仪器型号等。

d. 超前预报工作的实施、观测系统、采集方法、数据质量等。

e. 数据处理：采用的软件及处理流程、参数选择说明、处理成果及质量评价等。

f. 资料分析与判释，附上相应的弹性波反射法成果图件。

g. 结论和建议：结论中应详细阐述所预报洞段围岩地质条件，尤其是影响施工方案调整、具有安全隐患的地质条件，根据不同的围岩条件逐段对围岩级别进行预判；建议中应对所预报洞段提出相应的支护类型和参数，对具有安全隐患的地质体，给出合理的处理方案以及施工中应注意的问题。

h. 其他需要说明的问题。

4)红外探测法

所有物体都发射出不可见的红外线能量,这能量的大小与物体的发射率成正比。而发射率的大小取决于物体的物质和它的表面状况。当隧道掌子面前方及周边介质单一时,所测得的红外场为正常场,当前面存在隐伏含水构造或有水时,他们所产生的场强要叠加到正常场上,从而使正常场产生畸变。据此判断掌子面前方一定范围内有无含水构造。

现场测试有两种方法:一是在掌子面上,分上、中、下及左、中、右六条测线的交点测取 9 个数据,根据这 9 个数据之间的最大差值来判断是否有水;二是由掌子面向掘进后方(或洞口)按左边墙、拱部、右边墙的顺序进行测试,每 5m 或 3m 测取一组数据,共测取 50m 或 30m,并绘制相应的红外辐射曲线,根据曲线的趋势判断前方有无含水。

掌子面上 9 个数据的最大差值大于 $10\mu W/cm^2$,就可以判定有水;红外辐射曲线上升或下降均可以判定有水,其他情况判定无水。红外探测的特点是可以实现对隧道全空间、全方位的探测,仪器操作简单,能预测到隧道外围空间及掘进前方 30m 范围内是否存在隐伏水体或含水构造,而且可利用施工间歇期测试,基本不占用施工时间。但这种方法只能确定有无水,至于水量大小、水体宽度、具体的位置没有定量的解释。

5)地质超前钻探

地质超前钻探是在隧道内安放水平钻机进行水平钻进,研究钻孔取出来的岩芯岩性情况,来推断掌子面前方围岩地质构造。实际操作时,可根据地质情况和取芯质量,决定钻孔的数量。根据钻探的深度可分为短距离、中距离、长距离地质超前钻探。短距离:钻探深度≤6m。中距离:钻探深度 6~30m,主要选择潜孔钻机设备。长距离:钻探深度 30~150m,主要选择快速超前水平钻机设备。

(1)地质超前钻探工作要求

①实施地质超前钻探的人员应经技术培训和考核,经考核合格后方可上岗。

②钻探前地质技术人员应进行技术、质量交底。

③超前钻探过程中应在现场做好钻探记录,包括钻孔位置、开孔时间、终孔时间、孔深、钻进压力、钻进速度随钻孔深度变化情况、冲洗液颜色和流量变化、涌砂、空洞、振动、卡钻位置、突进里程、冲击器声音的变化等。

④超前钻探过程中应及时鉴定岩芯、岩粉,判定岩石名称,对于断层带、溶洞填充物、煤层、代表性岩土等应拍摄照片备查,并选择代表性岩芯整理保存,重要工程钻探过程监理应进行旁站。

⑤在富水地段进行超前钻探时必须采取防突措施;测钻孔内水压时,需安装孔口管,接上高压球阀、连接件和压力表,压力表读数稳定一段时间后即可测得水压。

⑥应加强钻进设备的维修与保养,使钻机处于良好状态;强化协调和管理,各方应积极配合,减少和缩短施钻时间。

(2)短距离地质超前钻探

短距离地质超前钻探主要是利用风钻或凿岩台车等在隧道开挖工作面钻小孔径浅孔获取地质信息的一种方法。其应符合下列要求:

①孔深应较爆破孔(或循环进尺)深 3m 以上。

②富水岩溶发育区短距离地质超前钻探应终孔于隧道开挖轮廓线以外 2～3m。

③孔径宜与爆破孔相同。

④孔数、孔位应根据开挖断面大小和地质复杂程度确定。

⑤连续预报时前后两个循环钻孔应重叠 2～3m。

⑥在富水岩溶发育区每循环必须按设计认真实施,发现异常情况应及时反馈信息,严禁盲目装药放炮。

⑦钻到破碎带、溶洞和岩溶水时,应视情况采用中、长距离地质超前钻探和其他探测手段,查明情况,确保施工安全,为变更设计提供依据。

⑧严禁在爆破残眼中实施短距离地质超前钻探测。

⑨揭示异常情况的钻孔资料应作为技术资料保存。

(3)中距离地质超前钻探

中距离地质超前钻探适用于各种地质条件下的隧道施工地质预报,主要采用潜孔钻机等中距离钻探设备进行探测。其应符合下列要求:

①断层、节理密集带或其他破碎富水地层每循环宜钻 1 孔。

②富水岩溶发育区每循环宜钻 3～5 个孔,揭示岩溶时,应适当增加,以满足安全施工和溶洞处理所需资料为原则。

③钻探过程中应进行动态控制和管理,根据钻孔情况可适时调整钻孔深度,以达到预报目的为原则。

④在需连续钻探时,一般每循环钻 30m。

⑤连续预报时前后两循环钻孔应重叠 3～5m。

⑥富水岩溶发育区超前钻探应终孔于隧道开挖轮廓线以外 5m。

(4)长距离地质超前钻探

长距离地质超前钻探适用于各种地质条件下的隧道施工地质预报,在富水构造破碎带、岩溶发育区、煤层瓦斯发育区、重大物探异常区等地质条件复杂地段必须采用。其应符合下列要求:

①断层、节理密集带或其他破碎富水地层每循环宜钻 1 孔。

②富水岩溶发育区每循环宜钻 3～5 个孔,揭示岩溶时,应适当增加,以满足安全施工和溶洞处理所需资料为原则。

③钻探过程中应进行动态控制和管理,根据钻孔情况可适时调整钻孔深度,以达到预报目的为原则。

④在需连续钻探时,一般每循环可钻 30～50m,必要时也可钻 100m 以上的深孔。

⑤连续预报时前后两循环钻孔应重叠 5～10m。

⑥富水岩溶发育区超前钻探应终孔于隧道开挖轮廓线以外 5～10m。

5 隧道施工监测项目及分析评判方法

隧道施工监测旨在收集可反映施工过程中围岩动态的信息，据以判定隧道围岩的稳定状态，以及所定支护结构参数和施工的合理性。量测项目包括变形量测、压力量测、应力（内力）量测、裂缝量测、震动量测等内容，按性质可分为必测项目和选测项目两大类。现场监控量测应根据设计要求、隧道横断面形状和断面大小、埋深、围岩条件、周边环境条件、支护类型和参数、施工方法等来选择监测项目。

5.1 隧道施工必测项目

必测项目是为了在设计、施工中确保围岩稳定，并通过判断围岩的稳定性来指导设计、施工的经常性量测，具体如表 5-1 所示。这类量测通常测试方式简单，费用少，可靠性高，但对监视围岩稳定、指导设计施工却有巨大作用。

必测项目 表 5-1

编号	量测项目	方法及工具	布置	量测间隔时间(d)				要求及目的
				1～15	16～30	30～90	>90	
1	洞内观察	地质罗盘、数码相机	开挖后及初支后进行	每次爆破后进行				对岩性、岩层产状、结构面进行描述，对溶洞、断层等不良地质情况进行重点说明，支护结构裂缝观察
2	拱顶下沉	高精度全站仪或水平仪、水准尺、钢尺或测杆	每 5～50m 一个断面，每个断面 3 个测点	1～2 次/d	1 次/2d	1～2 次/周	1～3 次/月	监视隧道拱顶下沉，了解断面的变形状态，判断隧道拱顶的稳定性
3	周边位移	各种类型收敛计	每 5～50m 一个断面，每个开挖面 3 条测线	1～2 次/d	1 次/2d	1～2 次/周	1～3 次/月	根据位移、收敛状况、断面变形状态等量测，对以下项目做出判断：①周边围岩体的稳定性；②初期支护的设计与施工方法是否妥善；③二次衬砌的浇注时间等

续上表

编号	量测项目	方法及工具	布　置	量测间隔时间(d)				要求及目的
				1～15	16～30	30～90	＞90	
4	地表观察	地质罗盘、数码相机	目测及简单地表观察	1～2次/d	1次/2d	1～2次/周	1～3次/月	对地表地质、水文进行日常观察,对地表异常进行观察
5	地表下沉	高精度全站仪或水平仪、铟钢尺	每5～100m一个断面,每断面至少11个测点,每隧道至少2个断面。中线每5～20m一个测点	开挖面距量测断面前后＜2B时,1～2次/d 开挖面距量测断面前后＜5B时,1次/2d 开挖面距量测断面前后＞5B时,1次/周 (B为隧道开挖宽度)				从地表设点观测,根据下沉位移量判定开挖对地表下沉的影响,以确定隧道支护结构。根据边坡变形

5.1.1　洞内观察

对隧道工程,设计阶段的地质勘察工作很难提供精准的地质资料,应进行掌子面观察;同时隧道内已支护结构随着围岩压力的进一步释放可能产生后续损伤或破坏,应进行已支护结构健康状态观察。

1)掌子面观察

应在每次隧道爆破清渣后及时进行。主要应了解开挖工作面的工程地质和水文地质条件,其包括如下一些内容:

(1)岩质种类和分布状态,地质界面位置的状态。

(2)岩性特征:岩石的颜色、成分、结构、构造。

(3)地层时代归属及产状。

(4)节理性质、组数、间距、规模,节理裂隙的发育程度和方向性,断面状态特征,充填物的类型和产状等。

(5)断层的性质、产状、破碎带宽度、特征。

(6)地下水类型,涌水量大小,涌水位置、涌水压力,湿度等。

(7)开挖工作面的稳定状态,顶板及侧壁有无剥落现象。

将观测到的有关情况和现象,详细记录并绘制隧道开挖工作面素描剖面图。剖面图的间距应随岩性、构造、水文地质条件不同而异。一般情况下Ⅵ级围岩剖面素描图间距为5～10m、Ⅴ级围岩剖面素描图间距为10～15m、Ⅳ级围岩剖面素描图间距为15～25m、Ⅲ级围岩剖面素描图间距为40～50m、Ⅱ级围岩剖面素描图间距为50～80m、Ⅰ级围岩剖面素描图间距为80～120m。

2)已支护结构观察

应每天不间断的进行,如果发现异常情况,要详细记录发现时间、距开挖工作面的距离、附近测点的各项量测数据,同时应增加观察频率。其包括如下一些内容:

(1)初期支护完成后对喷层表面裂缝状况的描述和记录。

(2)有无锚杆被拉脱或垫板陷入围岩内部的现象。

(3)喷射混凝土是否产生裂隙或剥离,要特别注意喷射混凝土是否发生剪切破坏。

(4)钢拱架有无压屈现象。

(5)拱架落底是否及时,拱架脚部基础是否稳定、坚实。

(6)拱架搭接是否紧密、及时。

(7)隧道下部路基或路面是否有底鼓现象。

(8)喷射混凝土表面有无渗漏水现象。

(9)隧道路面有无开裂现象。

(10)二次衬砌是否及时跟进,软弱围岩段仰拱是否及时设置。

(11)二次衬砌表面有无裂纹产生,需特别注意有无纵向裂缝或斜裂缝的产生。

(12)二次衬砌表面有无渗漏水现象。

3)连拱隧道

连拱隧道应重视中导洞的地质素描工作,其掌子面素描记录可作为左右两洞地质预报内容的基础组成部分,对评价连拱隧道量测主动开挖的稳定性具有重要作用;小净距隧道先行洞地质素描资料对后进洞稳定性评价具有重要的参考作用。

5.1.2 拱顶下沉与周边位移量测

隧道围岩周边各点趋向隧道中心的变形称为收敛,拱顶下沉和周边位移可以最直观的反映隧道围岩应力状态变化,因此也是评估围岩及初期支护是否稳定的两个重要变形指标。量测拱顶下沉和周边位移可为判断隧道空间的稳定性提供可靠的信息,根据变位速度判断隧道围岩的稳定程度为二次衬砌提供合理的支护时机,指导隧道设计与施工。

1)隧道拱顶下沉及周边收敛监测断面布置

监测断面须尽量靠近开挖工作面。一般测点应距开挖面 2m 的范围内尽快安设,并应保证爆破后 24h 内或下一次爆破前测读初次读数。同时量测过程中应注意满足如下要求:

(1)测点布设应牢固、稳定。

(2)测试数据应准确可靠,每组数据测三次,且三次误差小于 0.1mm。

隧道周边收敛及拱顶下沉监测断面沿隧道纵向设置的间隔可参照表 5-2 执行。

拱顶下沉、周边收敛测点间距表 表 5-2

围岩级别	V～VI		Ⅳ	Ⅲ	Ⅱ
	浅埋段	深埋段			
间距(m)	5	10	20	30～40	50

2)拱顶下沉测点布置(见图 5-1)

拱顶下沉测点布置与隧道施工方法有关。

(1)当采用全断面法时,一般只在拱顶中央位置布设 1 个下沉测点。

(2)当采用台阶法、CD 或 CRD 时,在拱顶布设 3 个拱顶下沉测点,两侧测点距中心测点的水平距离约为 2m。

(3)当采用侧壁导坑法开挖时,在两侧壁导坑开挖时各补充一个拱顶下沉测点。

(4)在特殊地段,根据具体情况,可另增设测点及测线。

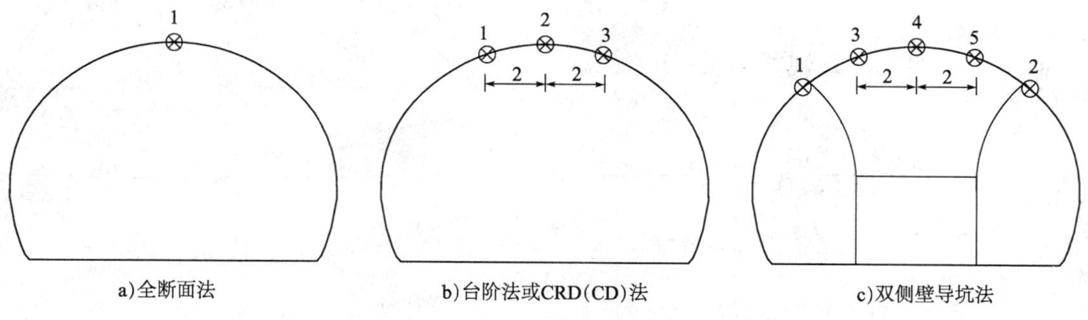

图 5-1 测点布置图(尺寸单位:m)

3)周边位移测点及测线布置图

根据隧道施工方法及衬砌断面的不同,对测点及测线布置的要求也不尽一致。各施工方法测点与测线布置的一般布置方式见表 5-3:

周边位移测线数 表 5-3

开挖方法	一般地段	特殊地段
全断面法	一条水平测线	—
台阶法	每台阶一条水平测线	每台阶一条水平测线,两条斜测线
分部开挖法	每分部一条水平测线	上部每分部一条水平测线,两条斜测线,其余分部一条水平测线

(1)全断面法开挖,一条水平测线和两条斜测线,断面开挖后测点一次布设完毕,如图 5-2 所示。

(2)台阶法开挖,每一台阶各布设一条水平测线和两条斜测线,如图 5-3 所示。

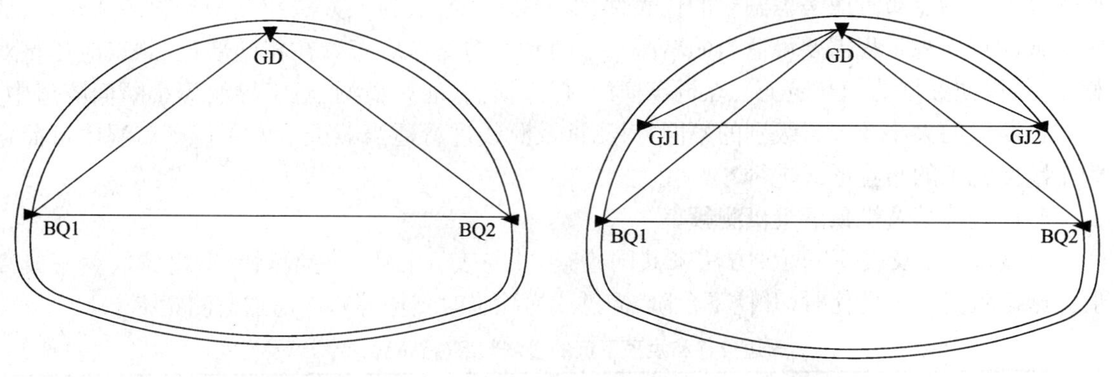

图 5-2 全断面法测点与测线布置图

图 5-3 台阶法测点与测线布置图

(3)CD 法开挖,应在左、右导坑边墙和中隔墙分别布设测点,各导坑每一台阶各布设一条水平测线和两条斜测线,如图 5-4 所示。

(4)CRD 法开挖,应在 CRD1 部和 CRD3 部边墙和中隔墙分别布设测点,且均设一条水平测线和两条斜测线,CRD2 部和 CRD4 部均布设一条水平测线,如图 5-5 所示。

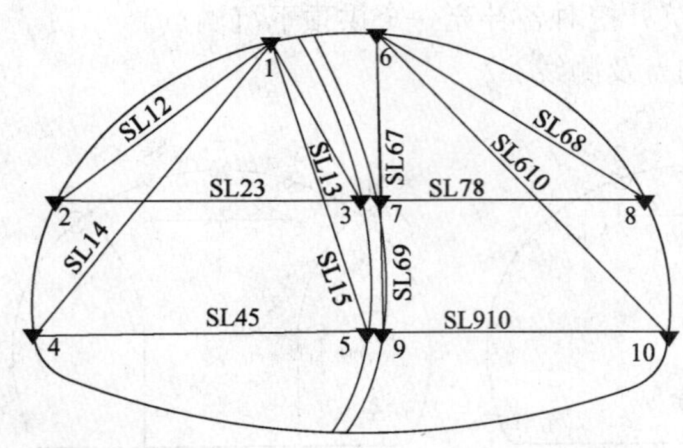

图 5-4　CD 法测点与测线布置图

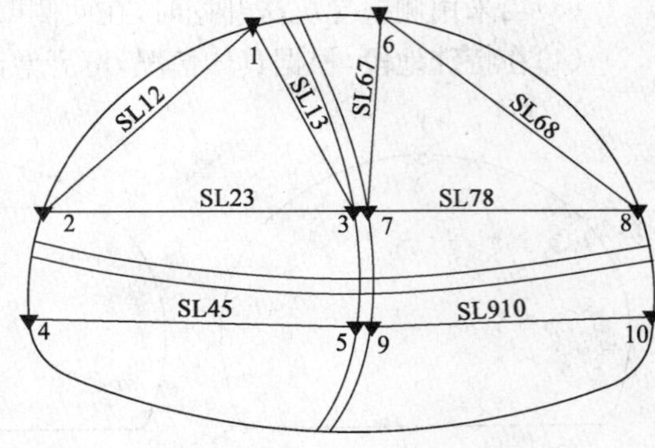

图 5-5　CRD 法测点与测线布置图

(5)双侧壁法开挖，应在左、右导坑边墙和中隔墙分别布设测点，且每一台阶各布设一条水平测线和两条斜测线，中导坑布置拱顶测点即可，如图 5-6 所示。

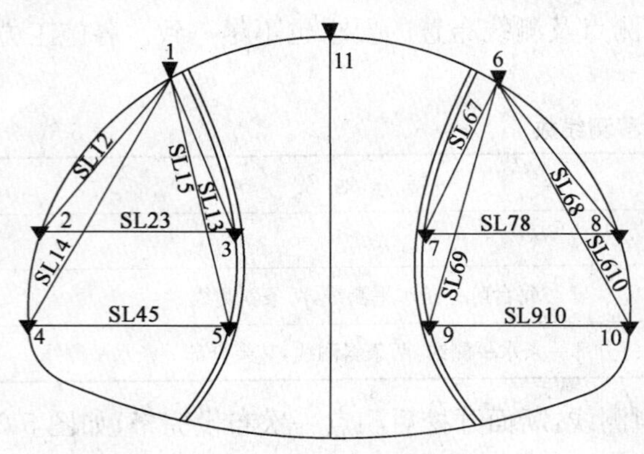

图 5-6　双侧壁法测点与测线布置图

净空收敛量测以水平基线量测为主，必要时设置斜测线(如洞口附近、浅埋区段、有偏压或膨胀性土压的区段、拱顶下沉位移量大的区段)，斜测线的设置有助于了解垂直方向的变化情况，当与解析法一起综合判断时，最好也布置斜测线。隧道分部施工时，各分部测点及测线的布置应根据断面各施工部开挖先后顺序进行合理布置。有临时支护时，临时支撑拆除时以及拆除后，应对初期支护断面进行变形监测，确保临时支撑拆除后初期支护的稳定，测点布置形式见图 5-2 的全断面法布置形式。监测断面及测点布置应考虑围岩的代表性、围岩条件变化、施工方法及支护参数的变化，监测断面或测点应视工程需要可适当的增减。不同断面的测点应布置在相同部位，测点应尽量对称布置，以便数据的相互验证。在行车横洞、行人横洞、通风横洞、施工导洞等小断面隧道中，可根据断面的大小及围岩级别的不同，对测桩及测线进行适当减少。如在行车横洞中可简化为全断面施工的布置形式进行。

4)周边位移及拱顶下沉量测频率

可按表 5-4 及表 5-5 两种方法来共同检查，并与表 5-1 确定的量测频率比较取频率较高值。施工状况发生变化时(开挖下台阶、仰拱或撤除临时支护等)，应增加监测频率。

周边位移和拱顶下沉的量测频率(按位移速率)　　表 5-4

位移速度(mm/d)	量 测 频 率	位移速度(mm/d)	量 测 频 率
≥5	2～3 次/d	0.2～0.5	1 次/3d
1～5	1 次/d	<0.2	1 次/3～7d
0.5～1	1 次/2～3d		

周边位移和拱顶下沉的量测频率(按距开挖面距离)

表 5-5

量测断面距开挖面距离(m)	量测频率	量测断面距开挖面距离(m)	量测频率
(0～1)B	2次/d	(2～5)B	1次/2～3d
(1～2)B	1次/d	$>5B$	1次/3～7d

注:1. B 为开挖宽度。

2. 在流塑性岩体中,位移长期(开挖后2个月以上)不能收敛的,量测要继续到每月1mm或二次衬砌施作时为止。

为获取围岩开挖初始阶段的变形动态数据,监控量测点的安设应能保证爆破后24h内和下一循环爆破之前测读初次读数,并应安设在距掌子面2m的范围内。当位移—时间曲线趋于平缓时,应进行监控量测数据处理或回归分析,以推算最终位移值和掌握位移变化规律。当位移—时间曲线出现反弯点,也即位移出现反常的急骤增长现象。此时表明围岩和支护已呈不稳定状态,应加密监视,并适当加强支护,必要时应立即停止开挖并进行施工处理。

5.1.3 洞外周围环境及地表下沉量测

隧道洞外周围环境与隧道结构是相互作用的共同体,观察周围环境同样也是监控量测的重要内容;监测地表下沉可以直观反映隧道与地表构造物的相互影响程度大小。

(1)洞外周围环境观察一般应在洞口段和洞身埋置深度较浅地段,其观察内容应包括地表开裂、地表沉陷、边坡及仰坡稳定状态、地表水渗透情况等;对于城市地下交通洞外周围环境观察主要是地表开裂、地表隆沉、建(构)筑物开裂、倾斜、沉降等状况的观察和记录。

(2)地表观察重点应在洞口段和洞浅埋段,其观察内容应包括:

①地表开裂、地表沉陷,应特别关注地表贯通性裂缝的排查。

②边坡及仰坡稳定状态。

③地表积水、渗透以及排水情况。

(3)当位于软弱、破碎、自稳时间极短围岩及地表有对沉降要求非常严格的地面构造物的浅埋隧道施工时,应进行地表下沉量测。

浅埋隧道地表下沉量测的重要性随隧道埋深变浅而增大,详见表5-6。

地表沉降量测的重要性

表 5-6

埋深	重要性	量测与否
$3D<h$	小	不必要
$2D<h<3D$	一般	建议量测
$D<h<2D$	重要	必须量测
$h<D$	非常重要	必须列为主要量测项目

注:1. D 为开挖宽度,h 为隧道埋深;

2. 本表主要针对两车道隧道。

根据同济大学100多座浅埋隧道的监测经验,对三车道或四车道隧道且穿越段为Ⅴ级或Ⅵ级围岩,建议表5-7所列不同埋深的隧道地表沉降量测重要性相应提高一级。浅埋隧道地表沉降测点应在隧道开挖前布设,地表下沉断面最好布置在洞内净空收敛量测测点所在横断面上,纵向间距可按下表采用。每个隧道口至少应布置1个纵向断面。

地表下沉断面纵向间距　　表 5-7

隧道埋深	断面纵向间距
$2D<h<3D$	Ⅴ～Ⅵ级围岩:20m Ⅱ～Ⅳ级围岩或坚硬陡峭段:可不设置,但应加强洞内拱顶下沉与收敛位移量测
$D<h<2D$	Ⅴ～Ⅵ级围岩:10m Ⅱ～Ⅳ级围岩:20m
$h<D$	Ⅴ～Ⅵ级围岩:5m Ⅱ～Ⅳ级围岩:10m

注:D 为开挖宽度,h 为隧道埋深。

(4)地表下沉纵向量测区间如图 5-7 所示。纵向断面布置测点的超前距离为 $h+h_1$,纵向测定区间为$(h+h_1)+h'+(2\sim5)D$;地表下沉量测在横断面上可布置 7～11 个测点,特别软弱围岩段可适当增加测点数,两测点的距离为 2～5m。在隧道中线附近测点应布置密些,远离隧道中线应疏些。地表下沉横断面测点布置见图 5-8。

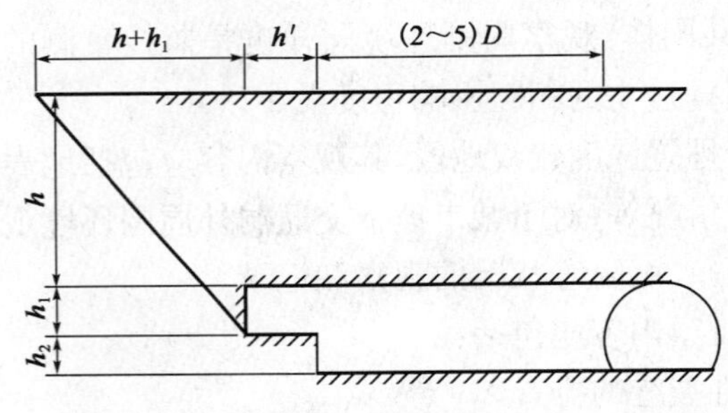

图 5-7　地表下沉纵向量测区间图

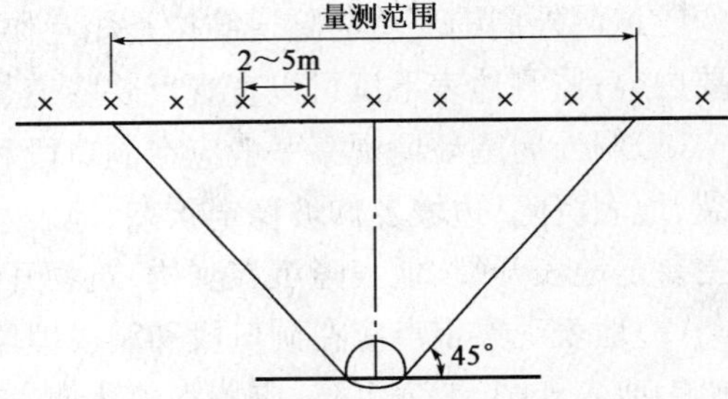

图 5-8　地表下沉横断面测点布置图

(5)地表下沉量测在量测区间内,当开挖面距量测断面前后距离 $d<2D$ 时,每天 1～2 次;$2D<d<5D$ 时,每两日量测一次;当 $d>5D$ 时,每周量测一次。

(6)将每次的量测数据整理绘制地表下沉量—时间关系曲线及地表横向下沉量—时间关系曲线。

5.2　隧道施工选测项目

选测项目是对一些有特殊意义和具有代表性意义的区段以及试验区段进行补充测试,以求更深入地掌握围岩的稳定状态与锚喷支护的效果,具有指导未开挖区的设计与施工的作用,具体如表 5-8 所示。这类量测项目测试较为麻烦,量测项目较多,花费较大,一般只根据需要选择其部分项目。

5.2.1　围岩内部位移量测

由于隧道埋深较大,无法地表设点,洞内设点量测围岩内部位移一般在隧道深埋段。通过围岩内部位移的量测可确定围岩位移随深度变化的关系,找出围岩的移动范围,深入研究支护结构与围岩相互作用的关系,进而判断开挖后围岩的松动区、强度下降区以及弹性区的范围,

选测项目　　表 5-8

编号	量测项目	方法及工具	布　置	量测间隔时间(d)				要求及目的
				1～15	16～30	30～90	>90	
1	围岩内部位移(洞内设点)	洞内钻杆中安设单点、多点杆式或钢丝式位移计	每代表性地段1～2个断面,每断面3～5个钻孔	1～2次/d	1次/2d	1～2次/周	1～3次/月	了解隧道围岩的松弛区、位移量,为准确判断围岩的变形发展提供数据
2	围岩和初衬间接触压力	压力盒、频率计	每代表性地段一个1～2断面,每断面宜为5～8个测点	1次/d	1次/2d	1～2次/周	1～3次/月	判断围岩荷载大小,初期支护承担围岩压力情况
3	初衬和二衬间接触压力	压力盒、频率计		1次/d	1次/2d	1～2次/周	1～3次/月	判断复合式衬砌中围岩荷载大小,判断初期支护与二次衬砌各自分担围岩压力情况
4	钢支撑内力及外力	应变计、频率计	每代表性地段一个1～2断面,每断面宜为5～8个测点	1次/d	1次/2d	1～2次/周	1～3次/月	量测钢拱架应力,推断作用在钢拱架上的压力大小,评价钢拱架设计与施工参数的合理性
5	衬砌内力、初支应力	钢筋应力计、频率计	每代表性地段一个1～2断面,每断面宜为5～8个测点	1次/d	1次/2d	1～2次/周	1～3次/月	量测二次衬砌内应力、喷射混凝土内轴向应力,了解支护衬砌内的受力状态
6	锚杆轴力	钢筋应力计、频率计	每代表性地段一个1～2断面,每断面宜为5～8个测点	1次/d	1次/2d	1～2次/周	1～3次/月	根据锚杆所承受的拉力,判断锚杆布置是否合理,了解围岩内部应力的分布情况
7	渗水压力	渗压计、频率计	在富水或高水压围岩段设置	1次/d	1次/2d	1～2次/周	1～3次/月	量测衬砌所受的渗水压力大小,评价隧道防水参数的合理性
8	衬砌裂缝监测	测缝计、频率计	初支或衬砌开裂后在开裂部位进行	1次/d	1次/2d	1～2次/周	1～3次/月	监测初支或衬砌裂缝的形态及其发展趋势
9	围岩弹性波测试	声波仪及配套探头	在有代表性地段设置	在隧道开挖后、初期支护施工前进行				对围岩级别及支护参数进行复核,确保支护结构的安全性与经济性
10	爆破振动监测	爆破振动监测仪及配套传感器	超小净距隧道、连拱隧道以及临近受保护建(构)筑物区段设置	随爆破进行				评价爆破振动对临近隧洞以及建(构)筑物的影响程度
11	瓦斯监测	光学瓦斯检定器或甲烷测报仪	穿越煤系地层	每次爆破后进行				监测瓦斯浓度,评价瓦斯爆炸的可能性
12	围岩内部位移(地表设点)	地面钻孔中安设各类型多点位移计	每代表性地段一个断面,每断面3～5个钻孔	1～2次/d	1次/2d	1～2次/周	1～3次/月	了解隧道围岩的松弛区、位移量,为准确判断围岩的变形发展提供数据
13	地表裂缝监测	游标卡尺	地表开裂后在开裂部位进行	同地表下沉				监测地表裂缝的形态及其发展趋势

以及判断锚杆长度是否合适，以确定合理的锚杆长度。

(1)对于洞内设点的围岩内部位移，由于不可能在开挖后立即紧贴开挖面进行量测，因此量测读数时已有量值为 u_1 的围岩释放变形。此外，在开挖面尚未到达监测断面时，也有量值为 u_2 的变形产生，这两部分变形叠加到变形量测值 u_m 上才是围岩的绝对变形值，即 $u=u_1+u_2+u_m$。在正式量测前损失的位移 u_1+u_2，其位移绝对量在应用过程中需进行修正，修正可参考如下公式：

$$u_1+u_2=(0.5\sim0.7)u \tag{5-1}$$

围岩内部位移的量测孔，一般与周边位移量测线相应布置，以便使两项测试结果相互验证，便于进行力学分析和应用，其布置方法如图 5-9 所示。

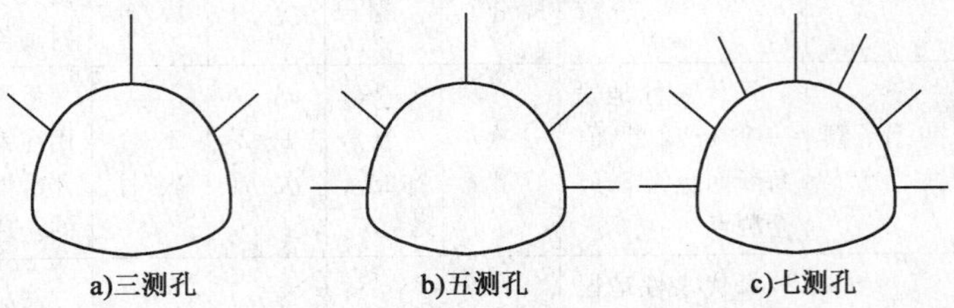

图 5-9　围岩内部位移测孔布置

(2)地表设点的围岩内部位移，通常设置在洞口段或浅埋段，在受开挖影响之前设置，其量测的数据是围岩内部的全位移过程，具有更大的可靠性。

根据围岩内变位曲线来判断围岩内强度下降区和松动区的限界，一般曲线斜率可以分成三个区域，靠近围岩壁面的变位量最大为松动区，变位量较大的区域为强度下降区，再往围岩深部变形量最小，为弹性区。

地表设点量测围岩内部位移由于现场的可操作性，一般采用三测孔为主，内部设点量测围岩内部位移根据实际需要也可设置五测孔、七测孔。连拱隧道或小净距隧道的围岩内部位移测孔宜采用五测孔，具体布置如图 5-10 所示。

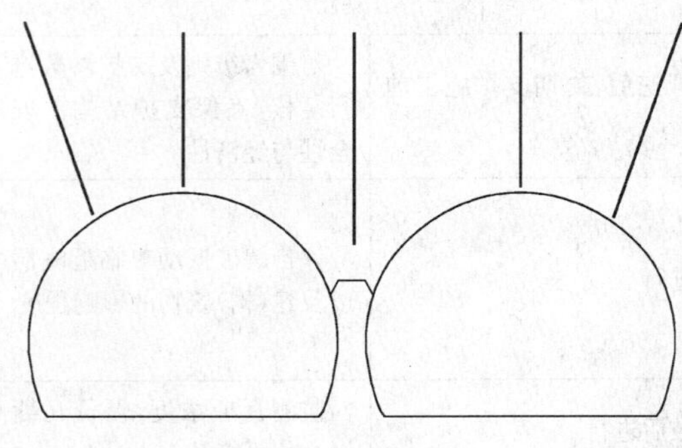

图 5-10　连拱或小净距隧道围岩内部位移测孔布置

(3)对于测孔内位移测点的布置按各测孔深度不同而有所不同，最下部测点离隧道开挖面的距离为 1～2m，越靠近上部，位移测点的间距越大，见图 5-11。

需要注意的是：在量测围岩内部位移时，必须同时对每个测孔顶部沉降进行监测，测孔顶部沉降位移叠加到量测出来的围岩内部位移才是围岩的全部真实变形。

(4)围岩内部位移的模式可以归结如图 5-12 所示的三种。

模式一为上覆围岩发生整体塌陷的情形，其地表下沉量与洞内拱顶沉降差别不大，且位移分布基本成线性关系；模式二为地中某一部位有不连续面，连续面以上围岩变形较小，能自稳，连续面以下常常以塌落荷载的形式作用在支护结构上；模式三在隧道壁面附近发生松弛，塌落荷载很小，有时甚至接近于零，一般在Ⅱ、Ⅲ级围岩中出现。

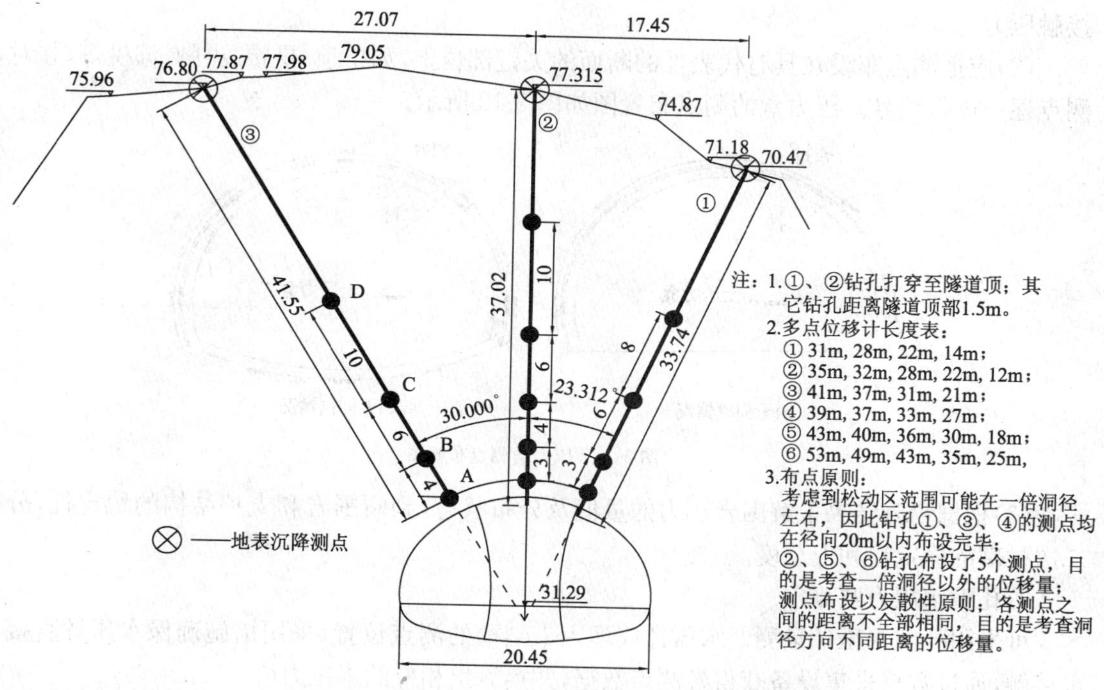

图 5-11 某断面多点位移计的设计方案（尺寸单位：m）

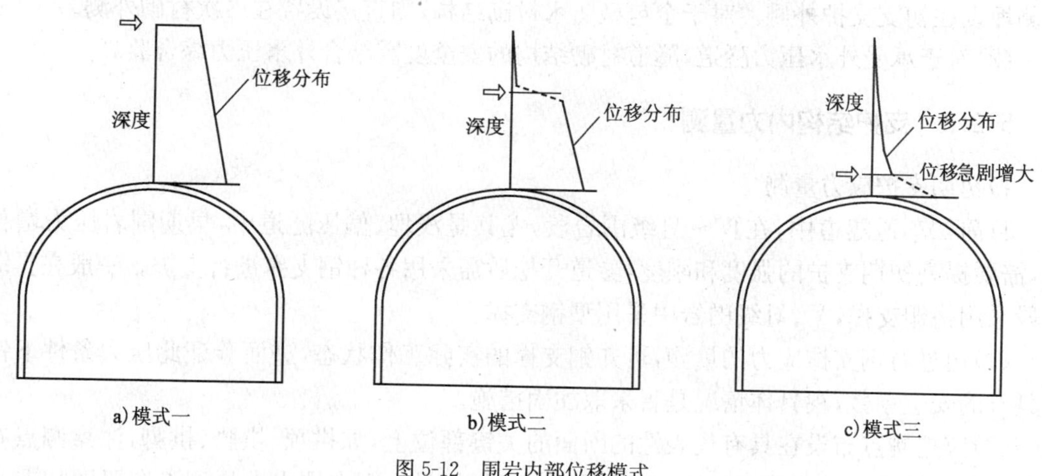

图 5-12 围岩内部位移模式

5.2.2 压力量测

1)围岩压力量测

隧道围岩压力与隧道所处的地形、地质条件、埋置深度、结构特征、施工方法、相邻隧道间距等因素有关，施工中如发现与实际不符，应及时修正。对于地质条件复杂的隧道，必要时应通过实地量测确定。

(1)隧道开挖后，围岩要向净空方向位移，而支护结构要阻止这种变形，这样就会产生围岩作用于支护结构上的围岩压力。围压压力测试包括围岩和初衬间接触压力以及初衬和二衬间接触压力。

(2)应把测点布设在具有代表性的断面的关键部位上,如拱顶、拱腰、拱脚、仰拱等,并对各测点逐一进行编号。压力盒的测点布置图如图 5-13 所示。

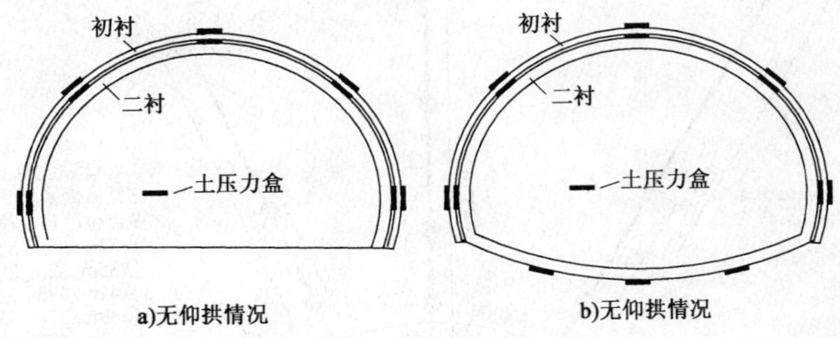

图 5-13　压力盒测点布置图

(3)根据量测结果了解围岩压力的量值及分布状态,判断围岩和支护结构的稳定性,分析二次衬砌的稳定性和安全度。

2)孔隙水压力监测

可采用孔隙水压计量测。水压计应埋入带刻槽的测点位置,采用措施确保水压计直接与水接触,通过数据采集设备获得各测点数据,并换算出相应的水压力值。

(1)孔隙水压力测点布置同土压力测点布置,其中隧道一般为防排结合型防水结构,水压量测埋设在初支支护外侧。对于全包型防水衬砌结构,则直接设置在二次衬砌外测。

(2)对于承受外水压力隧道,隧道衬砌结构的安全度需结合外水压力综合验算。

5.2.3　支护结构内力量测

1)初期支护应力量测

目前二车道隧道中,在Ⅳ～Ⅵ级围岩段,尤其是浅埋、偏压隧道中,早期围岩压力增长较快,需要提高初期支护的强度和刚度,隧道开挖后需采用各种钢支撑进行支护。一般在Ⅳ级围岩段采用格栅支撑,Ⅴ、Ⅵ级围岩中采用型钢支撑。

(1)通过对钢支撑应力的量测,可知钢支撑的实际工作状态,进而验证此压力条件下钢支撑具有的安全系数,视具体情况是否采取加固措施。

(2)应把测点布设在具有代表性的断面的关键部位上,如拱顶、拱腰、拱脚,注意测点布置时与拱架搭接部位适当错开,并对各测点逐一进行编号。钢支撑内力的测点布置图如图 5-14 所示。

(3)型钢支撑应力量测多采用应变计,格栅支撑应力量测多采用钢筋应力计。型钢支撑测点成对布设,应变计布置在型钢腹板上下侧靠近翼缘位置;格栅支撑用与格栅主筋尽量等刚度的钢筋计焊接到主筋测点位移,宜采用对焊。

(4)当隧道变形较大、衬砌开裂或有较大塌方风险时,一般在隧道内设置立柱以及横撑作为临时支护措施,部分立柱或横撑可能采用钢支撑(型钢或钢管)作为支护手段。由于是规避塌方或衬砌进一步损坏的最后一道防护措施,临时支撑内力及其稳定性需要进行监测。其中未施作二次衬砌段的临时支护,需支撑在既有拱架上面。立柱内力的测点布置在立柱顶端,横撑内力测点布置在两端，其布置如图 5-15 所示。

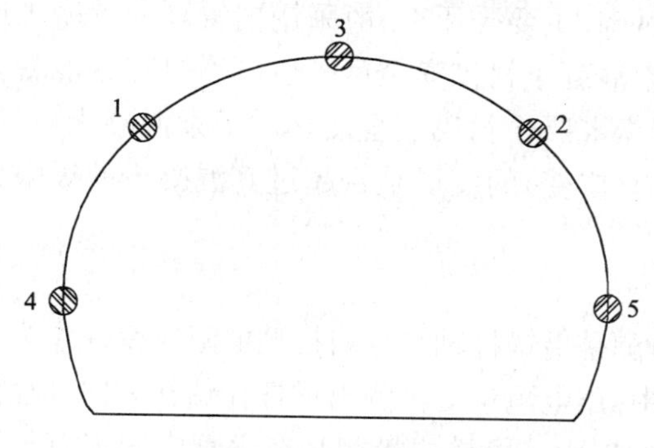

图 5-14　钢支撑内力测点布置图

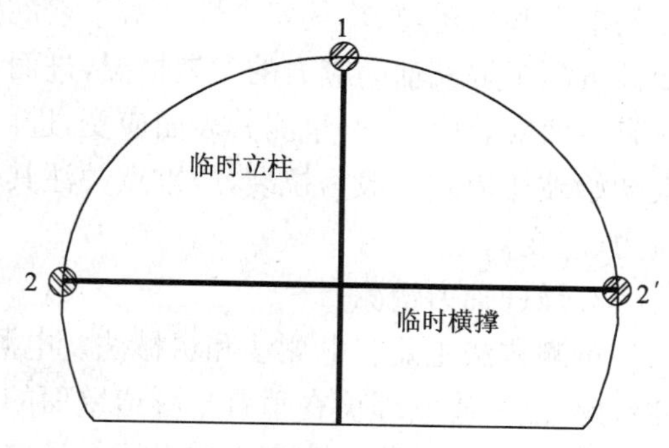

图 5-15　钢支撑内力测点布置图

具体量测可采用反力计，结合量测结果，按压杆稳定理论验算其稳定性。格栅支撑安装钢筋应力计时，要注意给钢筋计降温，以防温度过高烧坏钢筋计的钢弦。同时对焊时应尽量使应力计与钢筋轴心对正，放置钢筋计偏心或应力计受扭而影响元件的使用和读数的准确性。

(5)喷射混凝土层应力采用内置环向混凝土应变计量测，根据量测结果应绘制以下曲线以便分析研究：

①绘制喷层内径(切)向应力随开挖前进面变化的关系曲线，以便掌握试验断面处喷层应力随前进着的工作面距离变化的关系。

②绘制喷层内径(切)向应力随时间变化的关系曲线，以便掌握量测断面处不同部位切向应力随时间的变化情况。

(6)钢架荷载的量测工作应与围岩内空变形的量测工作同步进行，量测频度可参照围岩内空变形的量测时间间隔进行。对整理出的量测资料应做以下分析：

①根据同一时间内所测定的钢架受力与隧道围岩变形的大小，可以获得隧道围岩位移与围岩压力(钢架上的压力)间的关系。

②通过分析钢架受载与围岩变形关系，了解钢架的工作状态和围岩的适应性，为设计合理的钢架提供依据。

③分析整个观测过程中，隧道围岩变形与围岩压力的关系，确定在规定围岩条件下支护结构应具有的力学特性。

2)二次衬砌应力量测

Ⅰ～Ⅲ级围岩中为安全储备，并按构造要求设计；Ⅳ、Ⅴ级围岩中为承载结构，需要计算内力和变形。通过二次衬砌内应力量测，可了解支护衬砌内的受力状态。钢筋混凝土衬砌一般采用钢筋应力计量测，把测点成对布设在具有代表性断面的关键部位上，如拱顶、拱腰、拱脚等。成对布设的方法是在同一截面衬砌内外侧主筋沿环向布设，如图 5-16 所示。

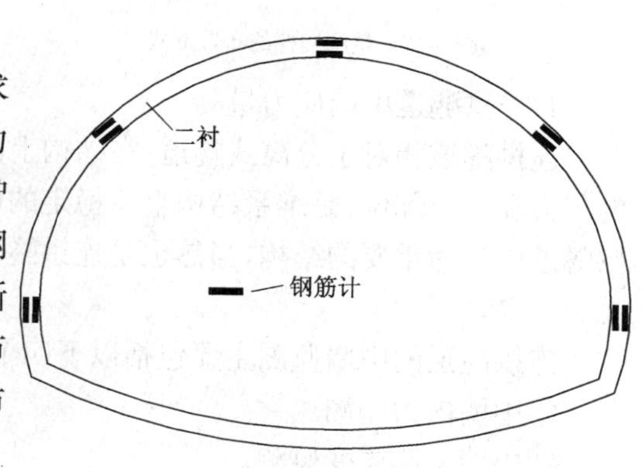

图 5-16　二次衬砌内力测点布置图

钢筋计安装时与二衬主筋环向对焊，应保证

钢筋计轴向刚度与主筋一致，按照混凝土基本原理，通过主筋应变值可以反算衬砌在该部位所受的轴力和弯矩，验算其安全性。对于素混凝土衬砌，主要受压，一般采用内置环向混凝土应变计量测了解其轴向应力的发展情况，进而评价素混凝土衬砌安全度。也可通过在素混凝土衬砌表面安装应变计，量测其表面应变，进而评价素混凝土衬砌安全度。对于素混凝土衬砌，其初始破坏形式一般为拉裂，应重点关注其拉应力（应变）的发展是否超过其混凝土的极限拉应力（应变）。

3）锚杆轴力量测

量测方法主要有电测法和机械法。电测法量测是沿锚杆轴线方向粘贴电阻应变片作为应变传感元件，将它埋设在垂直于隧道壁面的钻孔中，用电阻应变仪测出锚杆在钻孔方向的径向应变，根据锚杆的径向应变来转求锚杆径向收受的应力。机械式量测是在钢管内固定有长度不等的细长变形传递杆，每一传递杆的一端分别固定在锚杆内壁预定的不同位置上，另一端引至孔口与锚杆端头基准板相应的测孔相连，由于量测锚杆内设置的测点不同，机械式量测锚杆有三点式、四点式及六点式量测锚杆。

（1）锚杆轴向力测试在每一监测断面内一般布置 5 个量测位置（孔），每一量测位置的钻孔内设测点 3～6 个（根据量测深度和所选的量测锚杆决定）。一般布置形式为在拱顶中央 1 个，在拱基线上（或拱基线上 1.5m 处）左右各设一个，在两侧墙及底板线上 1.5m 处各设一个。量测锚杆的布置形式见图 5-17。

（2）锚杆轴向力测试频率可参照内空收敛的量测频度，即在埋设后 1～15d 内每天测一次，16～30d 每 2d 测一次，30d 以后每周测一次，90d 后可每月测一次。

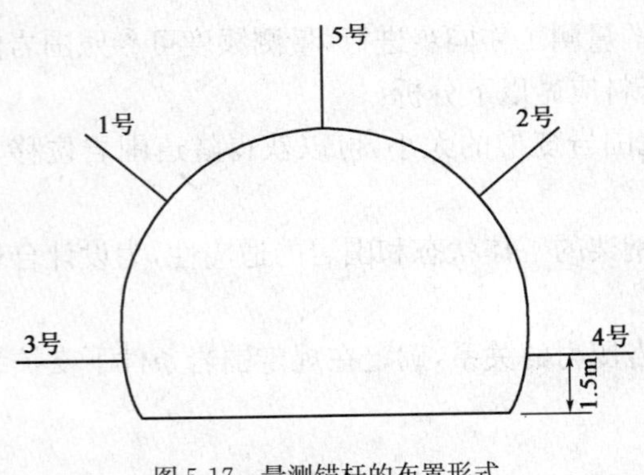

图 5-17　量测锚杆的布置形式

（3）通过对量测结果的分析，推断围岩松动圈的范围，判断围岩变形的发展趋势，确定锚杆长度及数量等参数是否合适。量测结果一般包括以下几个方面：

①根据量测所得的各测点应变值，绘制应变沿锚杆长度的分布状态曲线。

②根据计算得出的锚杆轴力绘制轴向力沿锚杆长度的分布状态曲线。

③根据锚杆轴向力的最大值确定适宜的锚杆长度。

4）连拱隧道中墙应力量测

连拱隧道相对于分离式隧道，在结构上的特殊性主要体现在其中墙上。中墙是连拱隧道的传力和承力部位，是维系结构整体稳定的中枢，也是连拱隧道防排水的重点设置部位，是连拱隧道中最为重要的结构，当然也是连拱隧道受力研究之重点，针对连拱隧道中墙的监测显得尤为重要。

连拱隧道的中墙监测主要包括以下四个方面：

①中墙内力监测。

②中墙量测应变监测。

③中墙顶部土压力监测。

④中墙位移监测。

以上四个方面的中墙监测，主要通过量测中墙内力、中墙顶部土压力以及中墙量测应变情况(图 5-18)，了解中墙在整个施工过程中的偏压情况，进而了解左右洞施工过程中对中墙的影响。

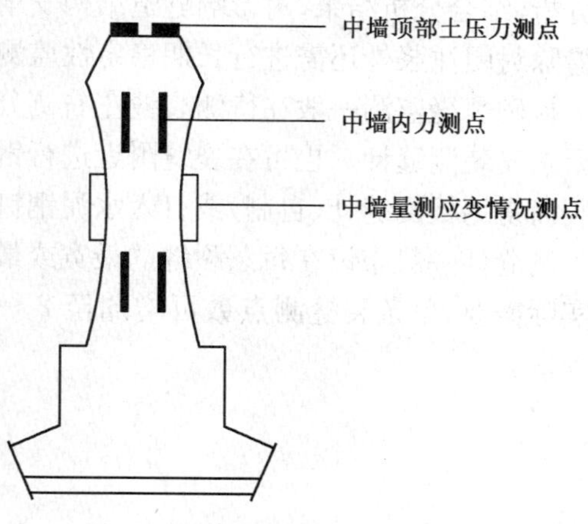

图 5-18 连拱隧道中墙监测点布置示意图

在隧道工程的监控量测工作中，各量测项目的量测结果应相互印证。在连拱隧道中隔墙的现场监测中，若发现存在偏压情况，为进一步证实偏压的存在与严重程度，需进行中隔墙位移、裂缝(如果出现裂缝则需进行此项目监测)等项目的辅助监测。

(1)收敛法量测

如图 5-19 所示(A 点选择在中隔墙合适位置，C 点选在拱顶附近，B 点选择在仰拱上能够固定且不易被破坏的合适位置)，由几何关系可以得到：

$$h=\frac{2}{a}\sqrt{S(S-a)(S-b)(S-c)} \tag{5-2}$$

式中：$S=\frac{1}{2}(a+b+c)$。

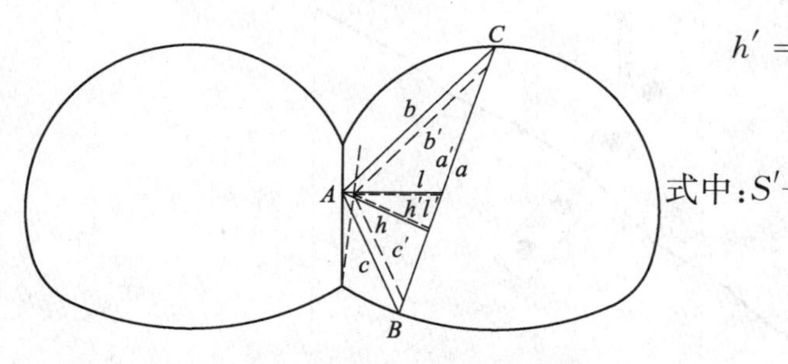

图 5-19 用收敛法量测连拱隧道中隔墙偏移示意图

$$h'=\frac{2}{a'}\sqrt{S'(S'-a')(S'-b')(S'-c')} \tag{5-3}$$

式中：S'——$S'=\frac{1}{2}(a'+b'+c')$。

$$\begin{cases} l=\dfrac{h}{\cos\alpha}=h\cdot\sec\alpha \\ l'=\dfrac{h'}{\cos\alpha}=h'\cdot\sec\alpha \end{cases} \tag{5-4}$$

式中：α——l 与 h 间的夹角，即 CB 线的竖向偏角，若将 CB 线选择为铅垂，则 $l=h$。

从而，按 $\Delta l=l'$，可求得 A 点的偏移量；式中，a、b、c 与 a'、b'、c' 为前后两次量测测线 BC 线、AB 线、AC 线所得的实测值。

(2)全站仪法量测

用全站仪量测中隔墙偏移相对较方便：在洞内适当位置选择站点架设仪器(埋设钢筋头并做以标记)，在靠近洞口或洞外选择后视点确定坐标系，然后在中隔墙上被测位置固定一量测专用反光贴片。每次在该固定坐标系下量测该测点的平面坐标即可算得被测点的位移量。此法量测需全站仪的精度足够高，建议采用 0.5′精度的仪器。

5.2.4 裂缝量测

1)衬砌裂缝量测

隧道裂缝是隧道病害的一种重要表现形式，需对其成因从地质、力学、施工等角度进行综合分析，结合分析结果，对影响隧道结构安全性的进行加固处理，对于稳定不发展的二次衬砌裂缝除封闭注浆外还需进行长期稳定性监测。

衬砌裂缝监测一般在待测裂缝左右侧分别钻成 2 孔，然后在孔内塞入水泥等固结物，按设计要求安装测缝计。也可在裂缝附近进行钢板二维和钢钉一维简易测缝，即在待测裂缝附近安装简易钢板测缝计(自制)或打入水泥钢钉，作为裂缝宽度的测点。

测缝计一般布设在每条裂缝的最宽或最深部位，每条裂缝一个测点。对于部分长裂缝，根据实际需要，单条裂缝测点数可增加至 2～5 个测点。裂缝计应垂直裂缝布设，布设方式见图 5-20。

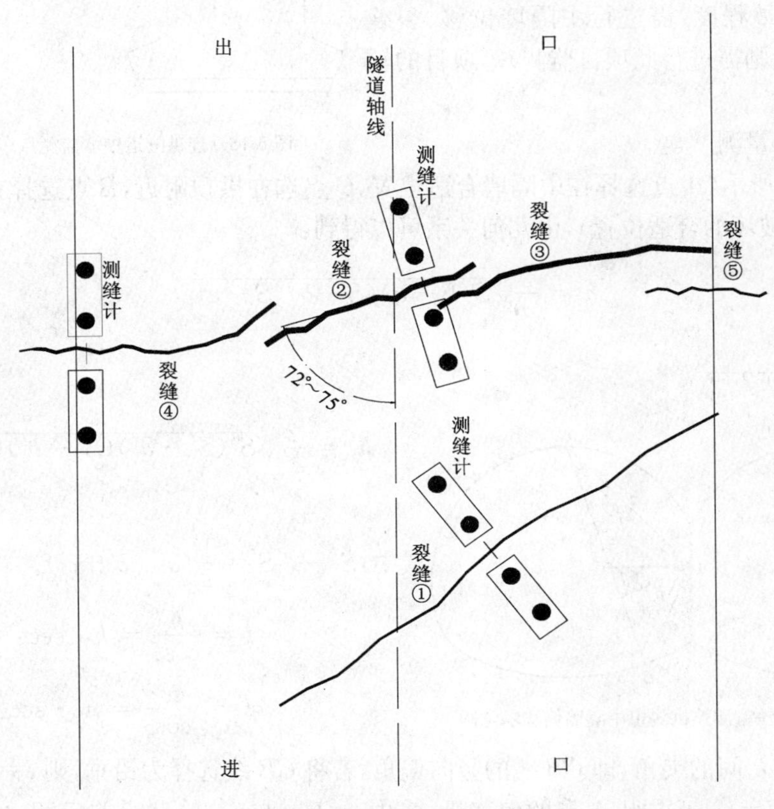

图 5-20　裂缝计的布置图

裂缝监测应重点关注纵向裂缝及斜裂缝，此两种裂缝常为结构性裂缝，其产生与发展的背后伴随着影响隧道稳定性的潜在灾害。

2)边坡裂缝量测

隧道边坡或仰坡表面张性裂缝的出现和发展，往往是边坡岩土体即将失稳破坏的前兆讯号，因此这种裂缝一旦出现，需选择有代表性的位置处埋设观测桩并按一定频率持续观测。

监测的内容包括裂缝的拉开速度和两端扩展情况，如果速度突然增大或裂缝外侧岩土体出现显著的垂直下降位移或转动，预示着边坡即将失稳破坏。表面裂缝监测可通过在裂缝两侧设铆钉的方法，直接量得位移量，裂缝宽度应精确到 0.02mm。表面裂缝的长度和可见深度的测量，应精确到 1cm。量测示意图可参考图 5-21。

采用游标卡尺初测读数后，通过测量两钉间距离的变化来监测裂缝的变化规律。该方法对于已经出现边坡滑动和表面出现裂缝时进行观测较为适合，根据对裂缝的监测数据进行分析，可以初步判断滑坡体所处的变形阶段及滑动趋势。

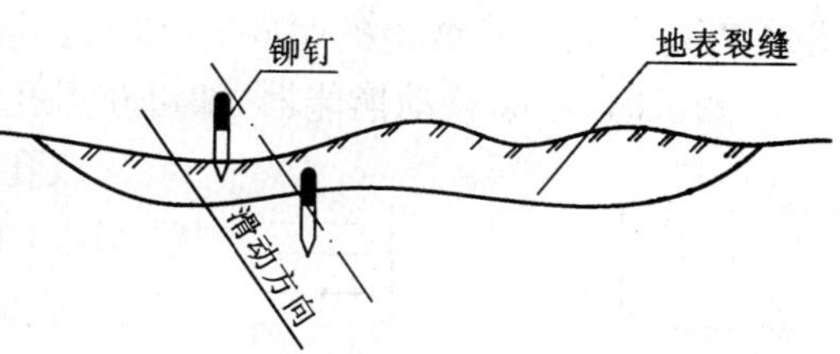

图 5-21 边坡表面裂缝量测示意图

5.2.5 其他量测项目

1)围岩弹性波测试

围岩弹性波测试在隧道工程中被广泛用来测定围岩物理性质，判断围岩稳定状态，提供围岩分级参数等。

隧道工程中可采用弹性波进行测试的项目主要有：

(1)地下工程位置的地质剖面检测(声波测井)，用以划分岩层，了解岩层破碎情况和风化程度等。

(2)岩体力学参数测定，如弹性模量、抗压强度等。

(3)围岩稳定状态的分析，如测定围岩松动圈大小等。

(4)判断围岩的分类等级，如测定岩体波速和完整性系数等。

2)围岩松动圈测试

围岩松动圈是设计地下工程和评定围岩稳定性的重要参数之一。完整岩体波速一般较高，而在应力下降、裂隙扩张的松动区波速相对下降。因而在围岩压密区(应力升高区)和松动区之间会出现明显的波速变化。应当指出，松动区不等于塑性区，它是塑性区中岩体松弛部分。

测试方法有单孔法和双孔法，见图 5-22。

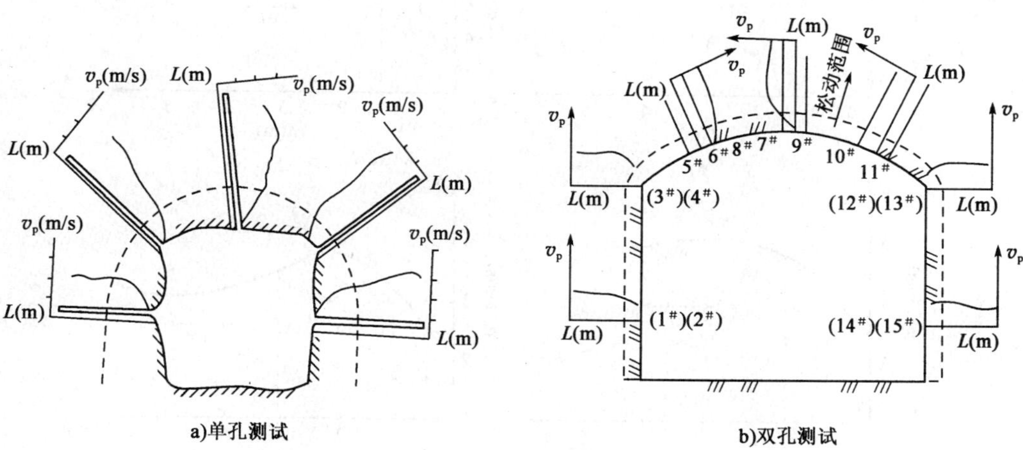

图 5-22 围岩松动圈测试方法

单孔测量是用风钻在岩体中打一小孔，将发射换能器和接收器组装在一起，放入充满液体的测孔中。换能器的组装方式有一发一收、一发二收、二发二收等。通常采用一发二收，如图 5-23所示，该组合由一个发射换能器和两个接收换能器组成，固定三组相对位置，以两个接收换能器为实测距离。观察顺序为发射后，先读取至“收$_2$”的纵、横波走的时间 t_{p2} 和 t_{s2}，再读取至“收$_1$”的纵、横波走的时间 t_{p1} 和 t_{s1}。可得到 $v_p = \mathrm{d}f/(t_{p2}-t_{p1})$、$v_s = \mathrm{d}f/(t_{s2}-t_{s1})$。

测试时，不断移动换能器，即可获得孔深与波速的关系曲线。

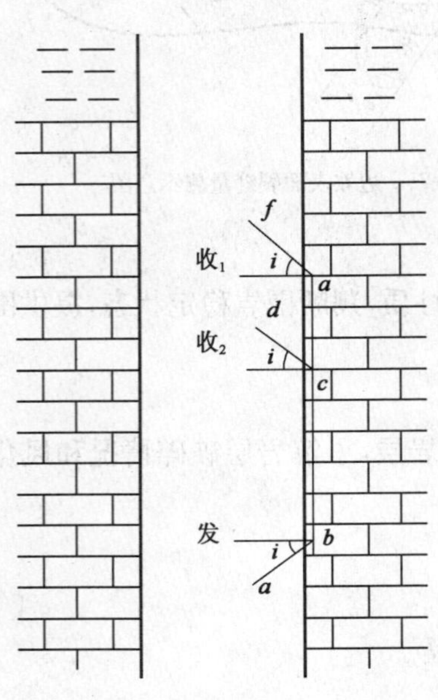

图 5-23　一发二收示意图

双孔测试受局部岩体影响较小，应用较广，一般采用双孔同步，单发单收的方式。在测试断面的测试部位，打一对小孔，孔间距离一般为 1～1.5m，在一孔中放入发射换能器，另一孔中放入接收换能器，平行移动这两个换能器，即可得声波与孔深的曲线关系。

根据实测资料，波速与孔深关系曲线类型大致可归纳为四种类型，如图 5-24 所示。

(1)“—”型，无明显分带，表示围岩较完整。

(2)“/”型，无松弛带，有应力升高，表示围岩较坚硬。

(3)“r”型，无应力升高带，有松弛带，但应分清是爆破松动还是围岩进入塑性松动。

(4)“凸”型，松弛带，应力升高带均有。

实测的 v_p-L 曲线形态有时比上述四种曲线更为复杂，而且也不能单纯根据曲线形态来确定松动区范围。在隧道开挖前后与支护前后作不同时期的声波测试，能更加准确地判断围岩的稳定状态和松动区范围及其发展过程。

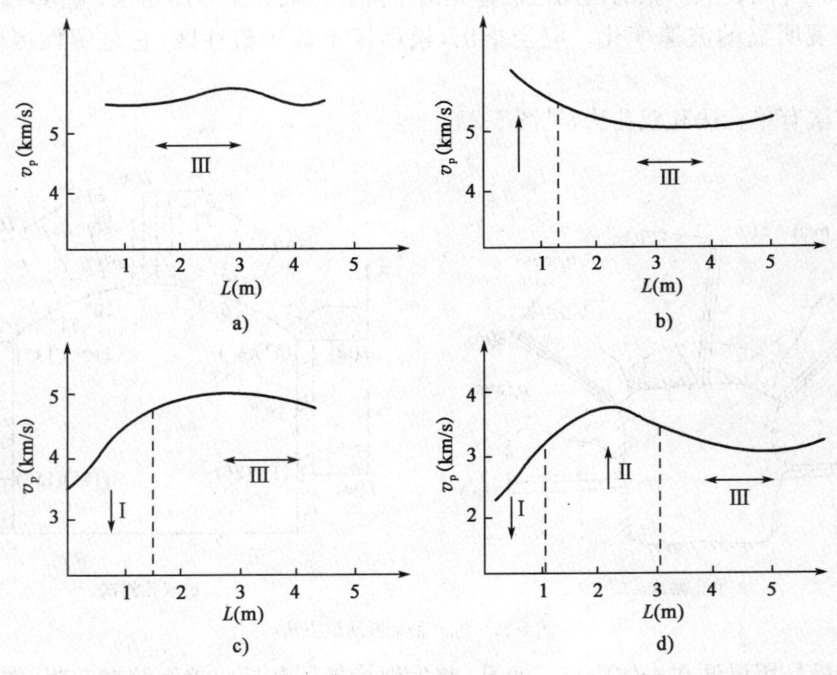

图 5-24　波速与孔深关系曲线类型

3)瓦斯监测

隧道在掘进中穿越煤系地层时，地层富含瓦斯。瓦斯爆炸是在含瓦斯的地层施工中最

大的安全隐患。而对瓦斯的实时监测，控制和防止瓦斯浓度超标，是防止瓦斯爆炸发生的关键。

瓦斯爆炸的三个充分条件：一是要有一定浓度的瓦斯（主要为 CH_4）；二是要有引火源；三是要有足够的氧气。要达到安全生产的目的，就必须通过瓦斯的检测、通风、设备防爆等综合预防措施，杜绝洞内同时具备瓦斯爆炸的三个充分条件。

瓦斯限值与处理：

(1)洞内瓦斯浓度大于 1.5%时，开挖面自动发出警报，须撤出施工人员，停止一切作业，加强通风，同时打开掌子面的高压风。

(2)洞内瓦斯浓度在 1%～1.5%时，进行警戒预防，指挥员、安全员随时监测，禁止放炮，切断掌子面电源，加强通风。

(3)洞内瓦斯浓度在 0.5%～1.0%时，发出一次警报，加强监测、通风。

(4)洞内瓦斯浓度在 0.3%～0.5%时，正常通风。

(5)洞内瓦斯浓度在 0.3%以下时，正常通风和作业。

5.3 隧道施工爆破震动测试

1)震动测试技术方案

隧道爆破开挖由于装药量和爆破方案的不同，其影响范围也不同。在影响范围内如有存在需要保护的既有建(构)筑物或相邻隧道，爆破可能影响其稳定性，需进行监测。爆破振动速度和加速度的监测可采用振动速度和加速度传感器以及相应的数据采集设备。传感器固定在预埋件上，通过爆破振动记录仪自动记录爆破振动速度和加速度，分析振动波形和振动衰减规律。

现场调查包括建(构)筑物的位置、形状、大小、结构形式、距离、抗震强度及其他特殊要求。监测对象为受震动影响的周围建(构)筑物及其他有特殊要求的设施。

监测方案应包括工程概况、监测依据、监测对象、仪器选择、测点布设、控制标准、数据处理方式、反馈途径及措施等内容。测点应布置在震速最大、构造物最薄弱、距离震源最近等部位，新建隧道对已有隧道震动影响测试，浅埋地表(构造物)震动监测可参考图 5-25、图 5-26。监测元器件应与监测对象紧贴牢固。及时分析监测数据，与控制标准进行比较，优化爆破设计。

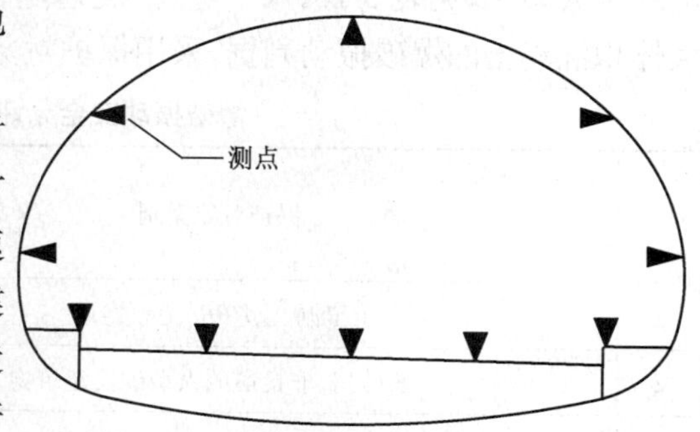

图 5-25 新建隧道对已有隧道震动影响测点布置

2)爆破安全控制标准

爆破振动安全允许距离，可按下式计算。

$$R = \left(\frac{K}{V}\right)^{\frac{1}{\alpha}} Q^{\frac{1}{3}} \tag{5-5}$$

式中：R——爆破振动安全允许距离(m)；

Q——炸药量，齐发爆破为总药量，延时爆破为最大一段药量(kg)；

V——保护对象所在地质点振动安全允许速度(cm/s)；

K、α——与爆破点至计算保护对象间的地形、地质条件有关的系数和衰减指数，可按表5-9选取，或通过现场试验确定。

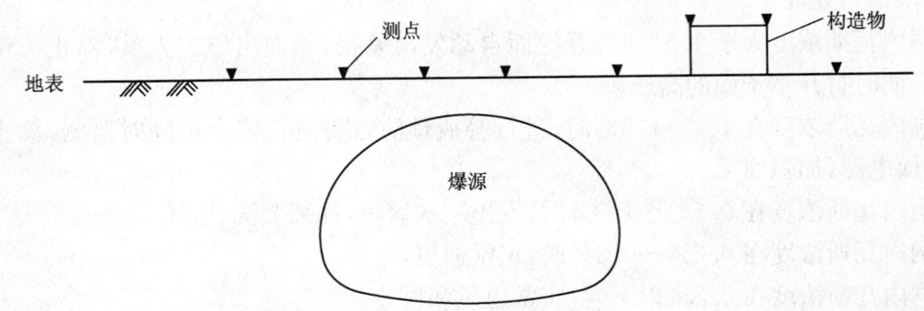

图5-26　地表(构造物)震动监测布置

不同岩性的K、α值　　表5-9

岩　性	K	α
坚硬岩石	50～150	1.3～1.5
中硬岩石	150～250	1.5～1.8
软岩石	250～350	1.8～2.0

《爆破振动安全允许标准》(GB 6722—2003)综合考虑了上述因素，对原有爆破安全标准做了进一步的改进和完善，如：地面建筑物的爆破振动判据，采用保护对象所在地质点峰值速度和主振频率，见表5-10；水工隧道、交通隧道、矿山巷道、电站(厂)中心控制室设备、新浇注大体积混凝土的爆破振动判据，采用保护对象所在地的允许质点峰值振动速度。

爆破振动安全允许标准(GB 6722—2003)　　表5-10

序号	保护对象类别	安全允许振速(cm/s)		
		<10Hz	10～50Hz	50～100Hz
1	土窑洞、土坯房、毛石房屋[a]	0.5～1.0	0.7～1.2	1.1～1.5
2	一般砖房、非抗震的大型砌块建筑物[a]	2.0～2.5	2.3～2.8	2.7～3.0
3	钢筋混凝土结构房屋[a]	3.0～4.0	3.5～4.5	4.2～5.0
4	一般古建筑与古迹[b]	0.1～0.3	0.2～0.4	0.3～0.5
5	水工隧道[c]	7～15		
6	交通隧道[c]	10～20		
7	矿山巷道[c]	15～30		
8	水电站及发电厂中心控制室设备	0.5		

续上表

序号	保护对象类别	安全允许振速(cm/s)		
		<10Hz	10～50Hz	50～100Hz
9	新浇大体积混凝土[d] 龄期:初凝～3d 龄期:3～7d 龄期:7～28d	 2.0～3.0 3.0～7.0 7.0～12		

注:1. 表列频率为主振频率,系指最大振幅所对应波的频率。

2. 频率范围可根据类似工程或现场实测波形选取。选取频率时亦可参考下列数据:硐室爆破<20Hz;深孔爆破 10～60Hz;浅孔爆破 40～100Hz。

a. 选取建筑物安全允许振速时,应综合考虑建筑物的重要性、建筑质量、新旧程度、自振频率、地基条件等因素;

b. 省级以上(含省级)重点保护古建筑与古迹的安全允许振速,应经专家论证选取,并报相应文物管理部门批准;

c. 选取隧道、巷道安全允许振速时,应综合考虑构筑物的重要性、围岩状况、断面大小、深埋大小、爆源方向、地展振动频率等因素;

d. 非挡水新浇大体积混凝土的安全允许振速,可按本表给出的上限值选取。

5.4　量测数据分析处理与动态施工反馈

5.4.1　量测数据的回归分析

由于偶然误差的影响使量测数据具有离散性,根据实测数据绘制的变形随时间而变化的散点图出现上下波动,很不规则,难以据此进行分析,必须应用数学方法对量测所得的净空收敛数据进行回归分析,找出隧道围岩变形随时间变化的规律,以便为修改设计与指导施工提供科学依据。

(1)地表沉降横向分布规律采用 Peck 公式:

$$S(x) = S_{max} e^{-\frac{x^2}{2i^2}} \tag{5-6}$$

$$S_{max} = \frac{V_1}{\sqrt{2\pi} i} \tag{5-7}$$

$$i = \frac{H}{\sqrt{2\pi}\tan\left(45° - \frac{\varphi}{2}\right)} \tag{5-8}$$

式中:$S(x)$——距隧道中线 x 处的沉降值(mm);

S_{max}——隧道中线处最大沉降值;

V_1——地下工程单位长度地层损失(m^3/m);

i——沉降曲线变曲点;

H——隧道埋深。

(2)位移时态曲线回归分析,如拱顶下沉、净空收敛等变形的时态曲线一般采用如下函数进行回归。

①整体回归函数模型：

a. 对数函数，例如：

$$u^{(1)}(t) = a \cdot \lg(1+t) \tag{5-9}$$

$$u^{(1)}(t) = \frac{a+b}{\lg(1+t)} \tag{5-10}$$

b. 指数函数，例如：

$$u^{(1)}(t) = ae^{-\frac{b}{t}} \tag{5-11}$$

$$u^{(1)}(t) = a(1-e^{-bt}) \tag{5-12}$$

c. 双曲函数，例如：

$$u^{(1)}(t) = \frac{t}{a+bt} \tag{5-13}$$

$$u^{(1)}(t) = a\left[1-\frac{1}{(1+bt)^2}\right] \tag{5-14}$$

②分段回归函数模型。

第一阶段$(0,t_1)$量测时间段：

采用回归分析时，测试数据散点分布规律可采用下列函数式之一：

a. 对数函数，例如：

$$u^{(1)}(t) = a \cdot \lg(1+t) \tag{5-15}$$

$$u^{(1)}(t) = \frac{a+b}{\lg(1+t)} \tag{5-16}$$

b. 指数函数，例如：

$$u^{(1)}(t) = a\mathrm{e}^{-\frac{b}{t}} \tag{5-17}$$

$$u^{(1)}(t) = a(1-\mathrm{e}^{-bt}) \tag{5-18}$$

c. 双曲函数，例如：

$$u^{(1)}(t) = \frac{t}{a+bt} \tag{5-19}$$

$$u^{(1)}(t) = a\left[1-\frac{1}{(1+bt)^2}\right] \tag{5-20}$$

第 $i+1$ 阶段即(t_i,t_{i+1})变形时间段。

(3)围岩位移变形拟合函数可采用以下几种：

①指数函数

$$u^{(i+1)}(t) = u^{(i)}(t_i) + a \cdot [1-\mathrm{e}^{-b\cdot(t-t_i)}] \qquad (i=1,2,3\cdots) \tag{5-21}$$

或

$$\begin{cases} u^{(i+1)}(t) = u^{(i)}(t_i) + a \cdot \mathrm{e}^{-b/(t-t_i)} & t > t_i \\ u^{(i+1)}(t) = u^{(i)}(t_i) & t = t_i \end{cases} \tag{5-22}$$

②对数函数

$$u^{(i+1)}(t) = u^{(i)}(t_i) + a \cdot \ln(t-t_i+1) \tag{5-23}$$

式中：a、b——回归常数；

t——量测时间(d)；

u——位移累计值(mm)。

式(5-26)~式(5-28)中,$u^{(i)}(t_i)$为第 i 阶段的拟合函数 t_i 时刻的位移值,当 $t=t_i$ 时,此时对应的位移值为第 i 阶段拟合曲线的末值,同时也为 $i+1$ 阶段的初值。

分段拟合函数 $u(t)$确定后,由于它们都属于非线性拟合函数,这将导致求非线性方程组:$\frac{\partial u}{\partial a}=0$、$\frac{\partial u}{\partial b}=0$,通常用迭代法来求解问题,既避免了求解非线性方程组,又能对任意非线性最小二乘问题进行求解。

5.4.2　监控量测控制标准

(1)初期支护时围岩变位速度大致经过三个阶段:急剧变形阶段、缓慢变形阶段和基本稳定阶段,见图 5-27。

①急剧变形阶段。隧道开挖后围岩变形的初始速率最大,以后逐渐降低,du/dt 呈下降趋势,变形与时间曲线呈下弯型。本阶段的变形量约为最终变形量的 60%~70%,本阶段所持续的时间成为急剧变形期。

②缓慢变形阶段。随着变形速率的递减,围岩的变形越来越小,当 du/dt 接近 0.1mm/d 时,围岩基本上处于稳定状态,这一阶段所持续的时间成为缓慢变形期。

③基本稳定阶段。由于隧道围岩的日趋稳定,变形不再增加而变形速率接近零,du/dt≈0,此时隧道围岩基本稳定,这一阶段所经历的时间成为基本稳定期。

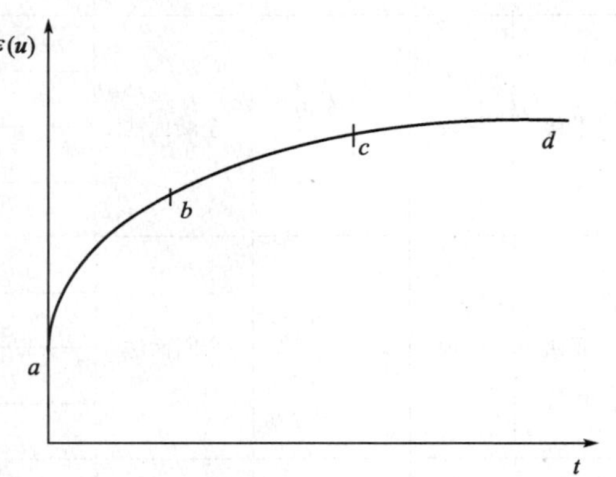

图 5-27　围岩变形三阶段

(2)《公路隧道设计规范》(JTG D70—2004)规定,复合式衬砌初期支护的允许洞周相对收敛值应根据围岩地质条件分析确定,缺乏资料时可按表(5-11)选用。

允许洞周水平相对收敛值(%)　　表 5-11

围岩级别 \ 埋深(m)	<50	50~300	>300
Ⅲ	0.10~0.30	0.20~0.50	0.40~1.20
Ⅳ	0.15~0.50	0.40~1.20	0.80~2.00
Ⅴ	0.20~0.80	0.60~1.60	1.00~3.00

注:1. 水平相对收敛值系指收敛位移累计值与两测点间距离之比。
2. 硬质围岩隧道取表中较小值,软质围岩隧道取表中较大值。
3. 拱顶下沉允许值一般可按本表数值的 0.5~1.0 倍采用。
4. 本表所列数值在施工过程中可通过实测和资料积累作适当修正。

规范同时规定,复合式衬砌设计中,在确定开挖断面时,除应满足隧道净空和结构尺寸外,还应考虑围岩及初期支护的变形,并预留适当的变形量。为了保证衬砌厚度,围岩变形应小于设计时预留变形量,当无预测值时可参照表 5-10,并应根据现场监控量测结果进行调整。

(3)二次衬砌(内层衬砌)的施作时间。按新奥法施工原则,当围岩或围岩加初期支护后基本达成稳定后,就可以施作二次衬砌。应当特别指出的是,在流变性和膨胀性强烈的地层中,单靠初期支护不能使围岩位移收敛时,就宜于在位移收敛以前,施作模筑混凝土二次衬砌,做到有效地约束围岩位移。

(4)通过对 100 多座隧道的拱顶下沉及周边收敛的统计数据,基于现场实测值按正态分布概率统计原理进行统计分析的结果。

①得出二车道高速公路隧道Ⅱ、Ⅲ、Ⅳ、Ⅴ级围岩变形最终量测值(即均值 μ)及其拟合参数可供参考,见表 5-12。

公路隧道Ⅱ～Ⅴ级围岩变形统计值 表 5-12

围岩级别	埋深	隧道跨度(m)	开挖方式	监测项目	分布区间 $(\sigma-\mu)\sim(\sigma+\mu)$	均值 μ (mm)
Ⅱ级	深埋	二车道 9.5～10.5	全断面法	拱顶下沉 ΔG	0.94～2.16	1.55
				收敛位移 ΔAB	0.84～2.24	1.54
				收敛位移 ΔBC	1.04～2.46	1.75
				收敛位移 ΔAC	0.85～2.43	1.64
Ⅲ级	深埋	二车道 9.5～10.5	全断面法	拱顶下沉 ΔG	1.31～3.49	2.40
				收敛位移 ΔAB	1.19～3.67	2.43
				收敛位移 ΔBC	1.24～3.48	2.36
				收敛位移 ΔAC	1.42～4.32	2.87
Ⅳ级	深埋	二车道 9.5～10.5	上下台阶法	上台阶拱顶下沉 ΔG	2.3～4.98	3.64
				下台阶拱顶下沉 ΔG	0.76～2.7	1.73
				上台阶收敛位移 ΔAB	2.47～4.71	3.59
				上台阶收敛位移 ΔBC	3.32～5.76	4.54
				上台阶收敛位移 ΔAC	2.05～4.07	3.06
				下台阶收敛位移 ΔAB	1.02～3.5	2.26
				下台阶收敛位移 ΔBC	1.89～4.41	3.15
				下台阶收敛位移 ΔAC	1.9～4.03	2.97
Ⅴ级	浅埋	二车道 9.5～10.5	上下台阶法	上台阶拱顶下沉 ΔG	3.46～6.04	4.75
				下台阶拱顶下沉 ΔG	1.05～3.01	2.03
				上台阶收敛位移 ΔAB	3.07～5.47	4.27
				上台阶收敛位移 ΔBC	4.19～6.75	5.47
				上台阶收敛位移 ΔAC	4.09～6.01	5.05
				下台阶收敛位移 ΔAB	1.97～5.13	3.55
				下台阶收敛位移 ΔBC	1.9～4.78	3.34
				下台阶收敛位移 ΔAC	2.53～5.95	4.24

注:表中 BC 为水平测线,AB、AC 为斜测线。

②公路隧道Ⅱ、Ⅲ、Ⅳ、Ⅴ级围岩变形稳定时间值，见表 5-13。

公路隧道Ⅱ～Ⅴ级围岩变形稳定时间统计值 表 5-13

围岩级别	埋深	隧道跨度(m)	开挖方式	稳定时间	分布区间 $(\sigma-\mu)\sim(\sigma+\mu)$	均值 μ (d)
Ⅱ级	深埋	二车道 9.5～10.5	全断面法	拱顶下沉	17.28～42.40	29.84
				收敛位移	17.18～47.70	32.44
Ⅲ级	深埋	二车道 9.5～10.5	全断面法	拱顶下沉	17.40～51.12	34.26
				收敛位移	22.47～52.51	37.49
Ⅳ级	深埋	二车道 9.5～10.5	上下台阶法	上台阶拱顶下沉	23.48～68.12	45.80
				下台阶拱顶下沉	12.73～29.27	21.00
				上台阶收敛位移	26.01～59.79	42.90
				下台阶收敛位移	13.42～36.92	25.17
Ⅴ级	浅埋	二车道 9.5～10.5	上下台阶法	上台阶拱顶下沉	26.52～65.58	46.05
				下台阶拱顶下沉	21.61～41.23	31.42
				上台阶收敛位移	26.85～66.47	46.66
				上台阶收敛位移	19.98～48.86	34.42

③得出公路隧道Ⅱ、Ⅲ、Ⅳ、Ⅴ级围岩变形稳定距离值，见表 5-14。

公路隧道Ⅱ～Ⅴ级围岩变形稳定距离统计值 表 5-14

围岩级别	埋深	隧道跨度(m)	开挖方式	监测项目	分布区间 $(\sigma-\mu)\sim(\sigma+\mu)$	均值 μ(m)
Ⅱ级	深埋	二车道 9.5～10.5	全断面法	稳定距离	26.27～72.49	49.38
Ⅲ级	深埋	二车道 9.5～10.5	全断面法	稳定距离	35.23～93.27	64.25
Ⅳ级	深埋	二车道 9.5～10.5	上下台阶法	上台阶稳定距离	45.12～110.68	77.90
				下台阶稳定距离	23.05～61.19	42.12
Ⅴ级	浅埋	二车道 9.5～10.5	上下台阶法	上台阶稳定距离	44.41～129.81	87.11
				下台阶稳定距离	27.7～80.36	54.03

④表 5-12 至表 5-14 中，分布区间的上限可作为预警的参考值。

⑤根据同济大学在福州机场二期双向八车道小净距隧道和连拱隧道的实测数据。随着隧道开挖跨度和断面越大，其施工工序越发复杂，多步序施工导致部分后埋式监测数据的连续性不佳，实测变形量偏小。对于大跨度隧道，预警值的取值更加困难，需注重趋势判断，并更加注重预埋式数据的采集。表 5-15 为八车道小净距隧道和连拱隧道的实测数据，可供参考。

八车道小净距隧道及连拱隧道实测拱顶下沉及收敛位移(据福州机场二期高速项目) 表 5-15

隧道类别	围岩级别	监测项目	最大实测值(mm)
小净距隧道	Ⅱ	拱顶下沉 ΔG	7.80
		收敛位移 ΔAB	1.62
		收敛位移 ΔAC	0.60
		收敛位移 ΔBC	1.42

续上表

隧道类别	围岩级别	监测项目	最大实测值(mm)
小净距隧道	Ⅲ	拱顶下沉 ΔG	10.50
		收敛位移 ΔAB	0.95
		收敛位移 ΔAC	0.78
		收敛位移 ΔBC	0.38
	Ⅳ	拱顶下沉 ΔG	12.50
		收敛位移 ΔAB	3.10
		收敛位移 ΔAC	1.09
		收敛位移 ΔBC	1.43
	Ⅴ	拱顶下沉 ΔG	22.30
		收敛位移 ΔAB	0.60
		收敛位移 ΔAC	0.81
		收敛位移 ΔBC	0.77
连拱隧道	Ⅲ	拱顶下沉 ΔG	6.80
		收敛位移 ΔAB	0.92
		收敛位移 ΔAC	0.13
		收敛位移 ΔBC	0.18
	Ⅳ	拱顶下沉 ΔG	9.62
		收敛位移 ΔAB	0.59
		收敛位移 ΔAC	1.40
		收敛位移 ΔBC	2.14
	Ⅴ	拱顶下沉 ΔG	16.50
		收敛位移 ΔAB	4.40
		收敛位移 ΔAC	6.44
		收敛位移 ΔBC	6.35

(5)隧道边仰坡沉降过程及其处理措施

根据同济大学的相关监测经验，边仰坡测点的沉降过程基本上可以分为以下五个阶段(图 5-28)：

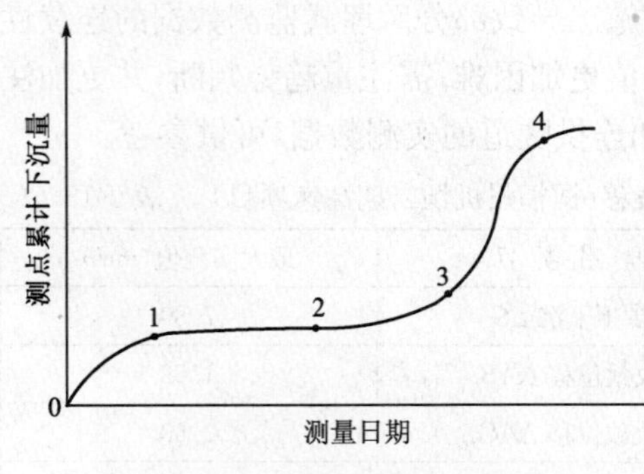

图 5-28　边坡沉降各阶段示意图

①初期沉降阶段。

对应于 0-1 段。由于隧道洞口边坡围岩一般风化比较严重，围岩松散，刚开挖时边坡各测点将产生较大的沉降。随着时间的增长，各测点沉降速率逐渐减小，洞口围岩达到内部自平衡。如果此阶段沉降较大，且没有收敛的趋势，则隧道洞口一般会发生塌方事故，此时应该及时加强洞口段的支护结构，确保隧道洞口段安全。

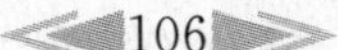

本阶段如产生破坏，通常发生于隧道刚进洞后不久。此类破坏的发生，大致可归纳为三种原因：a. 边坡洞口为顺层开挖，由于隧道岩体的去除，使得结构面上的抗剪强度大幅度减小，岩层发生整体滑移破坏；b. 洞口岩体为块状结构，隧道的开挖将关键块去除，岩体发生崩塌破坏；c. 在洞口严重松散段，隧道的开挖使得松散岩体发生塌陷破坏。

此阶段发生破坏时，表征现象少，一般是由于对地质条件勘探不周或是设计不到位造成。此时，要对原有的处理措施进行大幅度调整，甚至对边坡重新进行防护设计。常用的处理措施有：a. 使用预应力锚索，增加滑动面的垂直压力从而提高摩阻力和水平抗力，变被动受力为主动抗滑；b. 使用钢筋混凝土支挡结构；c. 对边坡岩体进行灌浆处理，提高岩体强度；d. 进行超前支护处理，根据边坡滑移范围进行必要的管棚支护。

②平稳发展阶段。

对应于 1-2 段。随着隧道的进一步掘进，施工对于洞口边坡的扰动将越来越小，洞口边坡保持平衡状态。此时边坡会发生一些蠕变位移，但位移量一般较小。因此，该阶段的沉降曲线比较平缓。

此阶段破坏的发生一般是由于岩体蠕变和隧道施工对岩体的扰动影响。此类破坏发生时，围岩经过初始沉降，滑动面才开始缓慢形成，因此，该阶段破坏一般规模小，处理容易。常用的处理措施有：a. 对已产生的裂缝进行必要的处理；b. 使用土锚钉或普通砂浆锚杆加固；c. 减少一次爆破强度，减少对隧道岩体的扰动。

③过渡阶段。

对应于 2-3 段。在平稳发展阶段中，由于施工的二次扰动、降雨等一系列因素的影响，隧道边坡测点的位移将开始缓慢增大，进入过渡阶段。例如，对于台阶法开挖的隧道，洞口段下台阶的开挖将对边坡产生较大的扰动，围岩应力进行重分布，有些部位围岩将受到应力集中的作用，直至产生破坏，此时边坡测点沉降开始缓慢增长。

过渡阶段的持续时间与围岩自身的性质有很大的关系。在塑性较大的围岩段，此阶段持续时间较长，而在脆性围岩段，则有可能在极短的时间内出现围岩失稳现象。

在平稳发展阶段的基础上，随着岩体位移的进一步加大，围岩内部裂缝缓慢扩展，滑动面的抗滑力进一步减小，达到一定程度时发生破坏。此类破坏发生时时间较短，监控量测上预警困难，容易对现场施工人员的生命财产构成一定的威胁。常用的处理措施有：a. 根据特定的原因进行相应的消坡或反压回填；b. 进行必要的锚杆或锚索加固；c. 及时进行必要的抗滑桩或支撑体系。

④加速沉降阶段。

对应于 3-4 段。此时边坡围岩内部平衡已经发生破坏，边坡测点加速下沉。边仰坡将开始出现较大裂缝，滑动面已经逐渐形成。监测时应该及时抓住此变化现象，及时报警，采取必要措施以防止衬砌和围岩失稳。

此阶段破坏发生时，由于经过了过渡阶段，一般可以通过监控量测数据及时反映出来，此阶段破坏的发生征兆比较明显，其特点是：时间长、规模大。此阶段破坏发生时，洞口岩体基本上已经整体发生滑动破坏，因此，其处理规模大，投入高。当此类破坏发生时，应立即停工，进行必要的支撑后对原有的边坡防护体系进行彻底的清查以至重新设计。

⑤破坏阶段。

对应于 4 以后段。此时边坡裂缝已经明显快速发展，边坡滑动面已经完全贯通，滑动面上的抗阻力已经小于下滑力，边坡发生滑动破坏。

此类阶段的破坏很少发生。若此类阶段破坏发生，则整个洞口段岩体已全部破坏，重新进行防护时费用极高，有时甚至为原有防护费用的数倍。一般常用的处理措施是对洞口段围岩进行全面的灌浆加固，提高整个洞口段岩体的力学强度，然后重新进行边坡支护设计。

总体来讲，上述五个阶段很少同时出现。大部分情况只发生初期沉降阶段和平稳发展阶段，边坡安全；有时候直接由初期沉降阶段发展到破坏阶段，常见于隧道进洞时边坡发生滑动破坏；一般情况下，当沉降曲线发展到加速沉降阶段时，须立即进行补救性抢险措施，使曲线重新回归到平稳发展阶段上来。在实际工程中，还存在遇到各种组合综合作用的可能。

(6)型钢钢支撑内力稳定性分析，可根据量测出来的应变结果计算所在拱架各测点的弯矩，并在隧道横断面上按一定的比例把轴力、弯矩值点画在各测点位置，并将各点连接形成隧道钢拱架轴力及弯矩分布图(图 5-29)。具体计算方法如下：

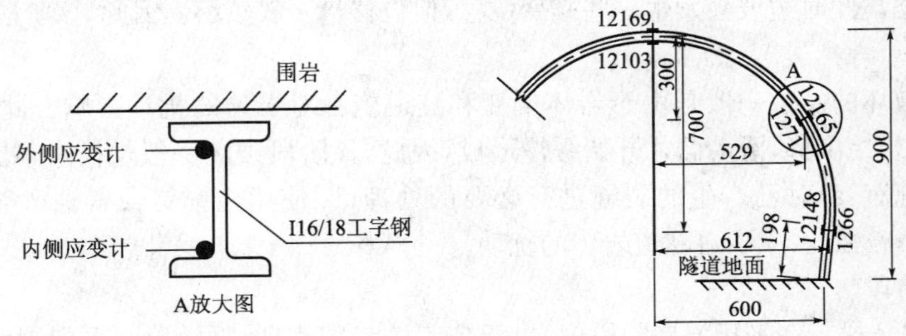

图 5-29　型钢支撑应变计布置示意图(尺寸单位：cm)

根据量测结果，外侧应变计的应变值为 ε_1，内侧应变计的应变值为 ε_2。

将钢拱架应变进行拆分，分为纯轴(轴力)应变+纯弯(弯矩)应变。其中纯轴向应变的特点为整个截面应变相同，应变由轴力引起，不产生弯矩，为$(\varepsilon_1+\varepsilon_2)/2$；纯弯应变完全由于弯矩作用引起，关于中轴线对称分布，且大小相反，为$\pm(\varepsilon_1-\varepsilon_2)/2$，见图 5-30。

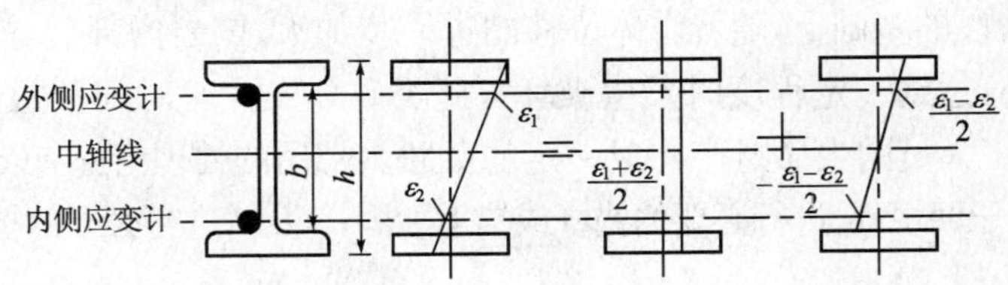

图 5-30　钢支撑内力转化示意图

记工字钢的面积为 A_0，惯性矩为 I_0。记应变受拉为正，受压为负。则：钢拱架轴力为：

$$N=\frac{\varepsilon_1+\varepsilon_2}{2}E_0A_0 \tag{5-24}$$

式中：E_0——钢拱架弹性模量。

由材料力学知识，可得钢拱架弯矩为：

$$M=\frac{\varepsilon E_0 I_0}{y}=\pm\frac{\frac{\varepsilon_1-\varepsilon_2}{2}E_0I_0}{\frac{b}{2}}=\pm\frac{(\varepsilon_1-\varepsilon_2)E_0I_0}{b} \tag{5-25}$$

考虑到钢支撑与喷射混凝土的结合作用，钢支撑的平面外失稳在隧道中可能性几乎没有，平面内失稳验算可参照钢结构的相关规范执行。

对于格栅支撑，量测得到四根主筋的应力值后，结合钢结构原理进行稳定性分析。

(7)根据锚杆轴力分布的峰值位置或峰值的大小，一般可按表 5-16 进行判断及做出相应对策。

锚杆轴力分布模式 表 5-16

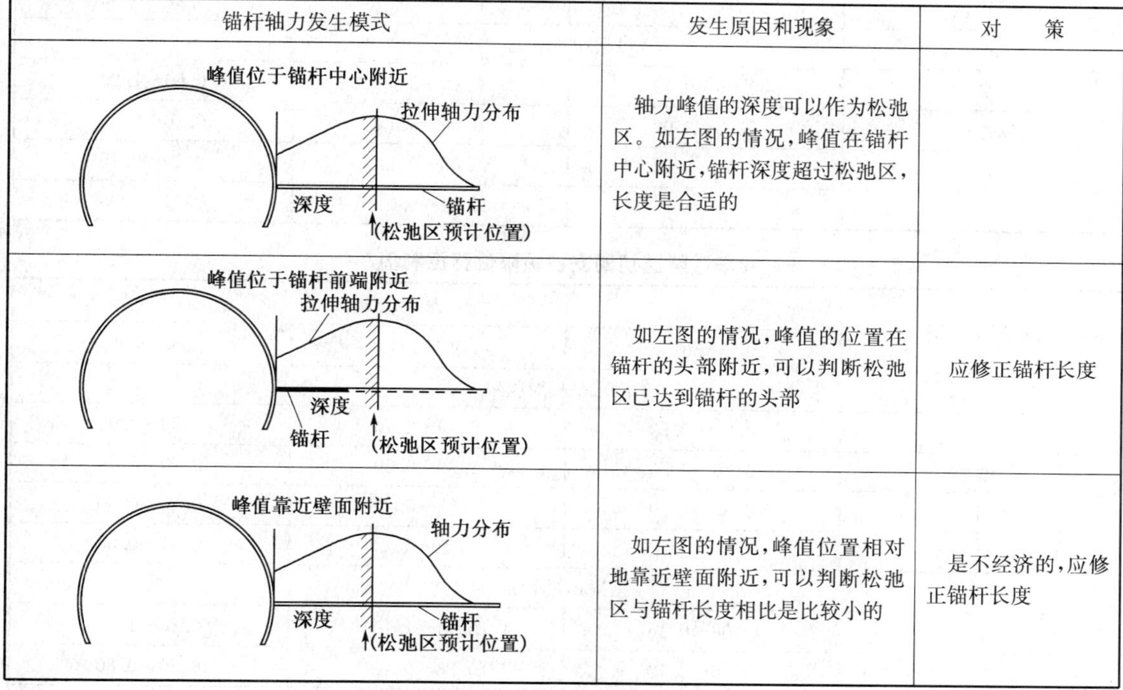

锚杆轴力发生模式	发生原因和现象	对　策
峰值位于锚杆中心附近 拉伸轴力分布 深度 锚杆 (松弛区预计位置)	轴力峰值的深度可以作为松弛区。如左图的情况，峰值在锚杆中心附近，锚杆深度超过松弛区，长度是合适的	
峰值位于锚杆前端附近 拉伸轴力分布 深度 锚杆 (松弛区预计位置)	如左图的情况，峰值的位置在锚杆的头部附近，可以判断松弛区已达到锚杆的头部	应修正锚杆长度
峰值靠近壁面附近 轴力分布 深度 锚杆 (松弛区预计位置)	如左图的情况，峰值位置相对地靠近壁面附近，可以判断松弛区与锚杆长度相比是比较小的	是不经济的，应修正锚杆长度

(8)《铁路隧道监控量测技术规程》(TB 10121—2007)根据位移控制基准，提出了三个等级管理，并给出了应对措施，可供参考，详见表 5-17。

位 移 管 理 等 级 表 5-17

管 理 等 级	距离开挖面 1B	距离开挖面 2B	应 对 措 施
Ⅲ	$U<U_{1B}/3$	$U<U_{2B}/3$	正常施工
Ⅱ	$U_{1B}/3\leqslant U\leqslant 2U_{1B}/3$	$U_{2B}/3\leqslant U\leqslant 2U_{2B}/3$	通报监理和施工单位，并加强监测
Ⅰ	$U>2U_{1B}/3$	$U>2U_{2B}/3$	上报指挥部和工作站，通报监理和施工单位，立即停止开挖，会商决策

表中，$U_{1B}=65\%U_0$，$U_{1B}=90\%U_0$，U_0 为极限相对位移值，具体取值见表 5-18 及表 5-19。

单车道隧道初期支护极限位移控制值 表 5-18

围 岩 级 别	埋　深　(m)		
	≤50	50～300	300～500
拱脚水平相对收敛			
Ⅴ	0.30～1.00	0.80～3.50	3.00～5.00

续上表

围岩级别	埋深（m）		
	≤50	50～300	300～500
拱脚水平相对收敛			
Ⅳ	0.20～0.70	0.50～2.60	2.40～3.50
Ⅲ	0.10～0.50	0.40～0.70	0.60～1.50
Ⅱ			0.20～0.60
拱顶相对下沉			
Ⅴ	0.06～0.12	0.10～0.60	0.50～1.20
Ⅳ	0.03～0.07	0.06～0.15	0.10～0.60
Ⅲ	0.01～0.04	0.03～0.11	0.10～0.25
Ⅱ		0.01～0.05	0.04～0.08

双车道隧道初期支护极限位移控制值 表 5-19

围岩级别	埋深（m）		
	≤50	50～300	300～500
拱脚水平相对收敛			
Ⅴ	0.20～0.50	0.40～2.00	1.80～3.00
Ⅳ	0.10～0.30	0.20～0.80	0.70～1.20
Ⅲ	0.03～0.10	0.08～0.40	0.30～0.60
Ⅱ		0.010～0.03	0.01～0.08
拱顶相对下沉			
Ⅴ	0.08～0.16	0.14～1.10	0.80～1.40
Ⅳ	0.06～0.10	0.08～0.40	0.30～0.80
Ⅲ	0.03～0.06	0.04～0.15	0.12～0.30
Ⅱ		0.03～0.06	0.05～0.12

注：1. 硬岩取较小值，软岩取较大值。

2. 水平相对收敛指二测点间实测水平收敛值与其距离之比；拱顶相对下沉值指拱顶下沉值减去隧道下沉值后与原拱顶至隧底高度之比。

3. 初期支护拱腰水平相对收敛值可按拱脚水平相对收敛值乘以 1.1～1.2 的系数后采用。

4. 此外，也可根据位移速度进行大致的判定。例如，当净空位移速度持续大于 1.0mm/d 时，可以认为围岩处于急剧变形状态，应加强初期支护系统；净空位移速度小于 0.2mm/d 时，可认为围岩达到基本稳定。

根据隧道围岩变形特性，建议参考五级报警体系设置，详见表 5-20。

五级报警体系 表 5-20

报警等级	报警指标	现象特征	相应措施
Ⅰ	所有测线或测点位移小于 50% 预警值 变化速率小于 1mm/d	掌子面稳定，喷层不开裂	正常施工
Ⅱ	任一测线或测点位移达到 80% 预警值 变化速率达到 3mm/d	喷层局部开裂，出现渗水现象，围岩变形趋势稳定	监测单位引起注意，增加监测频率，密切关注发展情况，通报施工单位

续上表

报警等级	报警指标	现象特征	相应措施
Ⅲ	任一测线或测点达到预警值 变化速率连续三天超过 3mm/d	掌子面失稳，局部小塌方，大量渗水，围岩和支护位移和受力较大、地表出现裂缝	布设临时测点，通报有关各方，查找原因，研究临时应对方案
Ⅳ	一个以上测线或测点达到预警值 150% 变化速率连续三天超过 5mm/d	掌子面出现塌方，喷层大面积掉块，初期支护明显较大变形	通报指挥部，采取特殊施工措施，增设临时支护
Ⅴ	三个以上测线或测点超过预警值 2 倍 变化速率连续三天超过 8mm/d	初期支护大面积破坏，出现大量地下水，发生突泥灾害，隧道边仰坡滑坡等严重灾害	立即抢险，加强临时支护，同时停止隧洞开挖施工，研究应急方案和对策

注：1. 软岩变化速率比较大，可以适当降低报警等级。
2. 隧道经过断层破碎带、溶洞段、富水段，需要适当提高报警等级，加强监测力度。
3. 当出现下列情况时，也应当采取Ⅴ级报警等级，如：毛洞局部块石坍塌或层状劈裂；喷射混凝土大量开裂、剥落和掉块；钢拱架扭曲变形；出现喀斯特溶洞；隧道内瓦斯超标等。

5.4.3　信息化动态施工的实现过程

隧道监控量测与信息反馈是新奥法施工的一个重要环节，通过对实测数据的现场分析、处理，及时向施工方、监理方、设计方和业主提供分析资料，直接服务于隧道施工。在实施过程中监测、施工、监理、设计、业主等单位必须紧密配合，共同研究、分析各项量测信息或修正设计参数与施工方法。监控量测在实现动态设计中的作用和地位可参考图 5-31。

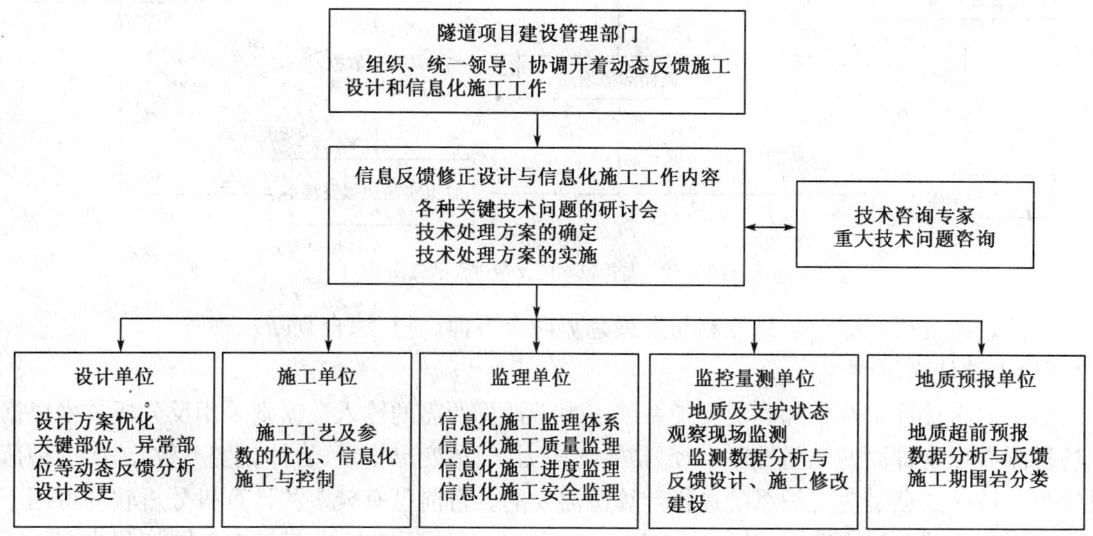

图 5-31　动态设计施工流程图

在复杂多变的隧道施工条件如何进行准确的信息反馈与可靠的预测预报是监控量测试验的主要内容之一。迄今为止，信息反馈与预测预报通过两个途径来实现，即力学计算法和工程经验法。具体的监控量测及其反馈过程见图 5-32。

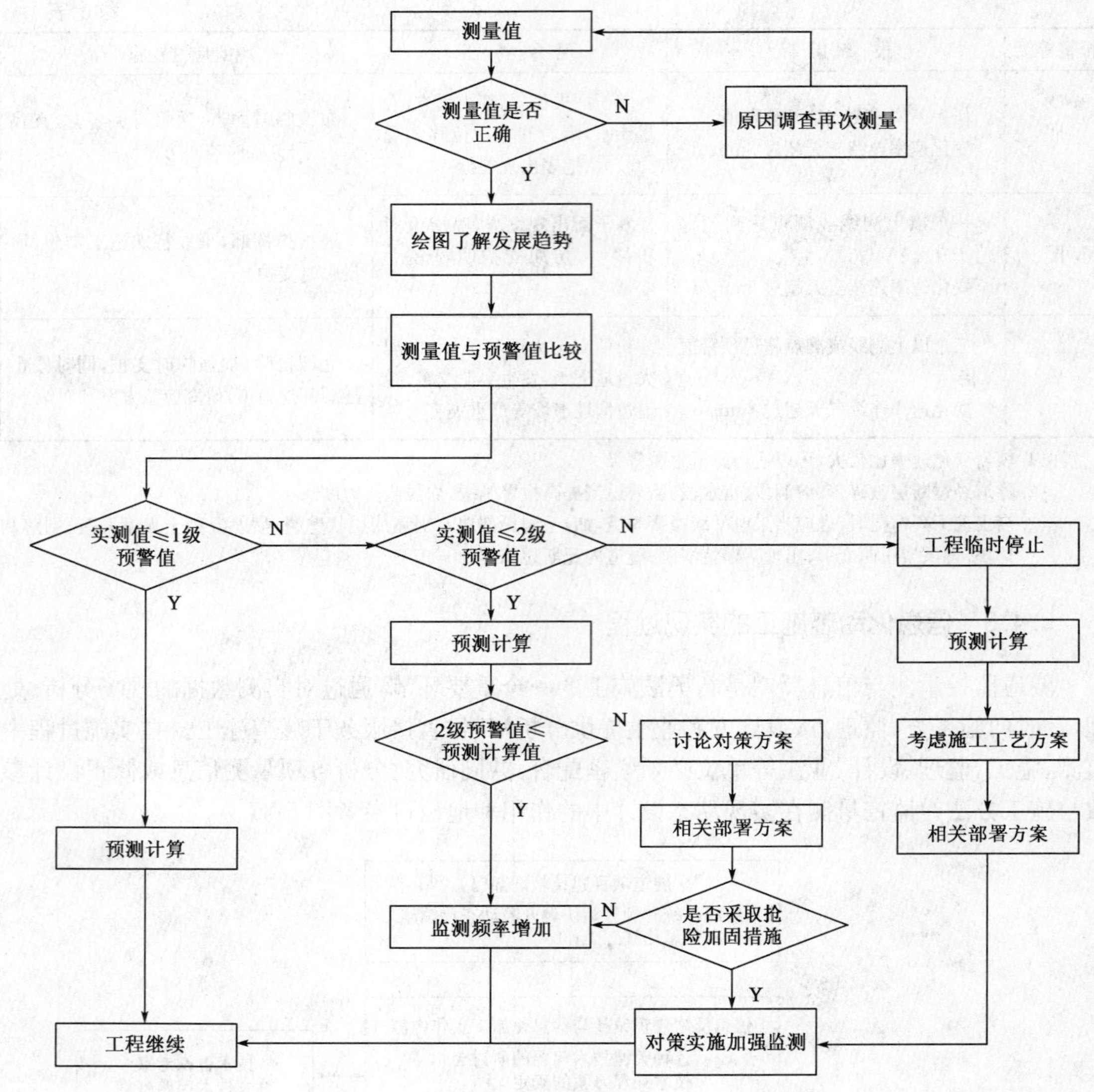

图 5-32 监控量测的反馈过程示意图

监控量测分析宜综合总量控制与发展趋势两个方面，进行综合判断。

(1)力学计算法

通过力学计算来调整和确定支护系统。力学计算所需的输入数据则采用反分析技术根据现场量测数据推算而的如塑性区半径、初始地应力、岩体变形模量、岩体流变参数、二次支护荷载分布。这些数据是对支护系统进行计算所需要的。目前已有较多的计算机分析软件可用于进行地下结构的分析计算，如 ANSYS、MARC、FLAC 等，国内较为著名的有同济曙光 GeoF-BA 平面有限元软件。

(2)工程经验法

建立在现场量测的基础之上的，其核心是根据经验建立一些判断标准来直接根据量测结果或回归分析数据来判断围岩的稳定性和支护系统的工作状态。在施工监测过程中，数据“异

常”现象的出现可以作为调整支护参数和采取相应的施工技术措施的依据。同时可通过建立位移(应力)一时间曲线来判断发展趋势:

①$d^2u/dt^2<0$,变形速率下降,位移趋于稳定。

②$d^2u/dt^2=0$,变形速率不变,发出警告,及时加强支护系统。

③$d^2u/dt^2>0$,变形速率增大,需结合总量预警判断是否进入危险状态,如变形总量已接近预警值,则须立即停工,采取措施进行加固。

5.5 特殊隧道监控量测

5.5.1 风积沙隧道

1)监控量测项目及重点

监控量测的项目主要根据工程的重要性及难易程度、监测目的、工程地质和水文地质、结构形式、施工方法、经济情况、工程周边环境等因素而定。依据风积沙隧道结构松散、拱顶下沉量大、洞周收敛变形速率快等特点,应将以下项目作为重点监测项目:

(1)目测初期支护开裂变形情况。

(2)初期支护拱顶下沉量测。

(3)洞周水平净空收敛量测。

(4)洞顶地表下沉量测。

(5)洞内洞外观察。

洞内观察与地质素描重点描述和记录风积沙围岩的松散程度、潮湿程度、颗粒级配、密实度、开挖面自稳时间等。对已施工地段观察主要是初期支护完成后喷层表面有无环向、斜向和纵向裂缝,喷射混凝土有无压碎或掉块,钢拱架有无变形、临时横撑有无变形,接头处有无明显内凸现象,二次衬砌施工有无开裂等。洞外观察内容主要包括地表有无开裂现象,及裂缝的深度、宽度、纵向横向分布范围,地表有无漏斗,漏斗的面积、与隧道的相对平面位置、深度、体积及稳定状态。

为进一步了解风积沙围岩与支护结构的动态关系,明确围岩压力的分布特点与支护结构的变形关系等,可对围岩压力、二次衬砌接触压力、钢拱架受力、二次衬砌应力等选测项目进行监测。

监控量测必测及选测项目见表5-21、表5-22。

2)监控量测频率

(1)洞内外观测频率

工作面观测每开挖步进行一次;对已施工初期支护每天进行一次,钢拱架接头部位每天进行两次;洞外地表观察与各施工开挖部同步进行。

(2)必测及选测项目量测频率

各监测项目的监测频率与监测次数如表5-23、表5-24所示。实际测量频率根据前两次测量情况而定。当观测值相对稳定时,可适当降低观测频率;当观测值变化速率加快或出现危险事故征兆时,应加密观测。

监控量测必测项目 表 5-21

序号	监测项目	测试方法和仪表	监测断面布置	测试精度（cm）
1	洞内、外观察	现场观察	开挖及初期支护后进行	
2	周边收敛	收敛计	每 5～10m 一个断面	0.1
3	拱顶下沉	水准测量的方法，水准仪、钢尺	每 5～10m 一个断面	0.1
4	地表下沉	水准测量的方法，水准仪、塔尺	每 5～10m 一个断面，每个断面至少 7 个测点	0.5

注：1. 遇变形较大地段，应根据实际情况适当加密监测断面布置。

2. 测点布置数量应结合施工工法，每个导坑内不应少于 1 个拱顶沉降测点和 2 对周边收敛测点。

3. 风积沙隧道一般埋深较浅，且沉降易波及地表，建议深、浅埋地段均开展地表沉降监测。

监控量测选测项目 表 5-22

序 号	监 测 项 目	测试方法和仪表	测 试 精 度
1	围岩内部位移	多点位移计	0.1mm
2	围岩压力	压力盒	0.01MPa
3	二次衬砌接触压力	压力盒	0.01MPa
4	钢架受力	钢筋计	0.01MPa
5	喷混凝土受力	混凝土应变计	10με
6	二次衬砌内应力	混凝土应变计	0.01MPa
7	支护及衬砌表面裂缝量测	混凝土裂缝监测仪	0.001mm

必测项目监控量测频率一览表 表 5-23

编号	量 测 项 目	量 测 频 率				
		1～5d	5～10d	16～30d	1～3 月	3 月以上
1	洞内、外观察	开挖时及其他量测时观察				
2	周边位移量测	3～5 次/d	2～3 次/d	1 次/1d	2～3 次/周	1～3 次/月
3	拱顶下沉量测	3～5 次/d	2～3 次/d	1 次/1d	2～3 次/周	1～3 次/月
4	地表沉降	开挖面距量测断面前后＜2*b* 时，1～2 次/d； 开挖面距量测断面前后＜5*b* 时，1 次/2～3d； 开挖面距量测断面前后＞5*b* 时，1 次/3～7d。				

注：风积沙地层几乎无自稳能力，施工中，尤其开挖初期应适当加大监测频率。

选测项目监控量测频率一览表 表 5-24

编号	量 测 项 目	量 测 频 率				
		1～5d	5～10d	16～30d	1～3 月	3 月以上
1	围岩压力	3～5 次/d	2～3 次/d	1 次/d	2～3 次/周	1～3 次/月
2	围岩内部位移	同地表下沉				
3	二次衬砌接触压力	3～5 次/d	2～3 次/d	1 次/d	2～3 次/周	1～3 次/月
4	钢架受力	3～5 次/d	2～3 次/d	1 次/d	2～3 次/周	1～3 次/月

续上表

编号	量 测 项 目	量 测 频 率				
		1～5d	5～10d	16～30d	1～3月	3月以上
5	喷混凝土受力	3～5次/d	2～3次/d	1次/d	2～3次/周	1～3次/月
6	二次衬砌内应力	3～5次/d	2～3次/d	1次/d	2～3次/周	1～3次/月
7	支护及衬砌表面裂缝量测	3～5次/d	2～3次/d	1次/d	2～3次/周	1～3次/月

(3)地表沉降监控量测频率

地表沉降监控量测频率原则上与洞内位移量测频率相同,量测断面应与隧道内检测断面设在同一里程,以便于数据的分析比较。

3)风积沙隧道围岩稳定性判别标准

(1)按变形管理等级判断(表5-25):

变 形 管 理 等 级 表5-25

管 理 等 级	管理位移(mm)	施 工 状 态
Ⅲ	$U<400$mm	可正常施工但需加强量测,随时注意变形的发展
Ⅱ	$400\leqslant U\leqslant 650$	应加强支护或施作二次衬砌
Ⅰ	$U>650$	应立即停工,采取特殊措施

注:U为实测位移值。

(2)按位移变化速率判断:

①当变形速率小于10mm/d时,属于正常变化范围,一般不会出现坍方。

②当变形速率在10～20mm/d时,应加强监控量测,控制变形速率。

③当变形超过20mm/d时,围岩处于极不稳定状态,应立即停止掌子面掘进,加强临时支护,及早进行衬砌。

在应用上述稳定判别标准时,还应结合洞内外观察结果,依据隧道开挖工作面稳定情况、支护结构工作状态及初期支护变形开裂等情况做进一步判别。

本节内容是结合科研课题《风积沙隧道设计施工关键技术研究》总结提炼得出,部分成果已经成功应用于榆神高速神木一号隧道建设过程中。神木一号隧道位于神木县西沙开发区西侧,隧道为双洞分离式隧道,全长714m,最大埋深约为37m。隧道围岩主要为风积细砂、黄土,围岩级别Ⅳ－Ⅵ级,隧道左线有109m、右线有80m为全断面风积沙段,均为Ⅵ级围岩,围岩稳定性极差,前期施工中,出现三次大的坍方,漏沙更是经常出现,为解决滑沙、漏沙问题先后采用了小导管注浆、大管棚、水平旋喷桩等三种不同的超前支护方案,课题提出的风积沙隧道监控量测方案及围岩稳定性判别标准起到了非常重要的作用,最终顺利的通过了风积沙段。

5.5.2 冻土隧道

1)监测断面布置及重点

监测断面的布设综合考虑以下几个因素:

(1)冻土分布:在多年及与季节性冻土段内部及交界面处至少各布设一个断面,必要时应结合围岩条件进行加密。

(2)隧道纵向温度分布:根据以往工程经验,隧道洞口段温度变化比较大,而在隧道中间段温度变化相对较小,且山体阴面隧道纵向冰冻范围较阳面更长,因此在隧道进出口段监测断面布置较密集,中间段监测断面布置间距较大,且山体阴面布置范围较长。

(3)围岩条件:监测断面应尽可能覆盖不同性质的围岩。

(4)与施工常规监测的协调:科研监测断面的布置应根据施工监测断面的布设计划,将重合或临近断面进行合并,以节约资源。

2)测点布置及量测方法

(1)洞外气象:在洞口外设置气象观测站,对温度、气压、湿度、风向、风速、太阳辐射等进行监测。

(2)围岩温度:洞内每一监测断面设置 2 个测温孔,分别位于边墙和仰拱(部分位于两侧边墙)。监测围岩温度,为监测围岩冻胀力,修正量测读数提供参数及依据。边墙温度测孔距离地面约 1.5m,在围岩中水平钻孔,孔深 4m;仰拱温度测孔距离边墙水平距离约 1m,垂直地面钻孔,孔深 4m。此外,在保温层两侧和二衬表面布置温度测点。采用高精度温度传感器监测围岩温度,其测点布置如图 5-33 所示。

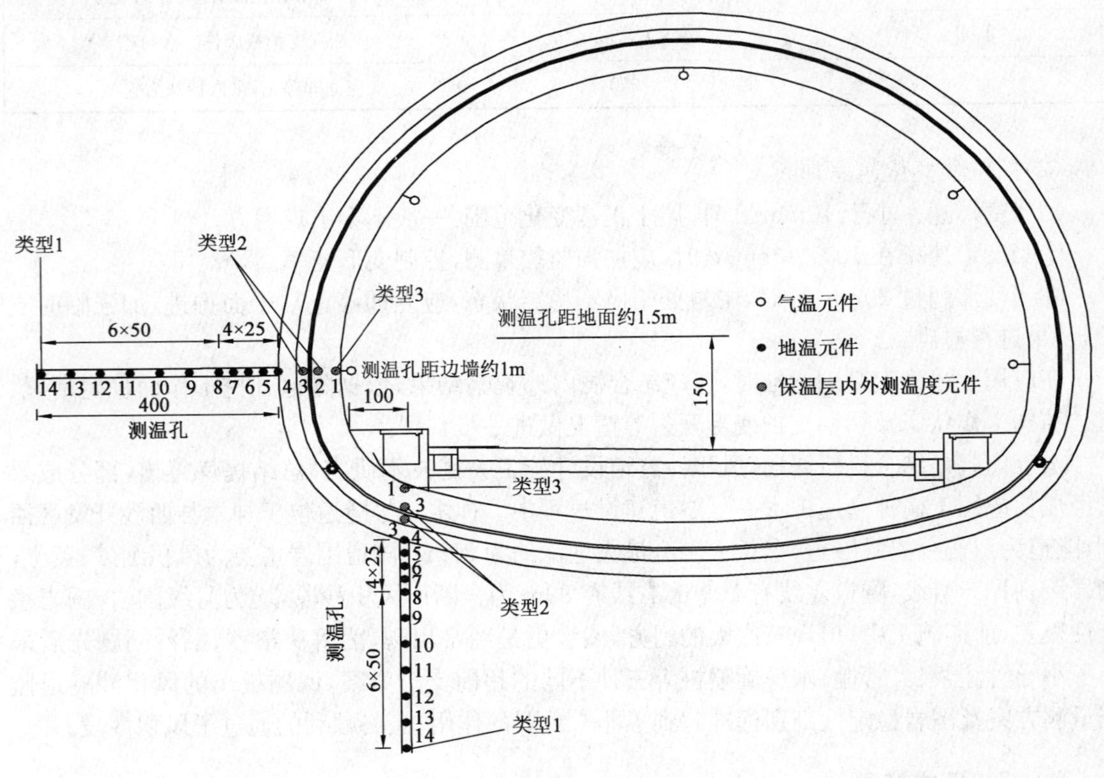

图 5-33　围岩温度监测断面

(3)洞内气温:其布置如图 5-34 所示。在铺设好保温板后,在拱顶、拱腰、边墙处安装温度传感器,每个断面布置 5 个。

传感器尺寸为:左右边墙各 1 个,每个线长 5m;左右拱腰各一个,每个线长 9m;拱顶 1 个,线长 12m。

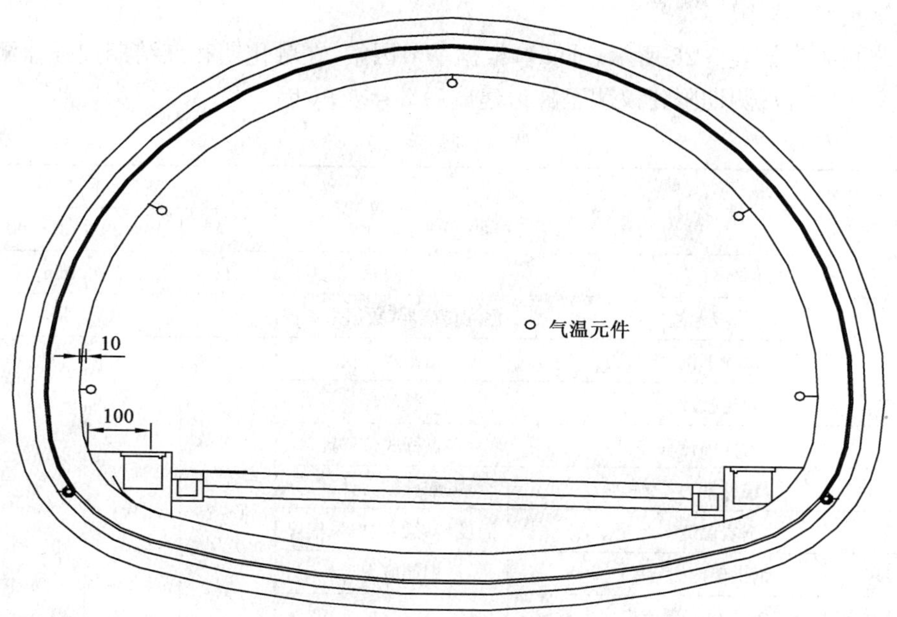

图 5-34 围岩温度监测断面

(4)洞口段边仰坡及多年冻土地温监测。边仰坡地温监测:布置 2 个测孔,一个布置在施作防护措施后的边坡上;一个布置在未作防护措施的裸露的边坡表面(或坡度近似的地表)。每个测孔深 4m,温度传感器布置见图 5-35。

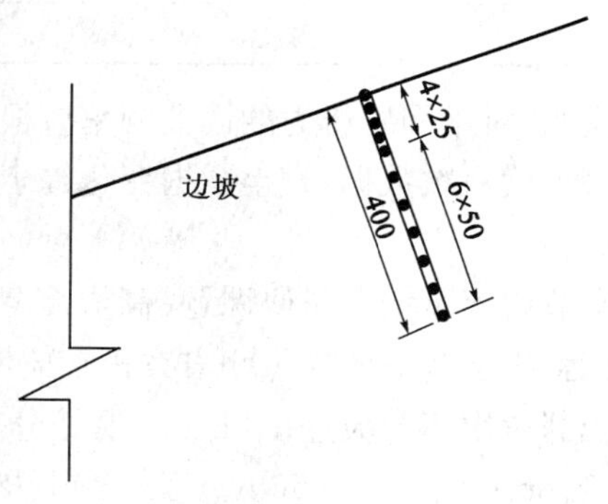

图 5-35 边仰坡测温孔布置

(5)围岩冻胀力。冻胀力:通过在围岩与初支间及初支与二衬间埋设冻胀力监测压力盒进行监测。沿隧道的拱顶、拱腰、边墙、拱脚和仰拱在各层界面处埋设压力盒,进行冻胀力量测(图 5-36)。

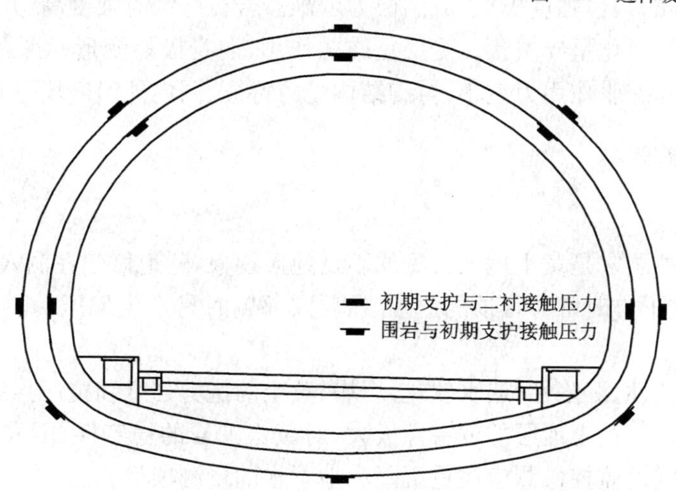

图 5-36 围岩冻胀力监测断面

3)监测频率和期限

现场监测频率如表5-26所示。同时,根据季节因素,在融化期和冻结期加强监测,适当提高监测频率。所有观测期限建议测至隧道建成后3年及以上。

监 测 频 率 表 表5-26

<table>
<tr><th rowspan="2">序号</th><th rowspan="2">项 目 名 称</th><th rowspan="2">所 用 仪 器</th><th colspan="4">测量间隔时间(d)</th></tr>
<tr><th>1~15</th><th>16~30</th><th>31~90</th><th>>90</th></tr>
<tr><td>1</td><td>洞外气象</td><td>气象站</td><td colspan="4">1次/min</td></tr>
<tr><td>2</td><td>边仰坡地温</td><td>温度传感器、数据采集仪</td><td colspan="4">1次/周</td></tr>
<tr><td>3</td><td>拱顶下沉</td><td>精密水准仪</td><td rowspan="9">1~2次/d</td><td rowspan="9">1次/2d</td><td rowspan="9">1~2次/周</td><td rowspan="9">1~3次/月</td></tr>
<tr><td>4</td><td>周边收敛</td><td>收敛计</td></tr>
<tr><td>5</td><td>围岩体内位移</td><td>多点杆式位移计</td></tr>
<tr><td>6</td><td>锚杆轴力</td><td>锚杆轴力计</td></tr>
<tr><td>7</td><td>围岩温度</td><td>温度传感器数据采集仪</td></tr>
<tr><td>8</td><td>钢拱架内力</td><td>钢筋应力计</td></tr>
<tr><td>9</td><td>喷射混凝土、二次衬砌混凝土内应力量测</td><td>应变计</td></tr>
<tr><td>10</td><td>围岩冻胀力</td><td>压力盒、频率仪</td></tr>
<tr><td>11</td><td>洞内气温</td><td>温度传感器、数据采集仪</td></tr>
</table>

说明:对于围岩压力的读数频率应根据测得的数据情况进行调整,若数据变化幅度很大,则应每天读一次数据,直至数据变化趋于平稳。洞内气温在读数当天的8:00,14:00,20:00进行读数。

本节内容是结合科研课题《高温多年冻土区隧道设计与施工关键技术研究》总结提炼得出,目前,冻土隧道监控量测方案正在应用于G214线共和至结古公路隧道工程施工过程。公路沿线鄂拉山南北坡进出口及山顶处分布有多年冻土,为连续多年冻土区,多年冻土区上限1.4~1.8m;下限35~56m。多年冻土及冻岩对隧道口段影响较大,多年冻土开挖融化后,含亚黏土的碎石土呈软塑状,强度极低,成洞极为困难。岩石冻结时强度高,开挖后冻岩融化,裂隙张开,强度降低,易风化呈碎块状。受反复冻融作用,洞身极易变形。课题提出的监测方案已经并将继续对明确冻胀作用力大小、衬砌结构受力特征、洞内外温度场分布起到重要作用。

5.5.3 黄土隧道

1)监控量测重点

黄土陷穴和潜蚀洞穴是黄土地区常见的不良地质现象,隧道修建在洞穴的上部,易引起隧道基础下沉,在洞穴下方时常有冒顶的危险,在洞穴邻侧时易产生偏压,并且地表水可能沿洞穴灌入隧道。

由于黄土的多孔性、湿陷性,遇水软化、坍塌、黄土的抗剪强度和抗压强度随含水量的增加而显著降低,因此,水以黄土地层的危害性极大,对黄土围岩的稳定性、围岩压力有直接影响,且反应灵敏。黄土隧道监控量测应注重沉降和地下水的量测项目。

监控量测内容包括:洞外观察、洞内地质素描与支护状态观察、地质素描、水平收敛、拱顶下沉、隧底沉降以及地表下沉监测。

存在湿陷性的黄土隧道宜监测水压力和水量。

(1)洞外观察、洞内地质素描与支护状态观察:洞外观察主要对路面及排水设施进行观察,目测调查黄土中构造节理的产状与分布状况,及时评估地表对隧道施工的影响。

(2)地质素描包括地层岩性、产状、黄土含水量、天然密度、干密度等物理指标;洞内地质素描与初期支护每次开挖后进行,黄土物理指标每15m做1次。

(3)洞内水平收敛、拱顶下沉、隧底沉降以及地表下沉监测。测点布置:水平收敛、拱顶下沉、隧底沉降以及地表下沉布置在同一里程断面上,每5m一个断面。洞内布置测点,根据现场实际情况,在立设钢架时,同时布置测点,采用塑料袋包裹保护,待喷混凝土完毕后,立即读取初始值。测量后,继续对测点采取保护措施。

2)量测频率及控制标准

(1)量测频率

根据黄土隧道的变形特点,拱顶下沉、地表下沉及隧底沉降与沉降的量测频率按表5-27进行。

监控量测频率表 表5-27

位移速度(mm/d)	量测频率	位移速度(mm/d)	量测频率
≥5	4次/d	0.2～0.5	1次/3d
2～5	2次/d	<0.2	1次/7d
0.5～2	1次/d		

每天累积位移超过1cm时,停止各部室开挖,采取应急加固措施

(2)变形等级管理

开挖断面较大的湿陷性黄土隧道变形控制指标可参考表5-28。

大断面湿陷性黄土隧道变形控制指标 表5-28

状态	拱顶下沉(mm)		净空收敛(mm)	中隔墙拆除变形增量(mm)
	上、下台阶施工	仰拱施工		
安全	140	180	50	6
注意	190	230	80	12
危险	240	280	120	24

注:安全状态为正常施工;注意状态为预警情况,调整支护参数后继续施工;危险状态为应停止停止施工,并拿出切实可行的初期支护加强措施后方可恢复施工。

浅埋地表段(埋深60m以内)超前开挖掌子面20m布点监测沉降,分析沉降规律和地表的稳定性。洞内及时进行拱顶、拱脚下沉、洞周收敛、仰拱填充层沉降等的观测,点绘时态曲线,及时分析变形与施工工序距离的关系,判断围岩和初期支护的稳定性。雨天和工序转换期间加强加密观测,并每天观察初期支护和临时横撑的开裂与变形发展,变形异常时采取果断措施停止施工、加强初期支护和临时支护,确保隧道安全。施工中对黄土的含水量进行测试分析,超过18%时,提出地基加固和加强二衬的变更建议,减少沉降确保运营安全。

下穿高速地段，地表最大允许下沉量为 3cm，洞内拱顶允许最大下沉量为 5cm，洞内允许最大收敛量为 5cm。在施工过程中，当洞内外变形速率在 2mm/d 以下时，可正常施工；当洞内外变形速率在 2～5mm/d 时，在施工的同时，采取加强初期支护或加快仰拱封闭等措施，控制变形速率；当洞内外变形速率超过 5mm/d 时，应停止开挖施工，封闭作业面，缩短工序距离，快速封闭成环，施作初支背后注浆等措施，控制变形量的发展。

5.5.4 岩溶富水隧道

岩溶对隧道工程的影响主要表现在对隧道结构本身的影响和对隧道区环境的影响两方面。对隧道结构本身的影响主要是空穴、地下水、洞穴充填物及坍塌、洞顶地表塌陷四个方面。对隧道区环境的影响主要可能造成地下水干涸、地下水流失、地质灾害。岩溶富水隧道监控量测重点为地下水水量、水质监测。

(1)支护结内力量测(图 5-37)。除了按现有规范规定进行安全监控外，对有溶洞或有暗河影响的位置做特殊监控方案，加强安全监测。

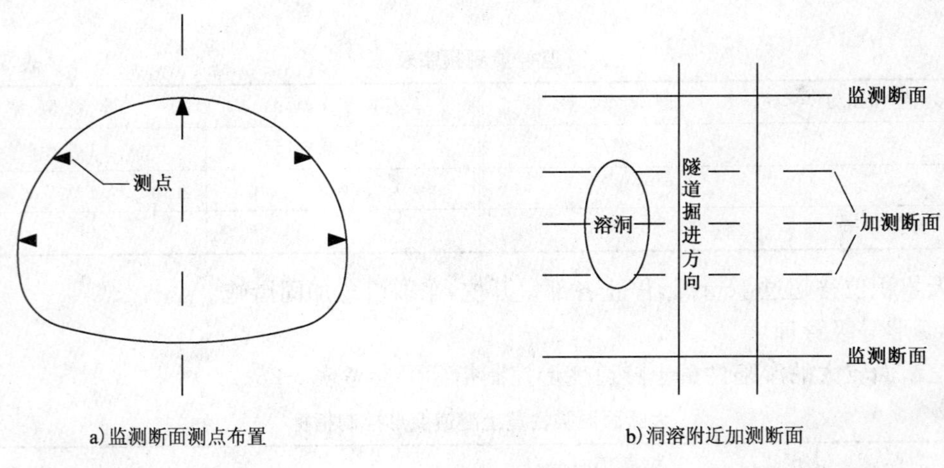

图 5-37 监测断面示意

(2)水质、水量监测。分施工前、施工中、运营期三个过程跟踪监测隧道周边水环境变化。监测周期一般 2～3 年，监测频率每月一次，如遇突发状况(涌水灾害等)应加大监测频率。分析隧道施工过程可能产生的污染成分将监测因子选定为 pH 值、氨氮类、石油类、Ss、COD、BOD 等。根据监测因子的监测结果，参照国家规范的水质标准，研究同一测点不同时间水质的变化情况，评价不同施工阶段水质的变化情况；同一时间不同测点水质的变化情况，分析受隧道施工影响水体的范围大小，保证水质的安全。

(3)为施工提供信息化监控数据，反馈指导施工。由于溶洞与隧道位置的几何关系的复杂性，岩体力学参数的不确定性，可通过监控量测反分析确定岩体力学参数。主要步骤有：

①通过对没有岩溶影响的断面量测数据反分析围岩的岩体力学参数。

②通过超前预报手段理清溶洞的几何参数与力学参数。

③根据反分析得到的围岩的岩体力学参数、溶洞的几何参数与力学参数，运用数值分析的手段确定未施工段的加固方案。

5.5.5 高瓦斯隧道

瓦斯检测是保证瓦斯隧道安全施工的重要手段也是区别于常规隧道监控量测的特点。因此，在整个施工过程中必须全方位的进行瓦斯检测，以便准确地掌握全隧道的瓦斯浓度分布状况，防止瓦斯爆炸事故发生。

1)监测流程

在高瓦斯隧道的瓦斯监测过程中，采用人工巡回检测、设置便携式瓦斯检测报警仪、安装瓦斯自动检测报警断电仪等方式进行瓦斯检测。其具体检测流程如图 5-38 所示。

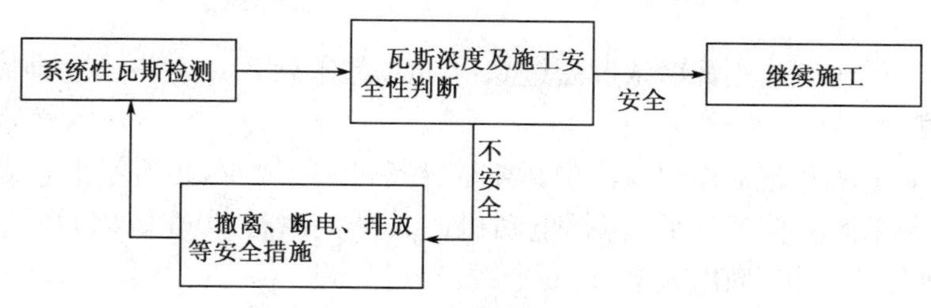

图 5-38 隧道施工瓦斯监测流程

2)瓦斯检测点设置

高瓦斯隧道瓦斯浓度常规性检测主要包括以下一些检测点：①隧道开挖工作面炮眼内、迎头、回风流；②放炮地点及巷道内的机电设备附近；③对于隧道拱顶、冒落孔洞、台车顶等容易形成瓦斯局部积聚且通风不良的区域，尤其需加强瓦斯浓度检测，以避免瓦斯爆炸事故的发生；④恢复通风前的停风区、局部扇风机及其开关附近的风流；⑤隧道内工作地点 20m 范围内的进、回风侧。另外，在钻眼、装药、放炮前和放炮后这四个环节上也应加强对隧道瓦斯浓度的检测。

光干涉甲烷检定仪定点挂设在离掌子面和其他工作面 10m 处，便携式甲烷检测报警仪定点悬挂，便携式全量程智能甲烷检测报警仪洞内巡回监测，在隧道的掘进工作面和回风地段分别安设瓦斯遥测报警断电仪，当测试点的瓦斯浓度达到控制的允许浓度时，切断电源并发出声响和灯光报警。

3)检测要求

(1)瓦检员必须由洞口到掌子面再到洞口按瓦斯循环检查图表所规定的路线和时间，严格执行巡回检查。

(2)高瓦斯工区的常规检测地点，瓦斯浓度的检查次数必须每班至少检查 2 次；瓦斯浓度含量在 0.3%以上时，应随时检查，不得离开开挖面，当瓦斯含量超过规定时，应加强通风稀释，当瓦斯含量降到允许值后，才允许进入检查。检查人员配备安全防护装备。

(3)隧道内机电硐室、联络通道、总回风流，每班检查 1 次瓦斯浓度。

(4)隧道开挖工作面炮眼内、回风流每次放炮前至少检查 1 次瓦斯。

(5)处于回风流中停止运转的电器设备及开关在每次启动前附近应进行瓦斯检查。

(6)隧道开挖工作面放炮地点 20m 范围内、放炮点，在每次装药前、放炮前、放炮后必须进行一次瓦斯检查。

(7)对于隧道拱顶、冒落孔洞、二次衬砌台车顶等容易形成瓦斯局部积聚且通风不良的区域，尤其需加强瓦斯浓度检测，以避免瓦斯爆炸事故的发生。

(8)隧道内烧焊工作地点 20m 范围内的进、回风侧。

瓦斯检查员必须由事业心强、经考试合格的人员担任。检查员应配备压风自救器、防静电服装等安全防护装备。瓦斯自动检测报警断电系统 24 小时配备专人值班并做好通风瓦斯检测报表，并注明瓦斯超过规定的地点的原因、处理情况。值班干部应全面掌握隧道通风、瓦斯变化情况，审查瓦斯台账和通风瓦斯报表，发现问题，要采取措施，进行处理。

4)瓦斯浓度超限处理

隧道内必须杜绝瓦斯超限作业，当瓦斯浓度超过以下规定时，必须采取相应的措施进行处理：

(1)瓦斯工区任何地点瓦斯浓度超过 0.5%时，超限处 20m 范围内立即停工、查明原因，并加强通风监测。

(2)高瓦斯工区开挖工作面风流中瓦斯浓度超过 1.0%时，必须停止电钻作业。

(3)高瓦斯工区开挖工作面(包括电动机或其开关附近 20m 以内)风流中瓦斯浓度达到 1.5%时，必须停止工作，撤出人员，切断电源，进行处理。

(4)高瓦斯工区放炮地点附近 20m 内风流中的瓦斯浓度达 1%时，严禁装药放炮。

(5)局部瓦斯积聚(体积大于 0.5m^3，浓度超过 2%)点附近 20m 内，必须停止工作，撤出人员，切断电源，进行处理。

(6)因瓦斯浓度超过规定而切断电源的电气设备，都必须在瓦斯浓度降到 1%以下，方可开动。停止运转的局扇附近瓦斯浓度达 0.5%，严禁启动。

(7)制订安全措施，经批准可在隧道内进行的电焊、气焊和喷灯焊接等工作地点的风流中，瓦斯浓度不得超过 0.5%。

(8)对于局部瓦斯浓度超出上述要求的采用供风机稀释处理，对于隧道进、回风流瓦斯浓度超出要求的加大通风机功率，加强通风待满足要求后方可继续施工。

6 隧道施工监测信息集成管理系统研发

现代隧道施工技术多基于新奥法原理，监控量测是其重要组成部分。我国从推广新奥法隧道施工技术至今已有30多年的历史，但监测信息的管理手段仍比较落后，使监控量测作用的发挥受到阻碍，难以及时反馈指导设计和施工。为适应隧道工程建设管理信息化的发展要求，基于信息化施工，运用计算机、网络和可视化技术进行了系统性研究与集成化应用，自主研发形成了隧道施工监测信息集成管理系统，实现了隧道施工监测信息的集成、高效、精确管理。

6.1 隧道信息化施工与监测信息管理

6.1.1 新奥法与监控量测

1)新奥法基本理论

新奥法是新奥地利隧道施工方法的简称，原文是 New Austrian Tunneling Method(简称NATM)。它是奥地利拉布西维兹(L. V. Rabcwicz)教授等在长期从事隧道施工实践中，从岩石力学的观点出发而提出的一种施工技术，是采用喷锚技术、施工测试等并与岩石力学理论构成一个体系而形成的一种新方法。它不仅仅是一种设计方法，也不单纯是一种施工方法，而是把两者融为一体的技术方法。

新奥法原理是建立在岩体力学特性、岩体变形特性以及莫尔学说的基础上，以维护和利用围岩的自稳能力为基点，并考虑到隧道掘进时的空间效应和时间效应对围岩应力与变形的影响，将锚杆和喷射混凝土集合在一起作为主要支护手段，及时进行支护，以便控制围岩的变形与松弛，使围岩成为支护体系的组成部分，形成以锚杆、喷射混凝土和隧道围岩为三位一体的承载结构，共同支承围岩压力。新奥法修建隧道的主要特点是，通过多种量测手段，对开挖后隧道围岩与支护的现场进行动态监测，及时反馈围岩—支护复合体的力学动态及其变化状况，为二次支护提供合理时机。它的特点集中体现在支护结构种类、支护结构的构筑时机、岩体压力、围岩变形四者的关系上，贯穿在不断变更的设计与施工过程中，通过监控量测及时反馈的信息来指导隧道和地下工程的设计与施工。

为使围岩与初期支护形成稳定的支承结构，应遵循以下原则：

(1)考虑岩体的力学特性。

(2)在适宜的时机构筑适宜的支护结构,最大限度避免在围岩中出现不利的应力、应变状态。

(3)对于软弱岩层,为使围岩形成力学上十分稳定的中空筒状支承环结构,必须构筑一个闭合的支护结构。

(4)由现场量测监控围岩动态,根据允许变形量求得最适宜的支护结构。

显然,新奥法不同于传统隧道工程中应用厚壁混凝土结构支护松动围岩的理论,而是把岩体视为连续介质,在黏弹、塑性理论指导下,根据在岩体中开挖隧道后,从围岩产生变形到岩体破坏要一个时间效应,适时地构筑柔性、薄壁且能与围岩紧贴的喷射混凝土和锚杆的支护结构来保护围岩的天然承载力,变围岩本身为支护结构的重要组成部分,使围岩与支护结构共同形成坚固的承载环,共同形成长期稳定的支护结构。因此,其基本要点可归纳如下:

(1)开挖作业多采用光面爆破和预裂爆破,并尽量采用大断面或较大断面开挖,以减少对围岩的扰动。

(2)隧道开挖后,尽量利用围岩的自承能力,充分发挥围岩自身的支护作用。

(3)根据围岩特征采用不同的支护类型和参数,及时施作密贴于围岩的柔性喷射混凝土和锚杆初期支护,以控制围岩的变形及松弛。

(4)在软弱破碎围岩地段,使断面及早闭合,以有效地发挥支护体系的作用,保证隧道稳定。

(5)尽量使隧道断面周边轮廓圆顺,避免棱角突出。

(6)通过施工中对围岩和支护的动态观察、量测,合理安排施工工序,进行设计变更及日常的施工管理。

2)新奥法施工监测

施工监测监控工作是伴随着施工过程进行的,是新奥法修建隧道中十分重要的部分,它既监视围岩是否安全稳定,又检验支护结构是否合理。由于隧道工程的受力特征及其复杂性,通过现场监控测量来监测围岩与支护的稳定性,应用现场量测结果来修改设计、指导施工是成功的,是监视工程设计与施工是否正确的指针。大量工程实践证明,量测手段配合其他量测工作,能使设计、施工达到更满意的效果,对提高工效、降低成本、保证安全均有非常重要的作用。

隧道施工周期较长、非确定性因素较多、影响因素复杂,稍有不慎可能会造成无法弥补的损失,轻则影响施工质量,留下安全隐患,重则直接造成国家和人民生命财产损失。新奥法量测工作的作用和目的,主要是为了掌握围岩动态和支护结构的工作状态,利用监测结果修改设计、指导施工;预见事故险情,以便及时采取措施,防患于未然;为确保隧道施工安全提供可靠信息,为二次衬砌提供合理的支护时机,并为进一步深化理论研究提供原始数据;同时积累资料,为以后设计提供类比依据。在新奥法施工过程中,通过现场量测可以判断围岩稳定性,及早发现异常情况后可以及时采取措施,因而能保证安全施工。在隧道长期运营过程中,还可以通过经常性的量测来预测和监视隧道的稳定状况。

现场施工监测监控的作用主要表现在:

(1)通过监控量测可以了解隧道—围岩的受力和变形状态,判断隧道衬砌和围岩是否稳定

和安全，进行信息反馈及预测预报，指导现场施工，优化支护设计，确保隧道施工的安全与质量以及工程项目的社会、经济和环境效益。

(2)积累监控量测数据和经验，为今后类似条件下隧道的修建提供科学依据和技术支持。

6.1.2　隧道信息化施工

1)信息化施工的基本概念

隧道信息化设计施工是新奥法的核心内容之一，具体是指：在隧道施工过程中布置监控测试系统，对支护结构位移、收敛、应力等进行监测，从中获得围岩稳定性及支护结构的工作状态信息，通过分析，这些信息间接地描述围岩的稳定性和支护效果，并反馈于施工决策和支持系统，优化开挖和支护设计。

图 6-1 是隧道信息化设计施工的流程图，以施工监测、力学计算及经验方法相结合为特点，建立了隧道特有的设计施工程序。在隧道设计施工过程中，勘察、设计、施工等环节允许有交叉、反复。在地质调查的基础上，根据经验方法或通过力学计算进行预设计，初步选定支护参数，而后在施工过程中根据监测所获得关于围岩稳定性和支护系统力学和工作状态的信息，对施工方法和支护参数进行调整。实践表明，对于设计所做的这种调整和修改是十分必要和有效的。这种方法并不排斥以往的各种计算理论、模型试验及经验类比等设计方法，而是把他们最大限度地包容在自己的决策支持系统中去，发挥各种方法特有的长处。由于隧道工程的特殊性和复杂性，采用信息化施工技术是非常必要的。可在一定程度上克服地质资料不详细，特别是在地质情况复杂，工程质量要求高的隧道中，这种施工思路既可做到安全施工，也可带来经济效益和社会效益。

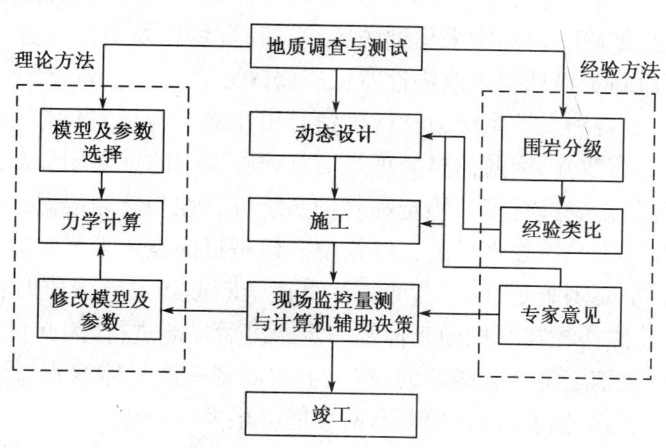

图 6-1　信息化施工基本流程

伴随大量隧道及地下工程的出现，隧道工程的理论和方法不断的进步，以及科学技术的不断发展，工程建设中，人们逐渐认识到，工程地质勘察、设计和施工形成系统化、信息化一体的思想非常重要。传统的隧道工程建设方法是地质勘察为设计提供资料，设计仅为施工提供设计结果，不参与施工过程，造成工程地质勘察、设计与施工脱节，其结果是工程事故、工程质量问题频发及工程造价的提高。现代的理论和方法认为，隧道工程建设中，应该在施工前、后及过程中不断注意地质条件与施工状况信息的收集，及时地反馈到设计并指导施工，达到工程建设优化的目的,由此引入了信息化设计与施工理论和方法。若把传统隧道设计施工方法比为静态方法,则信息化设计与施工方法为动态方法。

隧道工程的基本特点是"地质环境复杂,基础信息匮乏",因此,一种集设计、施工、监测、反馈设计、施工于一体的隧道信息化设计与施工方法已成为推动隧道工程建设日趋规范、科学、合理的主导动力。隧道工程现场监测是该方法得以广泛应用的关键,是从个体到群体解决隧道与地下工程力学、设计、施工问题的一种重要手段和主要途径。只有实时获取到反映隧道围岩整体稳定状态的各种信息,并及时分析、处理与反馈,才能真正反映隧道工程开挖过程的动态变化,体现其"信息化"的特点。

2)隧道信息化施工方法

(1)信息采集

信息化施工信息采集首先要确定信息采集项目。信息可分为施工前地质勘测信息的采集、施工过程中的围岩和支护系统的力学行为的信息采集以及施工过程中地质信息的采集。施工前地质勘测信息的采集包括工程地质、水文地质信息等。施工过程中信息采集项选择应该能够直接反映围岩和支护系统的力学形态,而且在采集技术上容易实施。对于软岩和硬岩,信息采集项目是不同的,要分别针对采集的项目、测点布置、测试手段做出规划,并根据施工开挖进度情况,确定每一观测项目的信息采集时间、密度和周期,还应该注意各项目信息采集的同步性,以便分析对比,对特殊地层隧道信息采集项目应该进行针对性调整。

(2)信息处理

信息处理是采用反演分析法将施工监测到的岩土体的一些基础信息,通过计算来求解岩土体的参数,其目的是把施工监测中采集到的新信息和资料以及由此通过反演分析获得的结果反馈到设计中去,对施工设计提出改进性意见或修改方案。

但是施工过程中围岩和支护系统力学行为信息由于施工等因素的限制,一般具有时间和空间的限制,并且具有离散性,因此信息处理是信息化施工中的重要环节。表征围岩和支护系统性态物理量的全量是正确进行围岩稳定和支护系统可靠性判断的依据。所谓"全量"就是指全断面形成后由于开挖引起该物理量的最终量值。但是目前隧道工程中进行的量测一般不容易得到这个"全量"。主要困难是:施工监测往往是在全断面还没有形成时在导洞或分步开挖断面中进行的;施工监测往往在开挖面延伸到一定距离后才能进行,因此量测数据在空间和时间上的外延对于信息化施工是十分必要的;施工中的量测一般只能取得过程中某一个时刻中的量值,推断到最终值会有偏差,这种偏差有时可能会很大。

量测信息的空间外延。施工中量测数据一般为导洞或分步开挖量测的数据,需要由局部信息及时推断到全断面形成后的围岩变形,以此作为判断围岩稳定性和支护系统可靠性的依据。采用"一正一反"的方法。"反",就是反分析技术,用于局部或分步开挖采集的监测围岩位移反推初始地应力和岩体力学指标。"正",就是正分析技术,根据反分析获得的岩体力学指标和岩体环境参数,并且根据实际施工方法,用有限元等计算方法,推求全断面后的位移信息。

量测信息的时间外延是根据某一个特定时段量测的信息推求最终的全量。量测信息时间外延主要通过以下一些手段:利用三维有限元进行分析;利用流变理论进行时效分析;利用统

计数学的方法。

(3)信息反馈

隧道稳定问题主要是一个岩土体结构问题,应力状态则是通过岩土体结构的力学效应而表现出来的,因此,一方面通过观测或量测围岩的应力状态可以认识岩土体结构,另一方面,可将由反演分析得到的岩土力学参数,应用于稳定分析计算。评价隧洞围岩的稳定性,实质就是分析洞室围岩在工作过程中的应力和变形。对埋深大、围岩完好的隧洞,研究重点放在对围岩承载能力的研究上,以围岩实际的应力水平来作为围岩稳定的判据;对埋深浅、围岩较破碎的隧洞,研究重点应放在对围岩能允许多大位移的研究上,以围岩实际的位移多少来作为围岩稳定的判据。通过对围岩稳定性的分析,一方面以此来指导工程的后续施工,采取合理的支护措施,以最小的代价获得最合适的安全程度;另一方面可以类似地质条件的工程提供第一手可靠的经验资料。

3)隧道信息化施工技术流程

隧道的信息化设计与施工在初步地质调查的基础上,根据数值模拟分析、经验或力学计算进行预设计,初步选定支护参数。然后,在施工过程中根据监测得到关于围岩稳定性和支护力学、工作状态的信息,对初步设计和施工过程进行调整。

利用计算机实时采集工程结构的变形、内力等数据,每天比较观测值和管理值,监测工程的安全性以及是否与管理值相差过大。利用观测结果推算设计参数,根据新的设计参数计算分析,判断现场施工阶段工程结构的安全性并预测以后施工阶段结构的变形及内力。根据预测结果调整设计方案,必要时改变施工方案,重新进行设计。

信息化施工技术与原有的计算模型、计算方法相结合,充分发挥各自的长处。以施工监测和信息反馈为显著特征的信息化设计,是将监测技术、力学计算及经验评估等结合成一体的设计方法。

与其他方法不同的是信息化设计要求在施工过程中布置监测系统,从围岩的开挖和支护过程获得围岩稳定性和支护设施工作状态信息。通过分析研究这些信息,可以间接地描述围岩的稳定性和支护的作用,以确定新的围岩及支护参数,并反馈于设计和施工决策。在隧道信息化施工过程中,量测信息可以作为输入量反演计算围岩的物理力学参数来检验地质信息的正确性,并利用反演分析求得的围岩力学参数,应用有限元、有限差分等数值计算方法对工程施工过程围岩稳定性进行分析计算,进而指导工程的后续施工。

信息化施工必须解决三个问题:①信息化施工的系统性和完整性,有关实施方法细则和支持软件的提供;②在信息采集、处理和反馈方面,引入现代先进的科技手段,包括软件(信息采集和传输系统)和硬件(信息采集和通讯设备)的研究;③解决可操作性和实用性问题,便于推广应用。

6.1.3 监测信息的分析与反馈

1)监测信息的分类

现场的量测方法众多,都是用以获得大量的信息,进而把它作为施工管理的一个积极有效的手段。量测信息可概括分为两个大类:

(1)位移信息。包括隧道周边位移、围岩内位移、地表下沉等。

(2)应力信息。包括围岩与支护结构间的接触应力、围岩及支护结构内部的应力状态、锚杆轴力等。

在位移与应力量测中，目前所能提供的主要信息：一是隧道周边位移，通过对某一断面的现场收敛量测可以绘制出隧道周边位移与开挖时间、隧道周边位移与测点距开挖掌子面距离之间的两类关系曲线，亦可得出位移量、位移速率与位移加速度的变化，从而了解隧道周边位移在隧道开挖过程中的时间与空间效应，掌握其变化规律；二是围岩压力，围岩压力的变化与隧道周边位移的变化有着密切的关系，同样对某一断面现场埋设压力盒的测试也可以绘制出围岩压力分布曲线，由此可知围岩压力的大小及分布状况。

2)监测信息反馈方法

由于围岩性质的复杂性，加上施工等人为因素的影响，在隧道工程中，无论事先的调查和试验做得多么细致，支护的实际受力及变形状态，往往难与按力学模式所分析的结果相一致。为了确保隧道工程的安全可靠和经济合理，必须在施工阶段进行监控量测，及时收集由于隧道开挖而在围岩和支护结构中所产生的位移和应力变化等信息，并根据一定的标准来判断是否需要预先设计的支护结构和施工流程，这一方法称为信息反馈法。它的特点是能反映隧道开挖后围岩的实际应力及变形状态，是设计和施工与围岩的实际动态相匹配。在隧道工程中量测所得到的信息目前可以通过理论计算(反分析)和经验方法两种途径来实现反馈。

(1)理论计算反馈法

在隧道支护结构设计计算中，所需要的计算参数为表征岩体物理力学特性的参数(如变形模量、泊松比、内聚力及内摩擦角等)和反映岩体环境条件的初始地应力。对隧道支护结构进行设计计算时，首先要根据结构物的具体情况选取力学模式，其次要确定计算参数。为了提高计算的正确性，除对所选取的力学模式做到尽量合理外，应采用现场量测信息进行反馈，求解计算参数，这种方法叫理论反馈法。

我们可以根据工程类比法先确定一组计算参数，用分析方法求解隧道围岩的变形或应力，然后在与量测得到的值进行比较，当两者存在差异时，就必须修正原先假定的计算参数，重复计算直至两者之差符合要求为止。

下面以位移为目标函数，进行分析，考虑时间因素并根据最小二乘法建立位移目标函数如下：

$$F(t)=\sqrt{\frac{1}{m}\sum_{i=1}^{m}[U_i^{\mathrm{m}}(t)-U_i^{\mathrm{c}}(t)]^2} \tag{6-1}$$

$$U(t)=f(x_1,x_2,\cdots,x_n) \tag{6-2}$$

式中：$x_1,x_2,\cdots,x_n$——围岩位移函数的各参数变量；

$U_i^{\mathrm{m}}(t)$——第 i 个位移测点到时间 t 的相对位移值观测值；

$U_i^{\mathrm{c}}(t)$——第 i 个测点的位移计算值；

m——观测样本个数。

当 $F(t)=0$ 时，认为其所对应的输入参数为最佳，但实际中 $F(t)$不可能为0的，所以我们只能寻求它的极小值，即使其导数 $\frac{\partial F(t)}{\partial x_i}=0$，则可认为所得的初始参数为最佳参数。

通过计算出的最佳参数建立力学模型分析并发现围岩变形位移变化的规律，从而判断围岩和支护系统的稳定状态。同时最后所用的计算参数也可以作为同样条件下今后设计所采用的参数值。

(2)经验反馈法

经验反馈法是根据工程类比建立一些判断准则,然后利用量测到的信息与这些准则进行比较,依此来判断围岩的稳定性和支护结构的工作状态的方法。由于岩体结构的复杂性和多样性,在计算理论上做了近似和简化,另一方面理论计算的输入参数不易取得,理论计算分析还未达到定量标准。因此,当前广泛采用的反馈方法为经验反馈法。即量测数据的处理采用计算机管理,其主要内容包括:

①绘制周边位移随时间变化的曲线。

②绘制周边位移速率随时间变化的曲线。

利用量测数据绘制位移时态曲线图可直观的反映围岩的稳定情况,若曲线正常则说明位移随施工的进行渐趋稳定。如果出现反常,出现反弯点,表明围岩和支护已呈不稳状况,应立即采取措施。

3)监测信息的反馈应用

监控量测的目的,就是为了科学指导施工,总结经验,不断提高,所以对观察量测的资料必须回归、总结并及时反馈给设计、施工、监理等部门,以便对设计参数、施工方法等进行及时调整,达到既安全又经济的目的。不同的监测项目其分析与反馈的方法也不一样。

(1)周边位移的分析与反馈应用

隧道围岩周边位移是围岩动态的显著表现,所以现场量测主要以围岩周边位移作为围岩稳定性评价及围岩稳定状态判断的标准。

一般而言,坑道开挖后,以围岩位移作为判断其稳定状态的标准,有赖于对实际隧道工程设计与施工经验的积累和总结及对位移量测数据的处理分析。数据分析的方法,可应用非线性回归方法。隧道周边任意一点的实测相对位移值,或用回归分析推算的最终位移值,均应小于相关规范规定的数值,同时可根据实测数据的分析进行修正。

(2)围岩位移及松动区段分析与反馈

如果实测围岩的松动区段,超过了允许的最大松动区(该允许松动区半径与允许位移量测相对应),则表明围岩已出现松动破坏,此时必须加强支护或调整施工措施,以控制围岩松动范围。例如:加强锚杆长度、加密或加大直径等,一般要求锚杆长度大于松动层厚度,加固效果才能容易达到安全和质量要求。

(3)锚杆轴力量测数据分析与反馈

锚杆轴向应力是检验锚杆效果与锚杆强度的依据,可根据锚杆极限抗拉强度与锚杆应力的比值 K(安全系数)做出判断。锚杆轴向应力越大,则安全系数 K 越小。一般认为锚杆局部段的 K 值稍小于1是允许的,因为锚杆有一定的延伸性。

锚杆的局部段的 K 值稍微小于1的允许程度,应该是不超过锚杆的屈服强度。若锚杆轴应力超过锚杆的屈服强度时,显然应首先考虑改用高强钢材加工的锚杆。当然,增加锚杆数量或加粗直径也可以降低锚杆轴应力值,使 $K\geqslant1$。

(4)围岩压力分析与反馈应用

由量测数据所得围岩压力分布曲线,可了解围岩压力的大小及分布状况。而围岩压力大小与围岩位移量(即变形)及支护结构的刚度密切相关。

围岩压力大,则作用于初期支护结构的压力也大。分析有两种情况:一是围岩压力很大并且变形量也很大,此时应加强支护,以限制围岩变形和控制围岩压力的增长;另一种情况是围岩压力较大,但变形量并不很大,这表明支护时机和支护的封底时间可能过早或支护尺寸及刚度太大,这时应作适当调整——修正支护设计参数。但是,当测得的围岩压力很小但其变形量却很大时,则围岩将会失去稳定,此时应立即停止开挖,加强围岩支护和采取辅助施工措施进行加固处理。

(5)喷层应力分析与反馈应用

喷射混凝土层应力是指其切向应力(喷层的径向应力一般较小)。喷层应力值与围岩压力及位移量大小有密切关系。喷层应力大的原因是围岩压力和位移量大而支护力度小。

在实际工程中,一般喷层不允许有明显的裂损、剥落、起鼓等现象。若喷层应力太大,或出现明显裂损或剥落、起鼓等现象,则应做处理,一般是适当增加初始喷层厚度。如果喷层厚度已较厚时,仍然出现明显裂损、起鼓等,则不一定再增加喷层厚度,而应增强锚杆(加长、加粗等)、改变封底时间、调整施工措施,选择二次支护衬砌的最佳时机等,并仍然要继续加强量测监控。

(6)浅埋隧道地表下沉分析与反馈

地表下沉监测对于地面有建筑物的浅埋隧道地段和城市地下工程尤为重要。若量测结果表明地表沉降量较大,或出现增加的趋势,则应采取加强支护和调整施工措施,可考虑适当加喷混凝土、增设锚杆、加挂钢筋网、加钢支撑、超前支护、或缩短开挖循环进尺、提前封闭仰拱、预注浆加固围岩等措施。另外,在浅埋偏压地段隧道可能发生横向地表位移和沉降,处理较为复杂,应加强量测分析和治理浅埋偏压隧道工程的对策与量测的研究。

6.1.4 监测信息管理技术

我国是一个多山地的国家,公路隧道的建设水平关系着现代交通建设发展的命脉。目前,我国公路隧道建设不仅在山区和丘陵地区得到了普遍的采用,在城市以及跨河、跨海交通建设当中,对隧道方案的选择也日益引起了重视。

现代隧道施工技术多基于新奥法原理,监控量测工作是其重要组成部分。我国从推广新奥法隧道施工技术至今已有30多年的历史,但监控量测工作在实际开展过程当中仍存在着诸多的不足,比如:监测数据管理手段相对落后、易造成数据的混乱和丢失、监测数据可靠性偏差、源数据分析不够及时、信息反馈不够及时、人为因素影响较大、人力工作繁重、信息化施工的作用未能充分体现等。难以及时反馈指导设计和施工,由此造成的施工质量问题与安全事故时有发生。分析目前公路隧道施工监控量测开展的现状可以发现,导致隧道监控量测工作陷入困境的原因主要在于缺乏系统、有效的监测数据采集、处理、分析和利用技术,传统的监测多采用人工方式进行量测数据的采集、处理、分析和反馈,这种方式存在上述的诸多不足,已经很难适应现代公路隧道建设技术的发展。

随着计算机技术飞速发展,数据库技术也日趋成熟,利用数据库可以存储和处理大量的数据,并且可以进行数据分析、及时反馈信息。数据库系统的出现,使人们可以为施工监测建立相应的数据管理系统,进而通过监测数据管理系统对工程监测进行有效的管理,在施工过程中

充分利用监测数据来掌握围岩和支护结构的动态信息，随时了解工程稳定状况及确定新的岩石力学参数和支护结构参数，并将这些信息及时反馈于设计和施工决策。由此可见，监测数据集成管理系统的开发已经成为监测技术发展的一种新趋势和方向。

国内外的一些研究组织和大学对监测信息系统进行了研究，开发了相应的管理系统。但受当时条件的制约，系统存在界面不友好、运行不稳定、分析预测功能偏弱、商业化程序低等不足，并没有被广大工程技术人员接受。因此，如何及时、快速地获取各类信息，如何综合分析信息以及如何快速地把监测信息反馈给其他各方，如何使信息得到切实有效的应用，是目前信息化施工急需解决的问题。

6.2 信息管理系统的网络技术与可视化技术

6.2.1 网络技术

1)无线数据传输网络

监测信息管理系统的数据来源主要有两部分：一部分为传感器传送来的各种实时监测参数；另外一部分则是由人工定期测量的量测数据以及情况记录数据。前者数据要求具有很强的实时性，需要随时与系统的总数据库进行数据同步，而后者数据只需要定期及时更新即可。因此对这两部分数据采用的传送方法是不同的。现场监测站的实时监测数据通过无线网络上传到中心数据库，上传到中心数据库的监测信息经过处理后为预测分析或共享服务。

目前主要的无线远程数据传输网络有 GSM/GPRS/CDMA 网络。GPRS/CDMA 网络支持 TCP/IP 协议，可方便的将数据写入指定服务器中，因此一般情况下优先选择 GPRS/CDMA 网络作为数据传输载体。

无线远程传输系统由现场监测站的无线 Modem、客户端传输程序（采集系统集成通讯模块的可省）和中心站连接 Internet 固定 IP 计算机及服务器端传输程序组成，如图 6-2 所示。

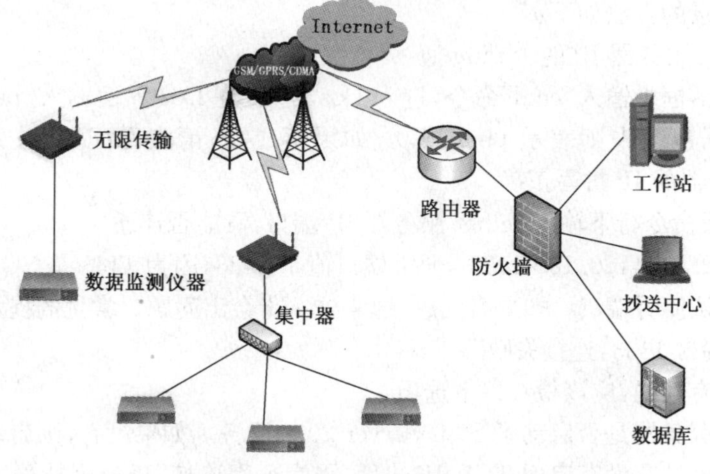

图 6-2　无线远程数据传输网络

无线远程数据传输系统建设主要是无线 Modem 和传输控制程序安装、设置和运行。

首先为现场站数据采集仪连接及配置无线 Modem，其次是传输控制程序配置。控制程序一般为自主研发，用于控制数据传输时间、目标地址及传输过程的错误处理，对事件进行日志记录，由服务器端和客户端两部分组成。服务器端用于设置网络配置、数据库连接方式及数据文件、日志文件和配置文件的存放路径。客户端安装于现场站的数据采集仪上，控制网络连接、上传时间、数据编码、数据备份及传输错误处理。客户端程序和所有数据采集程序为不间断工作状态，在按控制参数工作的同时，接收控制中心的配置指令及时对控制参数进行调整。安装设置完毕，系统启动后传输系统进入工作状态。

2)数据库远程登录网络技术

隧道施工监测信息管理系统采用集中式数据库管理数据信息，每个监测站的监测数据都通过无线网络或者人工传输到中央数据库，中央数据库对数据信息进行预处理和录入，保证数据的准确有效性。各级客户端根据权限的不同可对中央数据库进行不同级别的数据访问，访问通过远程登录进行，如图 6-3 所示。

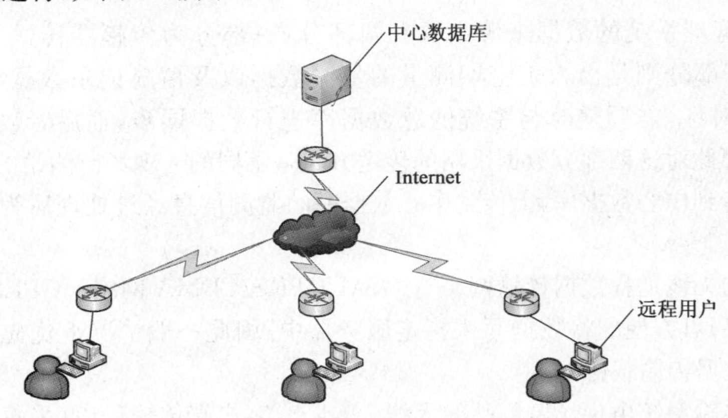

图 6-3　数据库远程登录

实现远程登录的方法如下：

(1)判断 ping 服务器 IP 能否 ping 通

在“运行”对话框中输入“cmd”命令，进入 Dos 界面，在 Dos 界面输入“ping 服务器 IP”命令，如果没有数据包丢失则表示 ping 成功；如果不成功，请查看配置，首先确保远程 SQL Server 2000 服务器的 IP 拼写正确。

(2)在 Dos 或命令行下输入 telnet 服务器 IP 端口，看能否连通

如 telnet 202.114.100.100 1433，通常端口值是 1433，因为 1433 是 SQL Server 2000 对于 TCP/IP 的默认侦听端口。如果有问题，通常这一步会出问题。常见的提示是“不能打开到主机的连接，在端口 1433：连接失败”。

如果这一步有问题，应该检查以下选项：

①检查远程服务器是否启动了 SQL Server 2000 服务。如果没有，则启动。

②检查服务器端有没有启用 TCP/IP 协议，因为远程连接(通过因特网)需要依靠这个协议。检查方法是在服务器上打开“开始菜单→程序→Microsoft SQL Server→服务器网络实用

工具”，看启用的协议里是否有 TCP/IP 协议，如果没有，则启用它。

③检查服务器的 TCP/IP 端口是否配置为 1433 端口。在服务器网络实用工具里查看启用协议里面的 TCP/IP 的属性，确保默认端口为 1433，并且隐藏服务器复选框没有勾上。

事实上，如果默认端口被修改，也是可以的，但是在客户端做 telnet 测试时，写服务器端口号时必须与服务器配置的端口号保持一致。如果隐藏服务器复选框被勾选，则意味着客户端无法通过枚举服务器来看到这台服务器，起到了保护的作用，不影响连接，但是 TCP/IP 协议的默认端口将被隐式修改为 2433，在客户端连接时必须作相应的改变。

④如果服务器端打过 sp2 补丁，则要对 windows 作一定的配置，要对它开放 1433 端口，通常在测试时可以直接关掉 windows 防火墙(其他的防火墙也关掉最好)。

⑤检查服务器是否在 1433 端口侦听。如果服务器没有在 TCP 连接的 1433 端口侦听，则是连接不上的。检查方法是在服务器的 dos 或命令行下面输入 netstat-a-n 或者是 netstat-an，在结果列表里看是否有类似 TCP 127.0.0.1 1433 listening 的项。如果没有，则通常需要给 SQL Server 2000 打上至少 sp3 的补丁。其实在服务器端启动查询分析器，输入 select @@version 执行后可以看到版本号，版本号在 8.0.2039 以下的都需要打补丁。

如果以上都没问题，这时再做 telnet 服务器 IP 1433 测试，将会看到屏幕一闪之后光标在左上角不停闪动，表示 telnet 成功。

(3)检查客户端设置

程序→Microsoft SQL Server→客户端网络使用工具。像在服务器网络实用工具里一样，确保客户端 TCP/IP 协议启用，并且默认端口为 1433(或其他端口，与服务器端保持一致就行)。

(4)通过企业管理器或查询分析器连接测试

企业管理器→右键 SQL Server 组→新建 SQL Server 注册→下一步→写入远程 IP→下一步→选 SQL Server 登陆→下一步→写入登陆名与密码(sa，password)→下一步→下一步→完成。

查询分析器→文件→连接→写入远程 IP→写入登录名和密码(sa，password)→确定。

通常建议在查询分析器里测试，因为默认情况下，通过企业管理器注册另外一台 SQL Server 的超时设置是 4s，而查询分析器是 15s。

修改默认连接超时的方法：

企业管理器→工具→选项→在弹出的“SQL Server 企业管理器属性”窗口中，点击“高级”选项卡→连接设置→在“登录超时(秒)”后面的框里输入一个较大的数字。

查询分析器→工具→选项→连接→在“登录超时(秒)”后面的框里输入一个较大的数字。通常就可以连通了，如果提示错误，则进入下一步。

(5)错误产生的原因通常是由于 SQL Server 使用了“仅 Windows”的身份验证方式，因此用户无法使用 SQL Server 的登录账户(如 sa)进行连接。解决方法如下所示：

①在服务器端使用企业管理器，并且选择“使用 Windows 身份验证”连接上 SQL Server；

②展开“SQL Server 组”，右键点击 SQL Server 服务器的名称，选择“属性”，再选择“安全

性"选项卡；

③在"身份验证"下，选择"SQL Server 和 Windows"；

④重新启动 SQL Server 服务。（在 Dos 或命令行下面 net stop mssqlserver 停止服务，net start mssqlserver 启动服务，也是一种快捷的方法）；

在连接本地服务器时，通常使用的是命名管道协议（在服务器网络实用工具里可以看到启用的协议有这个），默认端口是 445，因此在本地能连通是不能说明什么问题的，连接远程服务器是完全不同的协议，再次连接，显示连接成功。

6.2.2 可视化技术

可视化是一门新兴的计算机技术，它的本质是利用计算机图形学和图像处理技术，将数据转换成图形或图像在屏幕上显示出来，并进行交互处理的理论、方法和技术。它涉及计算机图形学、图像处理、计算机视觉、计算机辅助设计等多个领域，成为研究数据表示、数据处理、决策分析等一系列问题的综合技术。目前正在飞速发展的虚拟现实技术也是以图形图像的可视化技术为依托的。

1）监测数据可视化

隧道工程监测信息管理系统的可视化主要是实现监测数据的可视化，通过实测数据或计算数据快速、准确的估计隧道变形，然后将其结果通过可视化技术显示出来。

（1）监测数据的可视化内容

监测数据的可视化主要是绘制统计图形来实现监测数据或计算数据的可视化，如各种位移计监测位移随时间的变化过程、监测位移随与距掌子面距离的变化过程、锚杆和锚索应力计以及渗压计测值随时间的变化过程等；另外以图形、特殊符号表现各监测断面监控测点布置情况。

该模块主要对监测数据和计算数据进行可视化分析，可以对各种数据进行动态查询，根据查询条件筛查有用信息，进而根据结果绘制相应的曲线。当数据库的数据发生变更时查询结果与绘制曲线将随着发生相应变化，实现了监测数据的动态可视化。

（2）监测数据可视化实现过程

图形可视化的实质就是利用 Windows 提供的图形设备接口将图形绘制在显示器上。图形设备接口 GDI 负责管理用户绘图操作时功能的转换，用户通过调用 GDI 函数与设备打交道，GDI 通过不同设备提供的驱动程序将绘图语句转换为对应的绘图指令，避免了直接对硬件进行操作，从而实现了设备无关性。

为了支持 GDI 绘图，MFC 提供了两类：设备环境类（上下文类）：用于设置绘图属性和绘制图形；绘图对象类：封装了各种 GDI 绘图对象，包括：画笔、刷子、字体、位图等。

图形可视化的具体步骤：

①取得指定窗口的当前显示设备上下文。显示设备上下文是一个数据结构，包括窗口的参数及各种图形，文字属性，以及对以后的图形，文字输出的控制；

②选择用户坐标系及映射方式；

③设定用户坐标系中的观察窗口和设备坐标系中的显示视图；

④输出图形，文字和图像；

⑤释放所使用的显示设备上下文。

代码示例：

```
void CWYView::OnShiftdis()
{
  // TODO: Add your control notification handler code here
  UpdateData(TRUE);
  Invalidate();
  UpdateWindow();
//获得资源 DC
  CClientDC dc1(this);
//定义画刷,画黑色底色
  CBrush *oldbrush=dc1.SelectObject(&backgroundbrush1);
  CRect rcall;
  GetClientRect(rcall);
  rcall.DeflateRect(350,400,100,80);
  dc1.Rectangle(rcall);
  int gridxnums=10;
  int gridynums=8;
  CRect rc3;
  GetClientRect(rc3);
  rc3.DeflateRect(350,400,100,80);
  CRect gridRect3(rc3.left,rc3.top,rc3.left+rc3.Width(),rc3.top+rc3.Height());
  int dx=rc3.Width()/gridxnums;
  int dy=rc3.Height()/gridynums;
  CPen gridPen(0,0,RGB(0,255,0));
  CPen gridPen1(0,0,RGB(54,78,52));
//定义画笔
  CPen *oldpen=dc.SelectObject(&gridPen1);
  CBrush backgroundbrush;
  backgroundbrush.CreateSolidBrush(RGB(0,0,0));
  oldbrush=dc.SelectObject(&backgroundbrush);
  dc.SetBkMode(TRANSPARENT);
//绘制网格线
  for(int z=0;z<gridxnums;z++)
  {
    dc.MoveTo(gridRect3.left+z*dx1,gridRect3.bottom);
    dc.LineTo(gridRect3.left+z*dx1,gridRect3.top);
```

```
    }
    dc.MoveTo(gridRect3.right,gridRect3.bottom);
    dc.LineTo(gridRect3.right,gridRect3.top);
    for(int s=0;s<gridynums;s++)
    {
      dc.MoveTo(gridRect3.left,gridRect3.bottom-s*dy);
      dc.LineTo(gridRect3.right,gridRect3.bottom-s*dy);
    }
    dc.MoveTo(gridRect3.left,gridRect3.top);
    dc.LineTo(gridRect3.right,gridRect3.top);
    int dx=rc.Width()/(datediffer[count-1]-1+4);
    oldpen=dc.SelectObject(&gridPen);
  //绘制数据曲线
    for(int i=0;i<ncount-1;i++)
    {
    dc.MoveTo(gridRect3.left+datediffer[i]*dx,(float)(gridRect3.bottom-Height3*
(float)(value3[i]-valuemin3)));
    dc.LineTo(gridRect3.left+datediffer[i+1]*dx,(float)(gridRect3.bottom-
    Height3*(float)(value3[i+1]-valuemin3)));
    }
    UpdateWindow();
  }
```

利用上述代码可实现监测数据的可视化，结果如图 6-4 所示：

2)Autocad 图形的可视化

隧道工程监测信息管理系统中还有一部分信息为 autocad 图纸，导入与监测项目有关的监测设施布置图、地质图和设计图纸等 CAD 图纸信息，实现图形显示、图形修改与保存对隧道监测信息系统的完整性至关重要，可采用 ShellExecute 函数实现对 CAD 图形的可视化。具体函数语句为 ShellExecute(NULL, _T("open"), _T(m_sPath), NULL, NULL, SW_SHOWNORMAL)，该函数的第一个参数指定父窗口句柄，第二个参数指定动作如“open”，第三个参数指定要打开的文件或程序，第四个给要打开的程序指定参数，第五个为缺省目录，最后为打开选项。CAD 图形可视化如图 6-5 所示。

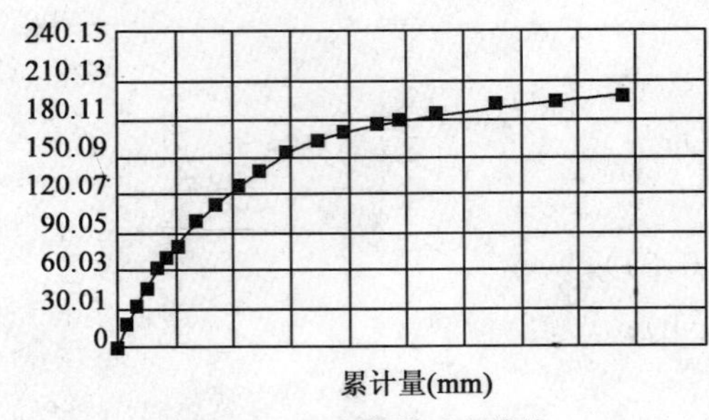

图 6-4　监测数据时程曲线

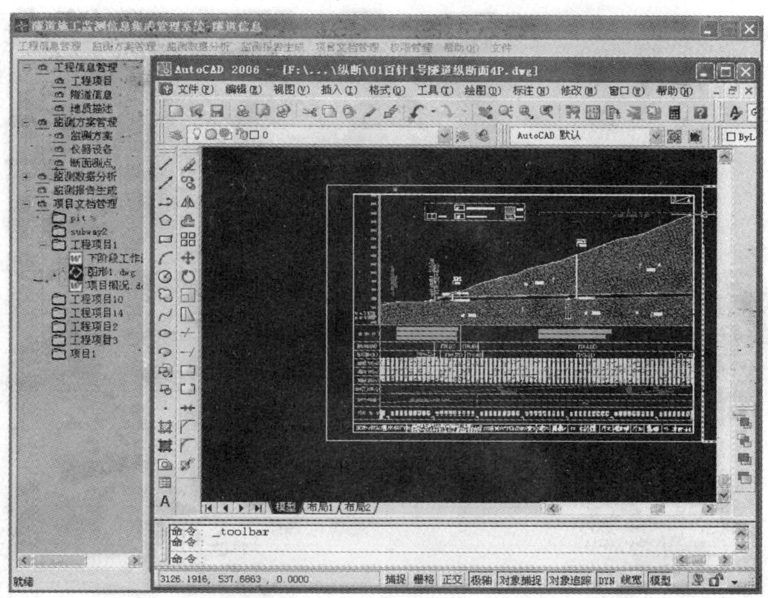

图 6-5 CAD图形可视化

6.3 隧道监测信息集成管理及综合分析技术

6.3.1 数据库设计

数据是信息管理系统的基础和核心，数据库的规划和设计在整个系统中占有非常重要的地位，它不但存储各种信息供统计、查询和分析，还关系到不同功能界面之间的数据共享。

通常采用的 SQL Server 系统中每个数据库最多可创建 20 亿个表，一个表允许定义 1024 列，每行的最大长度为 8092 字节(不包括文本和图像类型的长度)。当表中定义有 varchar、nvarchar 或 varbinary 类型列时，如果向表中插入的数据行超过 8092 字节时将导致 Transact-SQL 语句失败，并产生错误信息。SQL Server 对每个表中行的数量没有直接限制，但它受数据库存储空间的限制。每个数据库的最大空间 1048516TB，所以一个表可用的最大空间为 1048516TB 减去数据库内系统表和其他数据库对象所占用的空间。

在 SQL Server 系统中创建数据表的是“CREAT TABLE”语句，其语法格式为：

```
CREAT TABLE table_name
({column_name data_type
|column_name AS computed_column_expression
|<table_constraint>}[,... n]
)
[ON {filegroup|DEFAULT}]
```

说明：CREAT TABLE 为关键字，table_name 为创建的表的表名，column_name 为定义的字段名称，data_type 是字段的数据类型，table_constraint 是表的约束，主要用于定义表的主键、外键或表的索引等，ON {filegroup|DEFAULT}指定存储表的文件组。

在对隧道建设期管理业务进行详细的需求分析的前提下，对与隧道及监测相关的各方面信息都建立了详细的数据表，进而组成了一个动态的、开放的数据库。隧道监测信息系统的数据库主要有工程项目表、隧道信息表、断面地质描述表、监测仪器表、断面测点表以及存储监测数据的拱顶下沉表、周边位移表和地表沉降表，其中项目信息表、断面地质描述表和拱顶下沉数据表属性如表 6-1～表 6-3 所示。

项目信息表

表 6-1

列　名	数据类型	长　度	允许空	列　名	数据类型	长　度	允许空
编号	Int	4		监测单位	Varchar	500	√
项目名称	Varchar	50		项目简介	Varchar	500	√
项目 ID	Int	4		技术标准	Varchar	500	√
建设单位	Varchar	500	√	建设周期	Varchar	50	√
设计单位	Varchar	500	√	开工日期	Datetime	8	√
监理单位	Varchar	500	√	地理位置图	Image	16	√
施工单位	Varchar	500	√	图集	Varchar	50	√
科研单位	Varchar	500	√				

断面地质描述信息表

表 6-2

列　名	数据类型	长　度	允许空	列　名	数据类型	长　度	允许空
编号	Int	4		长度 2	Varchar	50	√
断面名称	Varchar	50		缝宽 2	Varchar	50	√
断面 ID	Int	4		粗糙度 2	Varchar	50	√
隧道名称	Varchar	50	√	填充物 2	Varchar	50	√
断面里程	Varchar	50	√	性质 2	Varchar	50	√
围岩级别	Varchar	50	√	产状 3	Varchar	50	√
开挖方法	Varchar	50	√	间距 3	Varchar	50	√
施工问题	Varchar	500	√	长度 3	Varchar	50	√
岩性	Varchar	500	√	缝宽 3	Varchar	50	√
岩层厚度	Int	4	√	粗糙度 3	Varchar	50	√
说明	Varchar	500	√	填充物 3	Varchar	50	√
岩体结构	Int	4	√	性质 3	Varchar	50	√
产状 1	Varchar	50	√	风化程度	Varchar	500	√
间距 1	Varchar	50	√	地下水	Varchar	500	√
长度 1	Varchar	50	√	断层	Varchar	500	√
缝宽 1	Varchar	50	√	稳定性	Varchar	500	√
粗糙度 1	Varchar	50	√	拱顶下沉	Tinyint	1	√
填充物 1	Varchar	50	√	周边位移	Tinyint	1	√
性质 1	Varchar	50	√	地表沉降	Tinyint	1	√
产状 2	Varchar	50	√	施工时间	Datetime	8	√
间距 2	Varchar	50	√				

拱顶下沉数据表

表 6-3

列 名	数据类型	长 度	允许空	列 名	数据类型	长 度	允许空
编号	Int	4		前视 13	Varchar	50	√
测点名称	Varchar	50		前视 21	Varchar	50	√
监测时间	Datetime	8		前视 22	Varchar	50	√
基点高程	Varchar	50	√	前视 23	Varchar	50	√
后视 11	Varchar	50	√	前视 31	Varchar	50	√
后视 12	Varchar	50	√	前视 32	Varchar	50	√
后视 13	Varchar	50	√	前视 33	Varchar	50	√
后视 21	Varchar	50	√	前视平均值	Float	8	√
后视 22	Varchar	50	√	计算高程	Float	8	√
后视 23	Varchar	50	√	累计沉降	Float	8	√
后视 31	Varchar	50	√	沉降速率	Float	8	√
后视 32	Varchar	50	√	沉降加速度	Float	8	√
后视 33	Varchar	50	√	一天沉降速率	Float	8	√
后视平均值	Float	8	√	一天沉降加速度	Float	8	√
前视 11	Varchar	50	√	隧道名称	Varchar	50	√
前视 12	Varchar	50	√	断面名称	Varchar	50	√
备注	Varchar	50	√				

6.3.2 数据库访问技术

Visual C++6.0 提供了多种多样的数据库访问技术——ODBC API、MFC ODBC、DAO、OLE DB、ADO 等。这些技术都有各自的特点，适用范围也不尽相同。

1)数据库访问技术简介

(1)ODBC API(开放数据库互连应用程序编程接口)

ODBC API 是 20 世纪 80 年代末 90 年代初出现的技术，它为编写关系数据库的客户软件提供了一套统一的接口，该 API 接口可用于处理不同数据库的客户应用程序，这样使得应用程序可以只针对 ODBC 的 API 来进行程序编写，就可访问任何提供了 ODBC 驱动程序的数据库。此外，ODBC 还是一种业界标准，几乎所有的关系数据库都提供了相应的 ODBC 驱动程序，所以具有广泛的应用。

图 6-6 为利用 ODBC 访问数据库的流程，客户程序直接与 ODBC 驱动程序管理器接触，后者利用 ODBC 驱动程序所提供的 API 访问数据库。在访问不同数据库时，需要指定相应的 ODBC 驱动程序。

ODBC 的缺点是由于 ODBC 只能用于关系型数据库，使得 ODBC 很难访问对象数据库及其他非关系型数据库。而且由于 ODBC 是一个接口层，需要为各种不同的数据库提供适应性，必然会使效率有所降低。此外，在使用 ODBC 时需要向系统注册一个数据源，这增加一定的配置难度。还需要通过大量的 ODBC 统一接口 API 来对数据库访问，也提高了一定的开发难度。

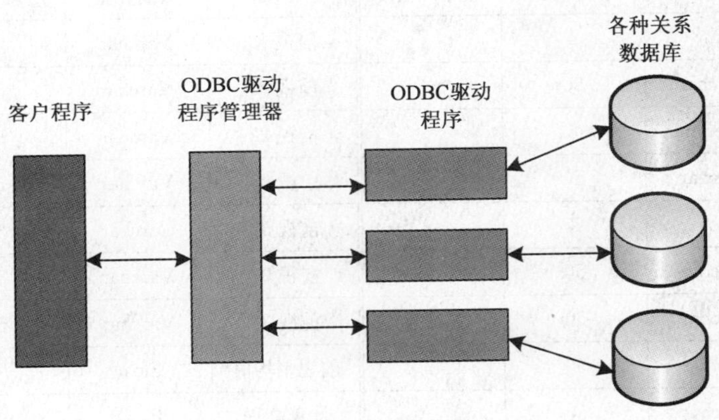

图 6-6 ODBC 体系架构

(2)OLE DB(对象链接和嵌入数据库)

OLE DB 是 Visual C++开发数据库应用中提供的新技术。OLE DB 在两个方面对 ODBC 进行了扩展。首先，OLE DB 提供了一个数据库编程的 COM 接口；第二，OLE DB 提供了一个可用于关系型和非关系型数据源的接口，如图 6-7 所示。所以使用 OLE DB 可以对大部分数据库进行广泛的支持。同时它是低级应用程序接口，所以在效率上比 ODBC 高。

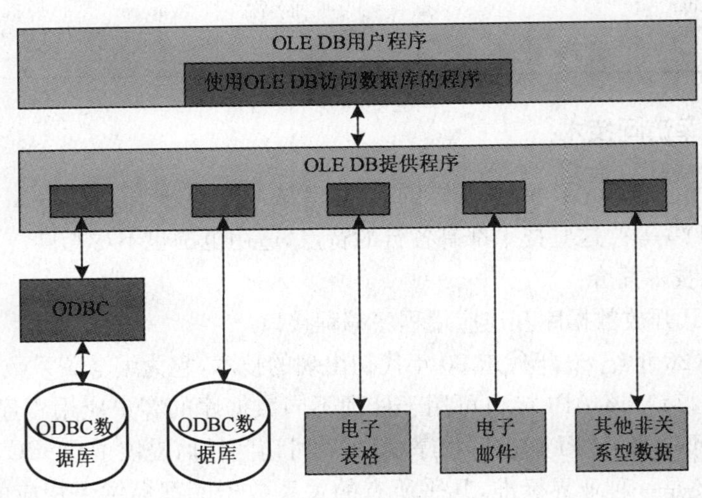

图 6-7 OLE DB 体系结构

OLE DB 的缺点是直接使用 OLE DB 来设计数据库应用程序需要大量的代码。即便可以通过 ATL 模板来减少一定的工作量，其开发难度也是相对较大的。可以说，它是所有数据库编程接口中难度最大的。

(3)ADO(ActiveX 数据对象)

ADO 是一种面向对象的编程接口，如图 6-8 所示，它向我们提供了一个熟悉的、高层的对 OLE DB 的 Automation 封装接口。如果采用 ADO 技术访问数据库，实际调用过程是：ADO

客户程序通过 ADO 访问 OLE DB 提供程序，它继承了 OLE DB 技术的优点，具有易于使用、访问效率高、功能强大的特点。因为是面向对象的，内部通过各个对象相互作用实现。既可访问关系型数据库，也可访问非关系型数据库。其唯一缺点应该是基于 COM 技术，所以不能跨平台使用，只能用在支持 COM 接口的机器上，也就是微软的视窗系统。对于使用 VC＋＋来进行开发的话，也不能算是一个缺点。

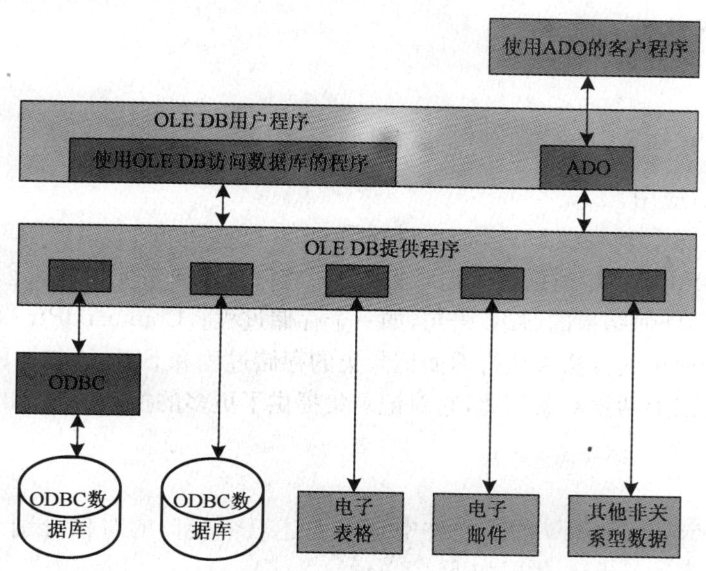

图 6-8 ADO 体系结构

ADO 是 Windows 系统上访问数据库比较成熟的技术之一，具有易于使用、访问灵活、应用广泛、数据类型丰富、高效的特点，尤其是通过 VC 对 COM 进行访问时，更能凸显 ADO 的快速高效、接口简便的特点。凭借其自身的优势，自它出现后不久就迅速流行开来，本系统开发平台为 Visual C＋＋，故采用 ADO 技术作为数据库访问技术。

2)本系统采用 ADO 技术的实现过程

在本系统中使用 ADO 的开发步骤如下：

(1)引入 ADO 库文件

使用 ADO 前必须在工程的 stdafx. h 头文件里用直接引入符号＃import 引入 ADO 库文件，以使编译器能正确编译。

代码如下所示：

```
#import "c:\program files\commonfiles\system\ado\msado15. dll"
no_namespaces rename("EOF" adoEOF")
```

该语句声明在工程中使用 ADO，但不使用 ADO 的名字空间，并且为了避免常数冲突，将常数 EOF 改名为 adoEOF。现在不需添加另外的头文件即可以使用 ADO 接口。

(2)初始化 OLE/COM 库环境

ADO 库是一组 COM 动态库，这意味应用程序在调用 ADO 前，必须初始化 OLE/COM 库环境。在 MFC 应用程序里，一个比较好的方法是在应用程序主类的 InitInstance 成员函数里初始化 OLE/COM 库环境。

```
BOOL CMyAdoTestApp::InitInstance()
{
if(! AfxOleInit())//这就是初始化COM库
{
AfxMessageBox("OLE初始化出错!");
    return FALSE;
    }
......
}
```

(3)ADO接口应用

ADO库包含三个基本接口:_ConnectionPtr接口、_CommandPtr接口和_RecordsetPtr接口。_ConnectionPtr接口返回一个记录集或一个空指针,通常使用它来创建一个数据连接或执行一条不返回任何结果的SQL语句,如一个存储过程;_CommandPtr接口返回一个记录集,它提供了一种简单的方法来执行返回记录集的存储过程和SQL语句;_RecordsetPtr是一个记录集对象,与以上两种对象相比,它对记录集提供了更多的控制功能,如记录锁定,游标控制等。

应用实例:

首先在类CProjectInView的头文件中定义上述三个接口的对象分别为m_connection、m_command和m_recordset,代码如下:

```
public:
  _ConnectionPtr m_connection;
  _CommandPtr m_command;
_RecordsetPtr m_recordset;
```

接口具体应用代码如下:

```
void CProjectInView::OnAdd()
{
  // TODO: Add your control notification handler code here
  UpdateData(TRUE);
_bstr_t source("Driver={SQLServer};Server="+servername+";Database=master;
Uid=sa;Pwd=zjygy;");
  _bstr_t user("");
  _bstr_t pwd("");
  HRESULT hr;
  try
  {
    hr=m_connection.CreateInstance(_uuidof(ADODB::Connection));
    if(SUCCEEDED(hr))
      hr = m_connection->Open(source,user,pwd,16);
```

```
        if(SUCCEEDED(hr))
        hr=m_recordset.CreateInstance(_uuidof(ADODB::Recordset));
        if(SUCCEEDED(hr))
          m_fConnected = TRUE;
        else
          m_fConnected = FALSE;
    }
    catch (_com_error &e)
    {
        e.Description();
        m_fConnected = FALSE;
    }
        if(! m_fConnected)MessageBox("ADO 数据源初始化失败!");
    else   m_strSource = (const char * )source;
……
}
```

6.3.3 与文档交互接口技术

随着信息化进程的发展,文档管理越来越受到企业的重视,但是企业在进行文档管理的过程中,经常会碰到以下问题:海量文档存储、管理困难;查找缓慢、效率低下;文档无法有效协作共享等。所以文档管理逐渐成为国内外业界研究的热点。隧道工程中常见的电子文档主要有 word 文档、excel 文档和 autocad 文档等,实现这些文档的集中存储,形成多层目录结构并能对文档进行排序和搜索将能大大提高系统的文档自动化管理水平,为工程技术人员提供更全面详细的信息支撑进而提高工作效率。

MS Office 的 COM 技术是目前应用最广泛的自动化技术,即利用 Visual C++应用程序控制 Microsoft Office 组件。自动化(OLE 自动化)技术允许将现有的程序的功能合并到 VC++的应用程序中。自动化技术建立在组件对象模型(COM)的基础上。IDispatch 是自动化技术的核心。

1)与 Word 的交互技术

Word 2003 对象是按层次顺序排列的,层次结构顶端的两个主类是 Application 类和 Document 类。这两个类非常重要,因为程序经常使用 Word 应用程序本身或以某种方式处理 Word 文档。Application 对象提供整个应用程序的包装,每个 Document 对象表示单个 Word 文档。Selection 对象表示当前选择的区域,Selection 对象只存在一个。Range 对象表示文档中的一个连续的区域,由一个起始字符位置和一个结束字符位置定义,在同一文档中可以定义多个 Range 对象。

利用 VC++ 6.0 操作 microsoft Word,可利用 ADO 操作数据库,从数据库中取出数据然后写入 Word 文件。首先创建一个 CWordOffice 类,此类用来定义操作 Word 的各个函数,然后在工程中调用该类的这些函数,实现操作目的,详细操作步骤如下:

(1)引入 Word 库文件

首先创建类 CWordOffice,类的 type 是 Generic Type,然后在 Class Wizard→Automation→add class→ from a type library 中选中 Microsoft office 安装目录下 office12 文件夹下面的 MSWORD. dll,点击 OK。最后会出现许多 COM 类,此时全部选择,点击 OK,回到 Class Wizard 再点击 OK。导入成功。

(2)引入头文件

在 CWordOffice 头文件中引入以下两个头文件。

```
#include "atlbase. h"
#include "msword. h"
```

(3)声明函数

在 CWordOffice 头文件中,声明 Word 各个对象,如下:

```
private:
_Application m_wordApp;
Documents m_wordDocs;
_Document m_wordDoc;
Selection m_wordSelect;
Range m_wordRange;
```

在 CWordOffice 头文件中,声明各个函数,如下:

```
//************************创建*************
void CreateApp(void);
void CreateDocument(void);
    void ShowApp(void);
void HideApp(void);
//**************打开文档*****************
void OpenDocument(CString fileName);
void SetActiveDocument(short i);
//**************写操作*******************
void WriteText(CString strText);
void WriteNewLineText(CString strText,int nLine);
void WriteEndText(CString strText);
//**************保存文档*****************
void SaveDocument();
void SaveDocumentAs(CString fileName);
//********************关闭文档************
void CloseDocument();
void CloseApp();
```

各函数的实现过程在此不再赘述。

(4)在工程中调用流程

首先要初始化环境，如下：

```
AfxEnableControlContainer();
AfxOleInit();
```

然后在需要实现的地方，加入如下代码：

```
word.CreateApp();
word.CreateDocument();
word.ShowApp();
word.WriteNewLineText(datestr,1);
word.WriteNewLineText(namestr,1);
word.WriteText(textstr);
```

最后在程序结束处完成释放：

```
word.CloseDocument();
word.CloseApp();
```

系统与 Word 的交互使用如图 6-9 所示：

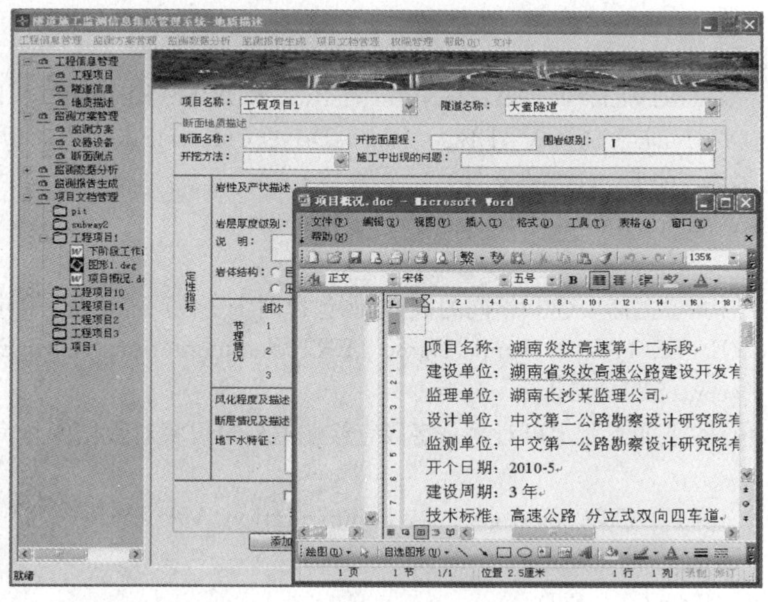

图 6-9 与 Word 的交互使用

2)实现自动化操作 Excel 的方法

在数据处理过程中，经常需要将数据库中的数据查询后以报表的形式进行输出或将 Excel 中的数据保存到数据库中，因此掌握自动化操作 Excel 的方法非常重要。利用 VC 操作 Excel 文件的方法多种多样，下面主要介绍利用 ODBC 把 Excel 文件当成数据库文件，进行读、写和修改等操作。

如果希望通过 ODBC 直接读、写 Excel 表格文件，首先应确保 ODBC 中已安装有 Excel 表格文件的驱动"MICROSOFT EXCEL DRIVER (*.XLS)"。然后，可根据下面步骤进行：

(1)在 StdAfx. h 文件中加入

```
#include < afxdb. h >
#include < odbcinst. h >
```

(2)通过 ODBC 直接创建 Excel 文件并在表中插入数据(暂定文件名:Demo. xls)

```
//创建并写入 Excel 文件
void CRWExcel::WriteToExcel()
{
CDatabase database;
// Excel 安装驱动
CString sDriver = "MICROSOFT EXCEL DRIVER (*.XLS)";
  // 要建立的 Excel 文件
CString sExcelFile = "c:\\demo. xls";
  CString sSql;
TRY
{
// 创建进行存取的字符串
sSql. Format("DRIVER={%s};DSN="";FIRSTROWHASNAMES=1;READONLY
=FALSE;CREATE_DB=\"%s\";DBQ=%s",sDriver, sExcelFile, sExcelFile);
// 创建数据库 (即 Excel 表格文件)
if( database. OpenEx(sSql,CDatabase::noOdbcDialog))
{
// 创建表结构(根据需要建立不同的表,本例包含两个字段测点名称、累计沉降量)
sSql = "CREATE TABLE demo (Name TEXT,Sedimentation NUMBER)";
database. ExecuteSQL(sSql);
// 插入数值(除了如下所示可对每一字段直接赋值外也可将对数据库查询的结果数据赋
予各字段)
sSql= "INSERT INTO demo (Name, Sedimentation) VALUES ("SD1—1—GD—1",
0)";
database. ExecuteSQL(sSql);
sSql = "INSERT INTO demo (Name, Sedimentation) VALUES ("SD1—1—GD—1",
13. 4888)";
database. ExecuteSQL(sSql);
sSql ="INSERT INTO demo (Name, Sedimentation) VALUES ("SD1—1—GD—1",
28. 5034)";
database. ExecuteSQL(sSql);
}
// 关闭数据库
database. Close();
```

```
}
CATCH_ALL(e)
{
TRACE1("Excel 驱动没有安装：%s",sDriver);
}
END_CATCH_ALL;
}
```

(3)通过 ODBC 直接读取 Excel 文件(暂定文件名:Demo. xls)

```
// 读取 Excel 文件
void CRWExcel::ReadFromExcel()
{
CDatabase database;
CString sSql;
CString sItem1，sItem2;
CString sDriver;
CString sDsn;
// 将被读取的 Excel 文件名
CString sFile = "Demo. xls";
// 检索是否安装有 Excel 驱动 "Microsoft Excel Driver ( *. xls)"
sDriver = GetExcelDriver();
if (sDriver. IsEmpty())
{
// 没有发现 Excel 驱动
AfxMessageBox("没有安装 Excel 驱动!");
return;
}
// 创建进行存取的字符串
sDsn. Format("ODBC;DRIVER={%s};DSN="";DBQ=%s", sDriver, sFile);
TRY
{
// 打开数据库(即 Excel 文件)
database. Open(NULL, false, false, sDsn);
CRecordset recset(&database);
// 设置读取的查询语句.
sSql = "SELECT Name, Sedimentation FROM demo ORDER BY Name ";
// 执行查询语句
recset. Open(CRecordset::forwardOnly, sSql, CRecordset::readOnly);
// 获取查询结果
```

```
while (! recset. IsEOF())
{
//读取 Excel 内部数值
recset. GetFieldValue("Name ", sItem1);
……
recset. GetFieldValue("Sedimentation ", sItem2);
// 移到下一行
recset. MoveNext();
}
// 关闭数据库
database. Close();
}
CATCH(CDBException, e)
{
// 数据库操作产生异常时...
AfxMessageBox("数据库错误：" + e—>m_strError);
}
END_CATCH;
}
```

将系统查询结果导出到 Excel 文件如图 6-10 所示：

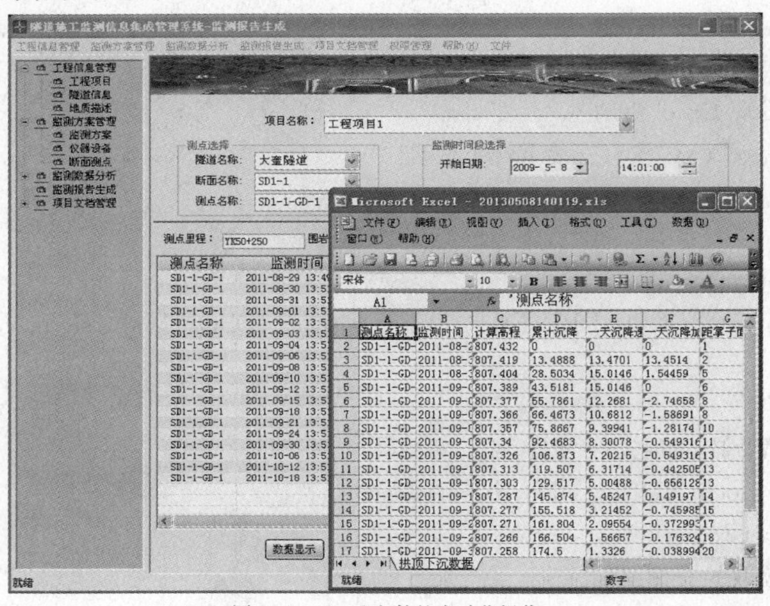

图 6-10　Excel 文件的自动化操作

6.3.4　数据分析技术

隧道施工监测信息管理系统在对监测数据信息和工程信息进行集成管理的过程中进

行数据信息的分析是非常重要的。数据分析分为两个方面：一方面对施工中的变形进行拟合为施工参数的设定提供参考意见；另一方面对各工程历史数据进行分析可找出不同地质环境条件下隧道施工规律。监测数据的定量分析模型直接建立原因量和效应量之间的映射关系，恰当的模型能够对监测量变化趋势进行准确拟合，为隧道安全评价提供有力支撑。常见的数据分析技术有回归分析法、灰色模型、人工神经网络法、时间序列法等模型。利用上述数据分析技术可在对拱顶沉降测点、周边收敛等测点的监测信息绘制累计沉降—时间曲线、沉降速率—时间曲线、沉降速率趋势—时间曲线以及累计沉降、沉降速率和沉降速率趋势与距掌子面距离的关系曲线的基础上拟合变形趋势，指导施工过程。另外还可提供数据报表打印功能，能根据需要自动打印监测数据曲线图以及周报、月报和年报，提高监测系统信息化管理水平。

利用泊松模型对查询时间段内的监测数据进行累计沉降、沉降速率和沉降速率趋势分析结果如图 6-11 所示。

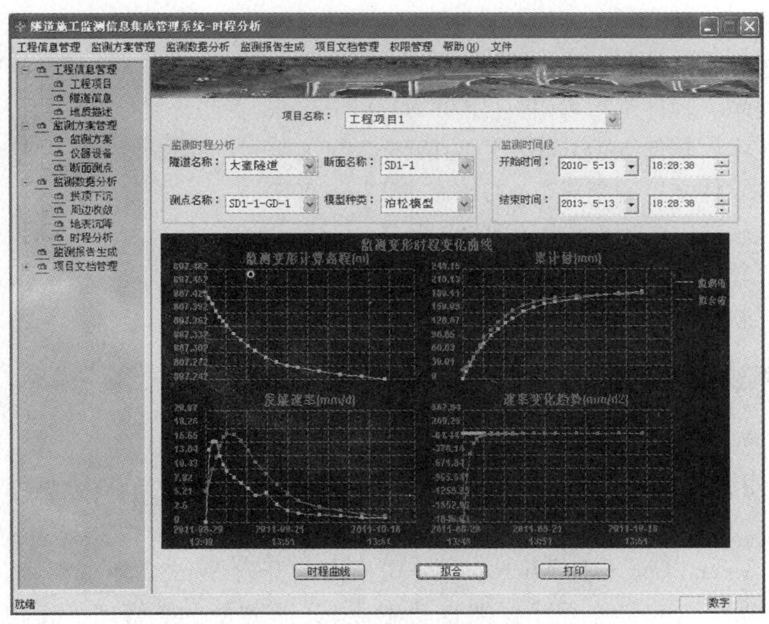

图 6-11 监测数据变形趋势分析

6.4 隧道施工监测信息集成管理系统

针对隧道工程建设中海量信息的落后管理方式和低下管理效率，基于信息化施工思想，运用计算机、网络和可视化技术进行了系统性研究与集成化应用，自主研发形成了隧道施工监测信息集成管理系统。本系统适用于我国公路及铁路隧道施工监控量测信息的集成管理，能够实现管理隧道工程信息、设定隧道监测方案、记录原始监测数据、自动计算监测特征值、分析隧道开挖后围岩的变形情况、自动生成监测报告等功能。系统的主要目的是直接服务于现场信息化施工，确保工程施工的安全与高效，为科学研究提供分析数据源，并为后续工程积累资料。

6.4.1 系统开发采用的技术标准

①《公路隧道设计规范》(JTG D70—2004)。

②《公路隧道施工技术规范》(JTG F60—2009)。

③《公路隧道施工技术细则》(JTG/T F60—2009)。

④《公路工程地质勘察规范》(JTJ 064—98)。

⑤《公路工程质量检验评定标准(土建工程)》(JTG F80/1—2004)。

⑥《铁路隧道监控量测技术规程》(TB 10121—2007)。

⑦《铁路隧道设计规范》(TB 10003—2005)。

⑧《铁路隧道施工规范》(TB 10204—2002)。

⑨《铁路隧道工程施工质量验收标准》(TB 10417—2003)。

⑩《信息技术 软件生存周期过程》(GB/T 8566—2007)。

⑪《信息技术 软件生存周期过程 风险管理》(GB/T 20918—2007)。

⑫《信息技术 软件生存周期过程 配置管理》(GB/T 20158—2006)。

⑬《信息技术 软件工程术语》(GB/T 11457—2006)。

⑭《信息技术 软件维护》(GB/T 20157—2006)。

⑮《计算机软件文档编制规范》(GB/T 8567—2006)。

⑯《计算机软件需求规格说明规范》(GB/T 9385—2008)。

⑰《计算机软件测试文档编制规范》(GB/T 9386—2008)。

⑱《计算机软件测试规范》(GB/T 15532—2008)。

6.4.2 系统开发环境与数据组织

1)编程环境

本软件采用 Microsoft Visual C++开发平台和 SQL Server 2000 数据库,自主集成研发制作。

Microsoft Visual C++是 Microsoft 公司推出的开发 Win32 环境程序,面向对象的可视化集成编程系统。它具有程序框架自动生成、灵活方便的类管理、代码编写和界面设计集成交互操作、可开发多种程序等优点。SQL Server 2000 数据库可进行高性能的设计、系统管理先进、有强壮的事务处理功能及支持对称多处理器结构、存储过程、ODBC 和自主的 SQL 语言。

2)运行环境

①操作系统:Windows Xp/Vista/7 等操作系统。

②数据库:Microsoft SQL Server 2000 企业版/标准版。

③软件:Microsoft Office Excel 2003/2007。

3)数据组织

数据是该系统的基础和核心,数据库的规划和设计在整个系统中占有非常重要的地位,它不但存储各种信息供统计、查询和分析,还关系到不同功能界面之间的数据共享。因此在对隧道建设期管理业务进行详细的需求分析的前提下,对与隧道及监测相关的各方面信息都建立

了详细的数据表，进而组成了一个动态的、开放的数据库。本系统的数据库主要有工程项目表、隧道信息表、断面地质描述表、监测仪器表、断面测点表以及存储监测数据的拱顶下沉表、周边位移表和地表沉降表。

6.4.3 系统的主要功能

本软件实现的主要功能涵盖公路隧道施工监测信息集成管理的工程信息管理、监测方案管理、监测数据分析、监测报告生成等环节，能够实现隧道工程项目、监测方案和仪器设备等多阶段多类型工程资料的动态信息化管理，并可对隧道变形、位移和地面沉降等项目的海量监测信息进行全过程实时分析及可视化，还能够自动化地完成多类型、多角度的监测工作报告生成和打印，如图 6-12 所示。

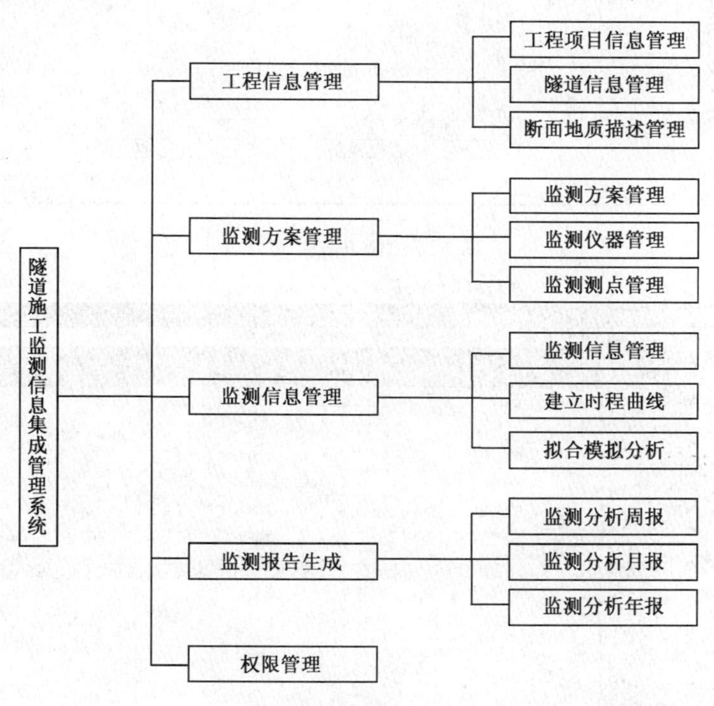

图 6-12　系统组成及功能结构图

系统的主要功能分述如下：

(1)工程信息管理功能。包括隧道工程的项目管理、隧道信息管理、断面地质描述。实现对隧道工程信息的录入、查询、修改和删除；记录、修改、删除隧道断面地质描述等功能，如图 6-13所示。

(2)监测方案管理。包括隧道工程监测方案、仪器设备、断面测点管理。实现监测仪器信息的录入、查询、修改和删除；设定、修改和删除隧道断面监测方案、断面测点布置等功能。主要包括隧道工程监测方案、仪器设备和断面测点管理，如图 6-14 所示。

(3)监测数据分析。包括隧道现场量测数据的管理、监测数据的时程分析。实现对原始量测数据的录入、查询、修改和删除功能；自动计算监测数据特征值(如累计变形量、变形速率、变形加速度等)功能；自动生成监测数据的时程曲线与拟合曲线功能。主要包括隧道现场量测数

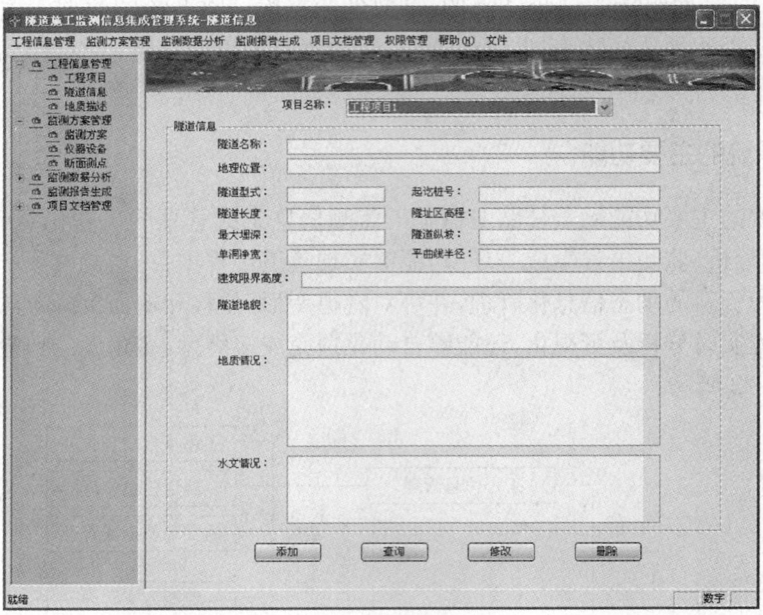

图 6-13 “隧道信息”窗口

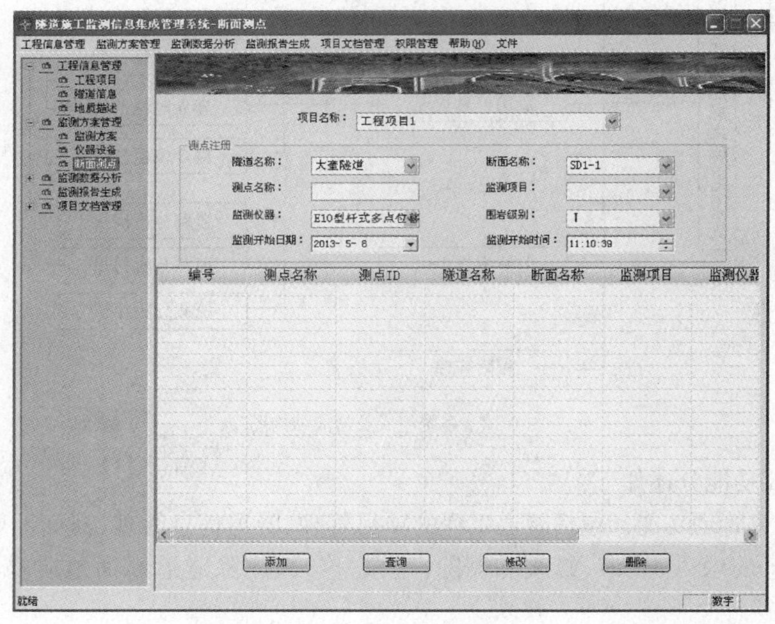

图 6-14 “断面测点”窗口

据的管理、监测数据的时程分析，如图 6-15 所示。

(4)监测报告生成。包括监测报告生成和打印预览。通过该模块可以自动生成隧道监测报告，内容涵盖项目基本信息、监测数据列表、监测数据时程曲线、拟合曲线等，实现了隧道监控量测报告的自动化生成，如图 6-16 所示。

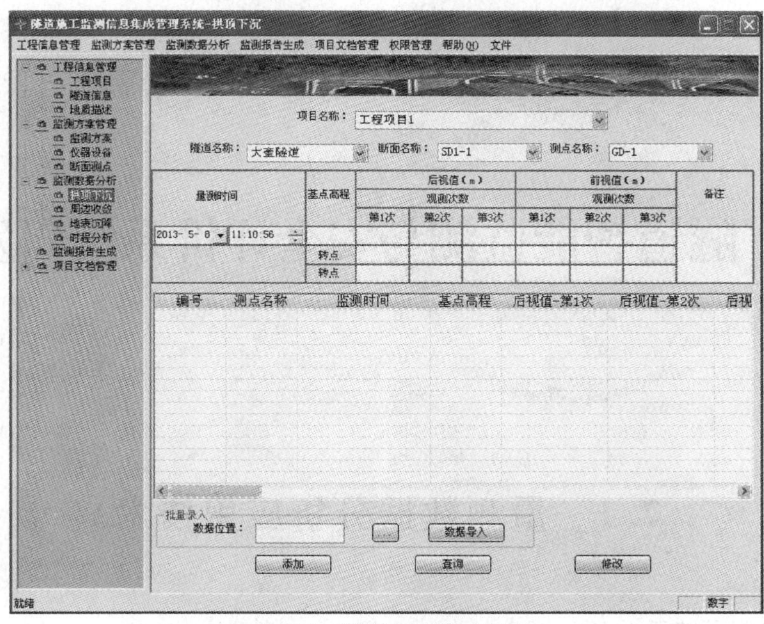

图 6-15 “监测数据管理”窗口

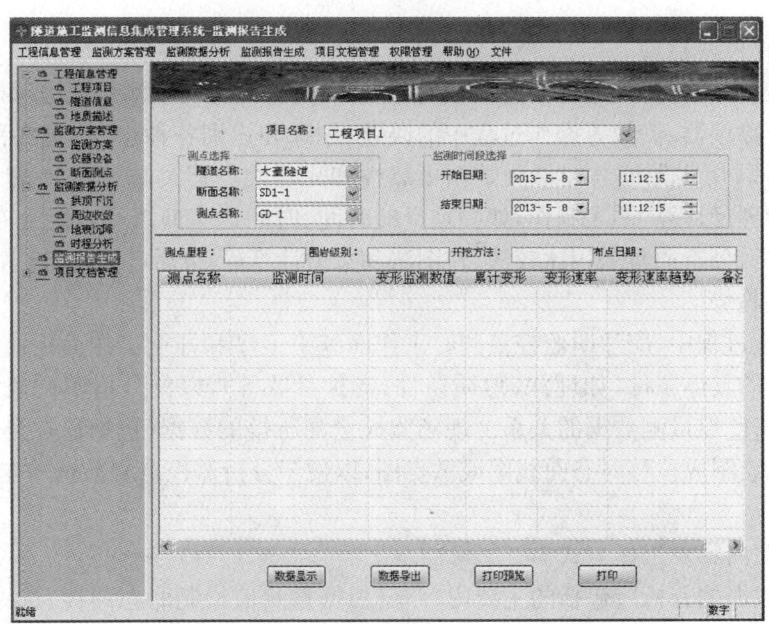

图 6-16 “监测报告生成”窗口

7 隧道智能监测与安全评价系统研发

7.1 量测数据分析应用技术

7.1.1 数据采编及分析反馈

1)量测资料校核整理

监控量测资料的分析处理是信息反馈的基础工作，首先应对量测数据进行校核，必须进行可靠性分析，排除仪器、读数等操作过程中的误差，剔除和识别各种粗大、偶然和系统性误差，避免漏测和错测，切实保证监控量测数据可靠性和完整性。其次，要对监控量测数据进行整理，包括各种物理量计算、图表制作，如物理量的时间、时间速率曲线和空间分布图的绘制等。最后是数据分析，分析通常采用比较法、作图法和数值计算等，分析各监控量测物理量位大小、变化规律、发展趋势。

在资料整理过程中，应注明监控量测时工作面施工工序和开挖工作面距监控量测断面的距离，以及工程的具体条件(如埋深、地质条件、支护参数等)，以便分析不同条件下各施工工序、时间、空间与监控量测数据的关系。现场监控量测所得的数据(包括监控量测日期、时刻、温度等)应及时绘制成位移时态曲线图或散点图，以便于分析监控量测数据的变化规律及发展趋势。

2)分析反馈内容及工作方式

监控量测数据的分析应包括的主要内容有：根据量测值绘制时态曲线；选择回归曲线，预测最终值，并与控制基准进行比较；对支护及围岩状态、工法、工序进行评价；及时反馈评价结论，并提出相应工程对策建议。

首先根据监控量测数据绘制时间—位移散点图和距离—位移散点图。然后根据散点图的数据分布状况，选择适合的函数进行回归分析，对最大值(最终值)进行预测，并与控制基准位进行比较，结合施工工况综合分析围岩和支护结构的工作状态。如果位移曲线正常，说明围岩处于稳定状态，支护系统是有效、可靠的；如果位移出现反常的急骤增长现象(出现了反弯点)，表明围岩和支护已呈不稳定状态，应立即采取相应的工程措施。

监控量测信息反馈应量测数据分析结果对工程安全性进行评价，并提出相应工程对策与建议,可参照图 7-1 程序进行。监控量测反馈程序应贯穿于整个施工全过程,信息反馈工作可分为实时分析和阶段分析两种方式。

(1)实时分析:每天根据监控量测数据,分析施工对结构和周边环境的影响,发现安全隐患及时采取措施,实时分析一般采用日报表形式。

(2)阶段分析:经过一段时间后,根据大量的监控量测数据及相关资料等进行综合分析,总结施工对周围地层影响的一般规律,指导下一阶段施工。阶段分析一般采用周报、月报形式,或根据工程施工需要不定期进行,提出指导施工和优化设计的建议。

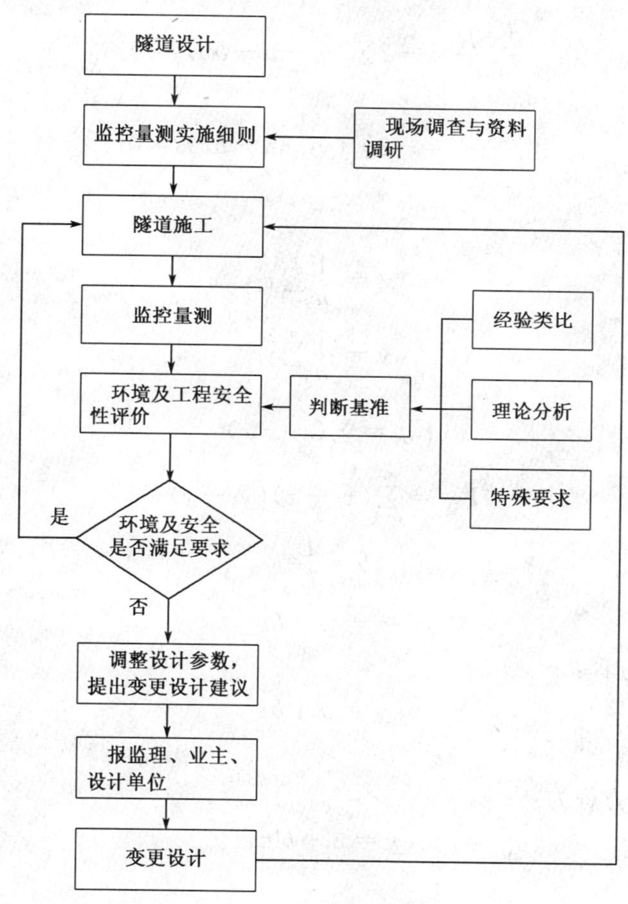

图 7-1 监控量测信息反馈程序图

7.1.2 回归分析及应用方法

由于量测的偶然误差所造成的离散性,绘制的散点图总是上下波动和不规则的。因此必须进行数字处理才能获得合理的典型曲线,并以相应数字公式进行描述。回归分析是处理测读数、最终绘制典型曲线的一种较好方法。回归分析是对一系列其有内在规律的测试数据进行处理,通过处理和计算得到两个变量之间的函数关系,用这个函数式做出的曲线能够代表测试数据的散点分布,并能推算出因变量的极限值。在工程中常用的回归分析模型包括对数函数、指数函数和双曲线函数等。

虽然对数函数、指数函数和双曲线函数都是非线性的，但可通过函数变换使其成为线性的形式，于是就转化为 $y=a+bx$ 的一元线性回归问题了。由于量测误差以及其他因素干扰，通常测量数据难以获得精确的 a 和 b，因此需要确定其估计值 α 和 β，使得回归直线 $\hat{y}=\alpha+\beta x$ 与所有数据点都比较地接近。在古典回归分析中，采用残差平方和 SSR 来衡量所有量测值与回归直线的偏离程度。根据最小二乘法，可选择 α 和 β 使残差平方和达到最小，从而获得了 a 和 b 的估计值，即为 α 与 β。

根据微积分中求极值的方法，a 和 b 应满足下列方程组：

$$\frac{\partial SSR}{\partial a}=-2\sum_{i=1}^{n}(y_i-a-bx)=0$$

$$\frac{\partial SSR}{\partial b}=-2\sum_{i=1}^{n}(y_i-a-bx)=0$$

记：

$$\overline{x}=\frac{1}{n}\sum_{i=1}^{n}x_i$$

$$\overline{y}=\frac{1}{n}\sum_{i=1}^{n}y_i$$

$$L_{xx}=\sum_{i=1}^{n}(x_i-\overline{x})^2$$

$$L_{xy}=\sum_{i=1}^{n}(x_i-\overline{x})(y_i-\overline{y})$$

$$b=\frac{L_{xx}}{L_{xy}}$$

$$a=\overline{y}-b\overline{x}$$

因此，可得回归方程：

$$\hat{y}=a+bx$$

(1)对数函数模型

对数函数的基本方程为：

$$y=a+b\ln x$$

式中：y——量值；

x——时间；

a,b——待估参数。

可令 $t=\ln x$、$s=y$，则

$$s=a+bt$$

$$\overline{x}=\frac{1}{n}\sum x$$

$$\overline{y}=\frac{1}{n}\sum y$$

$$L_{xx}=\sum(x-\overline{x})^2=\sum x^2-\frac{1}{n}(\sum x)^2$$

$$L_{xy}=\sum(x-\bar{x})(y-\bar{y})=\sum xy-\frac{1}{n}\sum x\sum y$$

$$b=\frac{L_{xx}}{L_{xy}}$$

$$a=\bar{y}-b\bar{x}$$

(2)指数函数模型

指数函数的基本方程为：

$$y=ae^{-b/x}$$

对上式取自然对数，并令

$$y'=\ln y, x'=\frac{1}{x}$$

$$y'=a'+b'x'$$

其中，$a'=\ln a, b'=\ln b$。

再利用列表计算法则可计算得到 a'、b'：

$$\bar{x}'=\frac{1}{n}\sum x'$$

$$\bar{y}'=\frac{1}{n}\sum y'$$

$$L_{x'x'}=\sum x'^2-\frac{1}{n}(\sum x')^2$$

$$L_{x'y'}=\sum x'y'-\frac{1}{n}(\sum x')(\sum y')$$

$$b'=\frac{L_{x'y'}}{L_{x'x'}}$$

$$a'=y'-b'x'$$

$$a=e^{a'}$$

$$b=-b'$$

(3)双曲线函数模型

双曲线函数的基本方程为：

$$y=\frac{1}{a+b/x}$$

可令 $S_i=\frac{1}{y}$、$t_i=\frac{1}{x}$，则

$$S_i=a+bt_i$$

由最小二乘法可得：

$$b=\frac{\sum_{i=1}^{n}(t_i-\bar{t})(s_i-\bar{s})}{\sum_{i=1}^{n}(t_i-\bar{t})^2}$$

$$a=\bar{s}-\frac{\sum_{i=1}^{n}(t_i-\bar{t})(s_i-\bar{s})}{\sum_{i=1}^{n}(t_i-\bar{t})^2}\cdot\bar{t}$$

7.2 隧道监测智能预测分析技术

7.2.1 现代预测技术及方法

1)生长曲线预测方法

一般来讲,事物总是经过发生、发展和成熟三个阶段,其中每一个阶段的发展速度各不相同。通常,在发生阶段变化速度较为缓慢;在发展阶段变化速度会加快;在成熟阶段则又趋缓慢。按照这三个阶段发展规律得到的发展变化曲线成为生长曲线。生长曲线趋势外推预测法是指当预测事件的一组观测数据随时间的变化符合生长曲线的规律时,拟合生长曲线模型进行预测的方法。常用的有泊松模型、龚帕斯模型和甘培茨模型,其中泊松模型适用性更佳。

(1)预测模型建立

泊松模型也被称作逻辑斯蒂(Logistic)曲线或成长曲线,它是美国生物学家和人口统计学家雷蒙德·皮尔(Raymond Pearl, 1870~1940)提出的一种曲线。由于该曲线能够较好的描述和反映生物的成长过程,所以泊松曲线在生物繁殖、人口发展统计和产品生命周期分析等方面都有着广泛的应用。泊松曲线预测模型的数学表达式在前一章中提到,即为:

$$y(t) = \frac{k}{1 + a\mathrm{e}^{-bt}} \tag{7-1}$$

式中,k,a 和 b 为模型的三个待定参数,其中 $a>0$,$b>0$。当 $t\to-\infty$ 时,$y\to0$;$t\to+\infty$ 时,$y\to k$,k 是曲线的增长上限,这说明泊松曲线是具有极限的曲线。图 7-2 即为典型的泊松曲线示意图。

从图 7-2 中可以看出,泊松曲线在点 $(\ln a/b, k/2)$ 处凹向发生变化,由上凹变为下凹,该点即为泊松曲线的拐点,泊松曲线的上半部和下半部绕该拐点对称。从图 7-2 中还可以看出,该曲线图形犹如一条狭长的 S,故有时也被称为 S 形曲线。它描述了这样的规律性,曲线下部比较平缓,曲线斜率($\mathrm{d}y/\mathrm{d}t$)较小,发展速度较慢;曲线中部,斜率最大,即增长速度最快;曲线上部,增长接近上限,增长速度明显变慢,以至于曲线斜率最终不变,即 $\mathrm{d}y/\mathrm{d}t=0$。泊松曲线描述的这种规律性实际上反映了事物发生、发展和成熟并达到一定极限的过程。

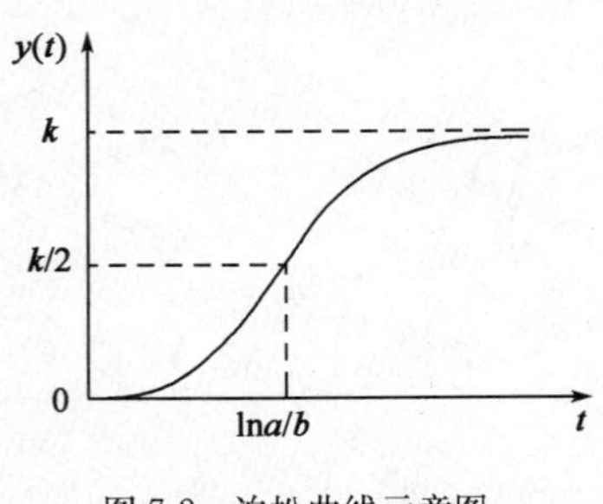

图 7-2 泊松曲线示意图

(2)模型的求解

泊松曲线预测模型的数学表达式为:

$$y(t) = \frac{L}{1 + a\mathrm{e}^{-bt}} \tag{7-2}$$

式中:$y(t)$——t 时刻的预测值,单位为长度单位;

t——时间;

a,b 和 k——模型的待定参数且都为正,其中 a 为无量纲数,b 的单位为时间的倒数,k 的单

位为 $y(t)$ 对应的长度单位。

利用监测数据求出上述 3 个待定参数，即可建立泊松曲线预测模型，从而对监测项目的发展变化进行分析和预测。对于泊松曲线预测模型参数的求解常用 3 段计算法。

设 S_1, S_2, S_3 分别为这 3 个段内各项数值的倒数之和，即有：

$$S_1 = \sum_{t=1}^{r} \frac{1}{y(t)}, S_2 = \sum_{t=r+1}^{2r} \frac{1}{y(t)}, S_3 = \sum_{t=2r+1}^{3r} \frac{1}{y(t)}$$

将泊松曲线预测模型改写为倒数形式，即

$$\frac{1}{y(t)} = \frac{1}{k} + \frac{a\mathrm{e}^{-bt}}{k}$$

则有：

$$\left.\begin{aligned} S_1 &= \sum_{t=1}^{r} \frac{1}{y(t)} = \frac{r}{k} + \frac{a}{k}\sum_{t=1}^{r}\mathrm{e}^{-bt} = \frac{r}{k} + \frac{a\mathrm{e}^{-b}(1-\mathrm{e}^{-rb})}{k(1-\mathrm{e}^{-b})} \\ S_2 &= \sum_{t=r+1}^{2r} \frac{1}{y(t)} = \frac{r}{k} + \frac{a\mathrm{e}^{-(r+1)b}(1-\mathrm{e}^{-rb})}{k(1-\mathrm{e}^{-b})} \\ S_3 &= \sum_{t=2r+1}^{3r} \frac{1}{y(t)} = \frac{r}{k} + \frac{a\mathrm{e}^{-(2r+1)b}(1-\mathrm{e}^{-rb})}{k(1-\mathrm{e}^{-b})} \end{aligned}\right\}$$

于是各参数的计算公式为：

$$b = \frac{\ln \dfrac{(S_1 - S_2)}{(S_2 - S_3)}}{r}$$

$$k = \frac{r}{S_1 - \dfrac{(S_1 - S_2)^2}{(S_1 - S_2) - (S_2 - S_3)}}$$

$$a = \frac{(S_1 - S_2)^2(1-\mathrm{e}^{-b})k}{((S_1 - S_2) - (S_2 - S_3))\mathrm{e}^{-b}(1-\mathrm{e}^{-rb})}$$

2)灰色预测方法

灰色系统理论已经基本建立起一门新兴学科的结构体系，其主要内容包括以灰色朦胧集为基础的理论体系，以灰色关联空间为依托的分析体系，以灰色序列生成为基础的方法体系，以灰色模型(GM)为核心的模型体系，以系统分析、评估、预测、决策、控制、优化为主体的技术体系，其中灰色模型是灰色系统理论的核心，是预测、决策、控制的基础。灰色模型是按照五步建模思想构建，通过灰色生成或序列算子的作用弱化随机性，挖掘潜在规律，经过灰色差分方程与灰色微分方程之间的互换来实现利用离散的数据序列建立连续的动态微分方程。灰色预测正是基于 GM 模型作出的定量预测，按功能和特征可分为数列预测、灾变预测、季节灾变预测、拓扑预测和系统预测等五种类型。

(1)灰色预测模型

一般的灰色模型记为 GM(n, h)模型，表示 h 个变量的 n 阶微分方程。

考虑 h 个 N 维时间序列数据 $\{X_k^{(0)}(i) \mid k = 1,2,\cdots,h; i = 1,2,\cdots,N\}$，其相应的一次累加生成时间序列数据为 $\{X_k^{(1)}(i) \mid k = 1,2,\cdots,h; i = 1,2,\cdots,N\}$，相应的多次累减生成时间序列数据为 $\{a^{(j)}(X_k, i) \mid k = 1,2,\cdots,h; i = 1,2,\cdots,N; j = 1,2,\cdots,l\}$，则可以建立如下形式的 GM($n$, h)模型：

$$\frac{d^n X_1^{(1)}}{dt^n}+a_1\frac{d^{n-1}X_1^{(1)}}{dt^{n-1}}+\cdots+a_nX_1^{(1)}=b_1X_2^{(1)}+b_2X_3^{(1)}+\cdots+b_{h-1}X_h^{(1)}$$

记微分方程的系数向量为：

$$\hat{a}=[a_1,a_2,\cdots,a_n,b_1,b_2,\cdots,b_{h-1}]^T$$

其中：

$$\hat{a}=[(A\vdots B)^T(A\vdots B)]^{-1}(A\vdots B)^T y_N$$

$$A=\begin{bmatrix} a^{(n-1)}(X_1^{(1)},2) & a^{(n-2)}(X_1^{(1)},2) & \cdots & a^{(1)}(X_1^{(1)},2)\\ \vdots & \vdots & \vdots & \vdots \\ a^{(n-1)}(X_1^{(1)},N) & a^{(n-2)}(X_1^{(1)},N) & \cdots & a^{(1)}(X_1^{(1)},N)\end{bmatrix}$$

$$B=\begin{bmatrix} -\frac{1}{2}(X_1^{(1)}(2)+X_1^{(1)}(1)) & X_2^{(1)}(2) & \cdots & X_h^{(1)}(2)\\ \vdots & \vdots & \vdots & \vdots \\ -\frac{1}{2}(X_1^{(1)}(N)+X_1^{(1)}(N-1)) & X_2^{(1)}(N) & \cdots & X_h^{(1)}(N)\end{bmatrix}$$

$$y_N=[a^{(n)}(X_1^{(1)},2),a^{(n)}(X_1^{(1)},3),\cdots,a^{(n)}(X_1^{(1)},N)]^T$$

在 GM(n, h)模型中，n、h 取不同的值可得到不同的模型。当 $h>1$ 时，GM 模型不能作预测用，只能用于分析因子间的相互关系。作预测用的 GM 模型一般为 GM(n, 1)模型，它是一个变量的 n 阶微分方程：

$$\frac{d^n X_1^{(1)}}{dt^n}+a_1\frac{d^{n-1}X_1^{(1)}}{dt^{n-1}}+\cdots+a_nX_1^{(1)}=u$$

在此模型中，B 矩阵退化为：

$$B=\begin{bmatrix} -\frac{1}{2}(X_1^{(1)}(2)+X_1^{(1)}(1)) & 1\\ \vdots & \vdots \\ -\frac{1}{2}(X_1^{(1)}(N)+X_1^{(1)}(N-1)) & 1\end{bmatrix}$$

方程右边只有系数 u，即系数向量退化为：

$$\hat{a}=[a_1,a_2,\cdots,a_n,u]^T$$

(2)GM(1,1)模型的建立及求解

取相同时间间隔内的监测数据序列 $S^{(0)}$ 为原始数据序列：

$$S^{(0)}=\{S^{(0)}(1),S^{(0)}(2),\cdots,S^{(0)}(n)\}$$

对 $S^{(0)}$ 作一次累加生成，可得到累加沉降量生成序列 $S^{(1)}$：

$$S^{(1)}=\{S^{(1)}(1),S^{(1)}(2),\cdots,S^{(1)}(n)\}$$

式中，$S^{(1)}(i)=\sum_{k=1}^{i}S^{(0)}(k),(i=1,2,\cdots,n)$。

令 $Z^{(1)}=\{Z^{(1)}(2),Z^{(1)}(3),\cdots,Z^{(1)}(n)\}$

式中，$Z^{(1)}(k)=0.5S^{(1)}(k)+0.5S^{(1)}(k-1),k=2,3\cdots,n$。

根据灰色理论 GM(1,1)模型，可以建立灰色微分方程：

$$S^{(0)}(k)+aZ^{(1)}(k)=u$$

其白化形式的微分方程(影子方程)为：

$$\frac{dS^{(1)}}{dt}+aS^{(1)}=u$$

记灰参数列为 $\hat{a}$，则可按照最小二乘法求解：

$$\hat{a}=[a \quad u]^{T}=[B^{T}B]^{-1}B^{T}y_{n}$$

$$B=\begin{bmatrix} -\frac{1}{2}(S^{(1)}(1)+S^{(1)}(2)) & 1 \\ -\frac{1}{2}(S^{(1)}(2)+S^{(1)}(3)) & 1 \\ \cdots & \cdots \\ -\frac{1}{2}(S^{(1)}(n-1)+S^{(1)}(n)) & 1 \end{bmatrix}$$

其中：

$$y_{n}=[S^{(0)}(2),S^{(0)}(3),\cdots,S^{(0)}(n)]^{T}$$

则白化形式微分方程的解(或时间响应方程)为：

$$\hat{S}^{(1)}(t)=\left(S^{(1)}(0)-\frac{u}{a}\right)e^{-at}+\frac{u}{a}$$

离散响应方程为：

$$\hat{S}^{(1)}(k)=\left(S^{(1)}(0)-\frac{u}{a}\right)e^{-a(k-1)}+\frac{u}{a} \qquad k=1,2,\cdots,n$$

取 $S^{(1)(0)}=S^{(0)(1)}$，有：

$$\hat{S}^{(1)}(k)=\left(S^{(0)}(1)-\frac{u}{a}\right)e^{-a(k-1)}+\frac{u}{a} \qquad k=1,2,\cdots,n$$

还原序列 $\hat{S}^{(0)}$ 为：

$$\left.\begin{array}{l} \hat{S}^{(0)}(1)=S^{(0)}(1) \\ \hat{S}^{(0)}(k)=\hat{S}^{(1)}(k)-\hat{S}^{(1)}(k-1)=(1-e^{a})\left(S^{(0)}(1)-\dfrac{u}{a}\right)e^{-a(k-1)} \qquad k=2,3,\cdots,n \end{array}\right\} \tag{7-3}$$

当原始数据为监测时间序列时，可以取原始数据为 $S^{(1)}$，取其一次累减生成数列为 $S^{(0)}$，从而建立 GM(1, 1)预估模型以直接对 $S^{(1)}$ 进行预测。

7.2.2 组合预测方法

1)组合预测方法及模型

(1)组合预测方法简介

1969 年 J. M. Bates 和 C. W. J. Granger 首次提出了组合预测的理论和方法，即将不同的预测方法进行适当组合。对某一问题的具体预测通常可采用不同的预测方法，因为每种预测方法的适用条件不尽相同，所以会产生不同的预测结果，其预测精度往往也不同，但是这些单项预测方法在数据处理及预测准则方面均有独到之处，能从不同的角度来推导和演绎。由于预测系统的复杂性，在许多情况下单纯利用一种预测方法进行预测往往具有片面性，预测效果也不甚理想。

组合预测方法是建立在信息充分利用的基础上，将各种单一预测模型所包含的信息进行最佳组合的预测方法。大多数情况下，利用组合预测方法可以达到改善预测结果的目的。组合预测方法的本质就是将各种单项预测模型看作是代表不同信息的片段，通过信息的集成、分散，降低单个预测方法预测结果的不确定性，从而提高预测精度。

组合预测方法可分为：按组合预测方法与各单项预测方法的函数关系不同，组合预测方法可以分成线性组合预测法和非线性组合预测法，成用的组合预测方法为线性组合预测法；按组合预测加权系数计算方法的不同，组合预测方法可以分为最优组合预测法和非最优组合预测法；按组合预测加权系数是否随时间变化，组合预测方法可以分为固定权组合预测法和时变权组合预测法；按预测结果的优劣程度，组合预测方法可以分为非劣性组合预测法和最优组合预测法。

(2)最优加权组合预测法

最优加权组合预测法的基本原理是依据某种最优准则构造目标函数 Q，在约束条件(记为 s. t.)下极小化 Q，求得组合预测模型的加权系数，这些权重系数就是各个预测方法的最优权系数。

①求解最优权系数的规划模型。设 $\{y_t\}(t=1,2,\cdots,N)$ 为观测序列，有 J 个预测模型对之进行预测，拟合值记 $\{\hat{y_t}(j)\}(j=1,2,\cdots,J)$，则最优加权组合预测模型的权系数 $w_j(j=1,2,\cdots,J)$，是以下规划问题的解：

$$\begin{cases}\min Q = Q(w_1,w_2,\cdots,w_J)\\ s.\,t.\,()\end{cases}$$

式中：Q——目标函数；

s. t. ()——该规划问题的约束条件。

在有些实际问题中还要求 w_j 非负，即

$$\sum_{j=1}^{J} w_j = (w_j \geqslant 0, j=1,2,\cdots,J)$$

目标函数 Q 的形式由预测误差统计量及极小化准则的类型确定，常用的预测误差统计量包括拟合误差、相对误差和对数误差等。目标函数极小化的推测方法也有多种，最常用的有最小二乘准则、最小一乘准则和极小极大化准则等。选取第一种目标函数，以拟合误差为统计量，采用常用的最小二乘准则，则可以获得组合预测模型最优权系数的解析解。

②最小二乘准则下最优加权组合预测模型的建立。选取拟合误差 e_t 为预测误差统计量，此时求解最优加权组合预测模型最优权系数的规划模型为：

$$\begin{cases}\min Q = \sum_{t=1}^{N} e_t^2\\ s.\,t.\,\sum_{j=1}^{J} w_j = 1\end{cases}$$

为求解 $w_j(j=1,2,\cdots,J)$，可将式表示为矩阵形式，令

$$W=(w_1,w_2,\cdots,w_j)^{\mathrm{T}}, R=(1,1,\cdots,1)^{\mathrm{T}}$$

$$e_j=[e_1(j),e_2(j),\cdots,e_N(j)]^{\mathrm{T}}$$

$$e=(e_1,e_2,\cdots,e_N)^{\mathrm{T}}$$

$$e_0=e_i^{\mathrm{T}}e_j=\sum_{t=1}^{N} e_t(i)e_t(j), E=(e_0)_{J\times J}$$

式中，$_{J\times J}$矩阵 E 对称正定，称为信息阵。

根据以上关系式，可得：

$$e_t = y_t - \hat{y}_t = \sum_{j=1}^{J} w_j e_t(j) = [e_t(1), e_t(2), \cdots, e_t(J)]W$$

$$e = \begin{bmatrix} e_1 \\ \vdots \\ e_N \end{bmatrix} = \begin{bmatrix} e_1(1) & \cdots & e_1(J) \\ \vdots & \ddots & \vdots \\ e_N(1) & \cdots & e_N(J) \end{bmatrix} W = (e_1, e_2, \cdots, e_J)W$$

因此，式的矩阵形式可表示为：

$$\begin{cases} \min Q = e^{\mathrm{T}} e = W^{\mathrm{T}} E W \\ s.t. \sum R^{\mathrm{T}} W = 1 \end{cases}$$

引入 Lagrange 乘子，使 Q 取最小值的必要条件为：

$$\frac{d}{dW}[W^{\mathrm{T}} EW - 2\lambda(R^{\mathrm{T}} W - 1)] = 0$$

即

$$EW - \lambda R = 0, W = \lambda E^{-1} R$$

又由

$$R^{\mathrm{T}} W = 1$$

得：

$$R^{\mathrm{T}}(\lambda E^{-1} R) = 1$$

由此可求得 Lagrange 乘子 λ：

$$\lambda = (R^{\mathrm{T}} E^{-1} R)^{-1}$$

从而得最优权系数 W_0 和 Q 的最小值 Q_0 如下：

$$W_0 = (R^{\mathrm{T}} E^{-1} R)^{-1} E^{-1} R$$

$$Q_0 = (R^{\mathrm{T}} E^{-1} R)^{-1}$$

Q_0 即为最优加权组合预测方法的预测误差平方和。为保证 E^{-1} 存在，要求 J 个单项预测方法的预测误差向量 e_j 线性无关。

2）模糊自适应变权重组合预测方法

不同的预测方法往往能够提供不同的有价值信息，将不同的预测方法进行适当的组合，综合利用各种预测方法所提供的预测信息，模仿人的决策过程，因此可采用自适应变权重组合预测方法。该方法通过各个单项预测模型在过去和最近时期与实际观测值的匹配程度自动地调整权重的分配，使组合预测方法的预测效果达到最佳。

（1）模糊自适应变权重的计算及分配

对于同一预测问题，共有 n（$n \geqslant 2$）种预测模型。假设：$y(t)$ 为 t 时刻的实际观测值；$f_i(t)$ 为 t 时刻第 i 种方法的预测值；$k_i(t)$ 为 t 时刻求出的第 i 种方法的权系数，$\sum_{i=1}^{n} k_i(t) = 1$，$0 \leqslant k_i(t) \leqslant 1$；$e_i(t)$ 为 t 时刻第 i 种方法的预测误差，其中 $t = 1, 2, \cdots, N, N+1, \cdots, n$ 即有 n 个时间点，$i = 1, 2, \cdots, n$ 即有 n 种预测模型。

对于第 i 种方法，其与实测值的匹配程度（权系数）$k_i(t)$ 由两个参数决定：最近几个采样周期预测误差绝对平均值的相对指标 E_i 和滚动的有限时域长度内预测误差绝对累计值的相

对指标 EA_i 。其值可由下面公式计算得到：

$$e_i(t) = y(t) - f_i(t)$$

$$a_i(t) = \sum_{m=0}^{k-1} \frac{|e_i(t-m)|}{k}$$

$$s_i(t) = \sum_{m=0}^{l-1} |e_i(t-m)|$$

$$E_i(t) = \frac{a_i(t)}{\max\limits_{1\leqslant i\leqslant n} a_i(t)}$$

$$EA_i(t) = \frac{s_i(t)}{\max\limits_{1\leqslant i\leqslant n} s_i(t)}$$

式中：t——当前采样时刻；

k——取平均的周期数 k（$k \geqslant 1$）；

l——有限时域长度（$l \geqslant k$）；

$a_i(t)$——采样时刻 t 第 i 种方法的 k 个预测误差绝对平均值；

$s_i(t)$——采样时刻 t 第 i 种方法的 l 个预测误差绝对累计值。

设 $\widetilde{E}_i(t)$，$E\widetilde{A}_i(t)$，$\widetilde{k}_i(t)$ 分别 $E_i(t)$，$EA_i(t)$，$k_i(t)$ 为的模糊值，论域相同。同上。

可定义相同的模糊子集，根据模糊数学理论，为简便计算若各模糊子集分别由其核元素代表，则权系数的推理可用一个带修正因子 a 的公式来计算得到：

$$\widetilde{k}_i(t) = -[a\widetilde{E}_i(t) + (1-a)E\widetilde{A}_i(t)]$$

式中，a 反映对最近预测情况的侧重程度。显然，该式完全反映了关于权系数的模糊语言推理规则，而且也避免了推理规则定义中的空挡或跳变现象。

$\widetilde{E}_i(t)$，$E\widetilde{A}_i(t)$ 的论域为[0,1]，则 $\widetilde{k}_i(t)$ 的论域为[−1,0]，由映射公式 $k_i'(\mathrm{t}) = \widetilde{k}_i(t) + 1$，将[−1,0]上的值映射到[0,1]上的值，然后对 $k_i(t)$ 进行归一化处理，从而得到第 i 种方法的权系数：

$$k_i(t) = \frac{k_i'(t)}{\sum\limits_{i=1}^{n} k_i'(t)}$$

采用模糊自适应变权重组合模型预测时，第 T 期（$T = N+1,\cdots,n$）各模型的权重取其在 N 期前权系数的平均值，即为：

$$k_i(T) = \sum_{t=1}^{N} k_i(t)/N$$

(2)建立组合预测模型

根据已有的预测精度计算方法，可利用 $0 \sim N$ 时段的数据求出的权重代入 $N+1$ 时刻的单项预测值，才能得到真正意义上的组合预测值，则模糊自适应变权重组合预测模型的表达式为：

$$f(t) = \sum_{i=1}^{n} k_i(t) f_i(t)$$

式中，$1 \leqslant t \leqslant N$ 时 $f(t)$ 为组合模型对实测数据的拟合，$N+1 \leqslant t \leqslant n$ 时 $f(t)$ 为真正组合模型的预测，进一步就可以计算出该方法的预测精度。

(3)实例分析及校验

由实例分析得出 Pearl、Gompertz 和组合模型预测的结果如图 7-3 所示，且各预测模型标

准误差见表 7-1。

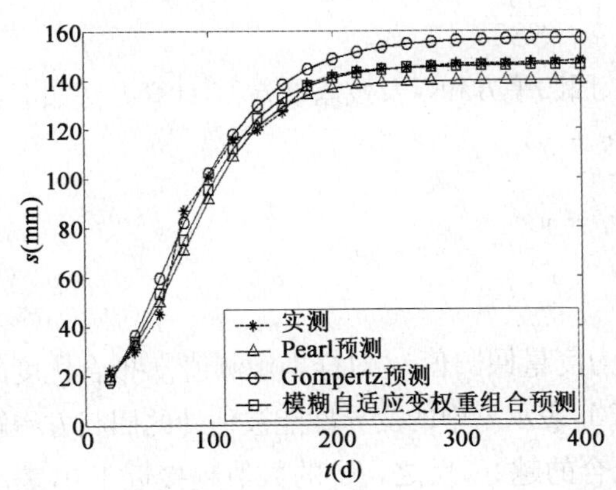

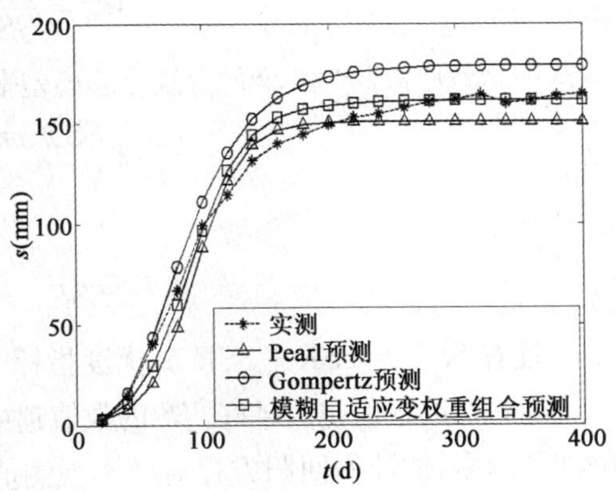

图 7-3　Pearl、Gompertz 和组合模型预测的对比结果

各预测模型标准误差　　表 7-1

预测模型 / 实例	Pearl 模型	Gompertz 模型	模糊自适应变权重组合模型
工况 1	607.9	1481.0	353.9
工况 2	2102.4	6266.6	1050.5

通过对路基沉降分别采用 Pearl、Gompertz 和组合模型进行预测分析，表明了综合利用有价值预测信息的模糊自适应变权重组合预测方法能使预测效果更佳，预测结果更接近实测情况，也证明了该组合预测方法的适用性和准确性。

7.2.3　智能预测及最优推荐

1)评判标准的建立及选取

预测误差是衡量预测准确性的重要指标，它为选择合适的预测方法和调整预测模型提供了重要的依据，同时也是分析预测结果、评判预测优劣的标准。预测精度由预测模型得到的模拟值与历史实际值拟合程度的优劣，通常可由误差指标来反映，其主要的影响因素包括：①预测时间，时间越长精度越低；②资料数据，资料的系统性、可靠性越强精度越高；③预测对象的稳定性，对象越稳定精度越高；④预测方法，方法越适当精度越高；⑤预测者专业素质，素质越高精度越高。

根据不同的预测目标和分析角度，预测精度会有多种衡量标准，包括了预测误差、相对误差、平均误差、平均绝对误差、平均相对误差、方差、标准误差、两面商和拟合优度等。这里，预测效果优劣的评判指标采用了标准误差 S 和拟合优度 R^2 。

首先，标准误差是方差的算术平方根，即为：

$$S=\sqrt{\frac{1}{n}\sum_{i=1}^{n}e_i^2}=\sqrt{\frac{1}{n}\sum_{i=1}^{n}(x_i-\hat{x}_i)^2}$$

标准误差 S 和方差 S^2 的值介于 0 和 $+\infty$ 之间，其值越大预测精度越低。

平均绝对误差 $|\overline{e}|$ 计算方便，平均相对误差 $|e|$ 不受量纲影响，标准误差 S 和方差 S^2 对预测误差的反应较为灵敏。同时，标准误差 S 不仅保留了方差 S^2 高灵敏度的优点，还克服了其数值大的不足。

其次，优度指标 R^2 可检验拟合曲线和实测数据点之间的拟合程度优劣，即为：

$$R^2=\frac{SSR}{SST}=1-\frac{SSE}{SST}$$

式中，SST、SSR 和 SSE 分别是总离差平方和、回归平方和以及残差平方和，计算办法如下：

$$SST=\sum_{i=1}^{n}(y_i-\bar{y})^2$$

$$SSR=\sum_{i=1}^{n}(\hat{y}_i-\bar{y})^2$$

$$SSE=\sum_{i=1}^{n}(y_i-\hat{y}_i)^2$$

并且有 $SST=SSR+SSE$。优度指标 R^2 作为度量回归值 $\hat{y}_i$ 对样本观测值 y_i 拟合优度的指标，显然 R^2 的数值越大越好。R^2 的数值越接近于1，表示 y 中的变异性能被估计的回归方程解释的部分越多，估计的回归方程对样本观测值就拟合的越好；反之，R^2 的数值越接近于0，表示 y 中的变异性能被估计的回归方程解释的部分越少，估计的回归方程对样本观测值就拟合的越差。实际拟合时，为了得到最优的拟合优度函数，可以尽量多选择几种组合进行比较分析。值得关注的是，曲线拟合问题主要是为了得到参数 b 值，它则决定了曲线最终的极限量值。

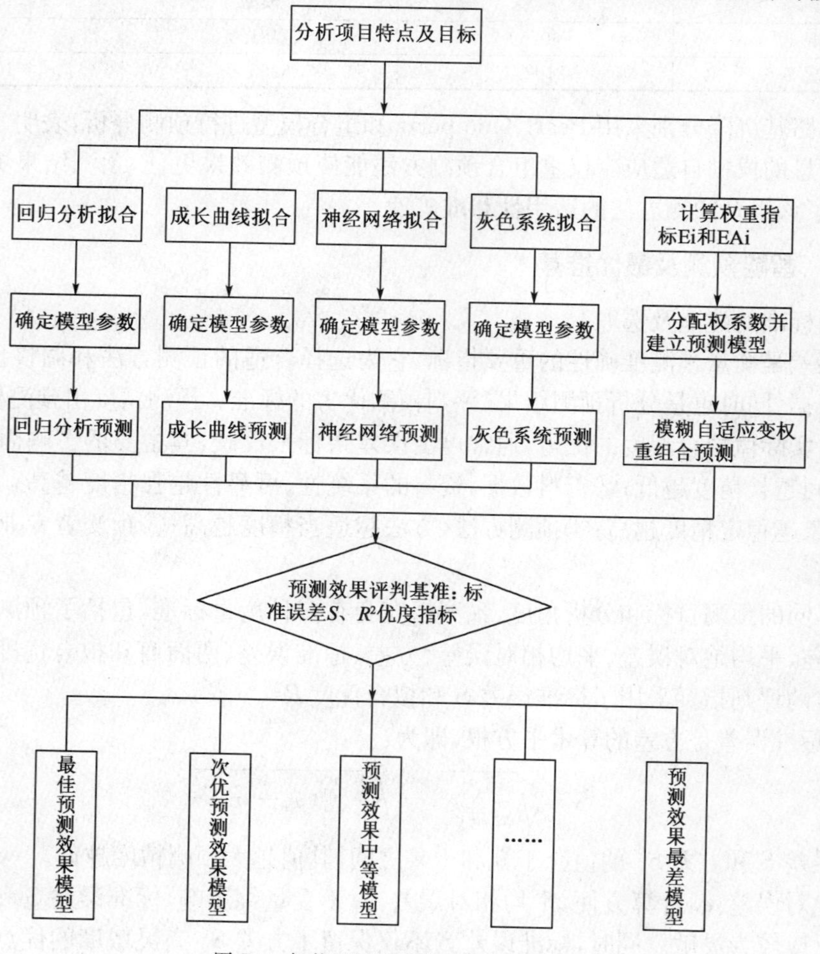

图 7-4　智能预测及最优推荐工作流程图

2)最优推荐及建议

依据在监测项目特点和分析目标,首先可选择回归分析、成长曲线、人工神经网络或灰色系统方法进行单一模型的预测分析;接着,还可选取模糊自适应变权重的组合预测模型;最后,当选择智能化最优推荐时,将采用上述所有方法分别进行计算分析,并依据由标准误差和拟合优度构成的预测效果评判标准,自动地将最佳效果对应的最优模型及其预测结果在预测系统中列放在第一栏,以其作为最优推荐及建议,同理依次序排列出其余模型及结果如图 7-4 所示。

7.3 隧道施工风险预警技术

所谓预警,是根据对警兆的识别对某种长期或突发性事件进行预先报警,实时检测警源的"安全状态信息"并自动输入数据处理单元,根据其变化趋势和描述安全状态的数学模型得到危险态势的动态资料,不断的给出危险源向事故临界状态转化的瞬态过程。

隧道施工风险预警,是根据隧道施工过程与结果是否满足施工安全控制目标的预期要求,利用现代化的科学工具和各种技术手段,收集相关信息并进行预测和决策的过程,即通过对影响隧道施工安全的致险因子及其成因机理的分析、评估,建立预警指标,根据预警准则确定预警阀值,从而度量隧道施工风险预警指标偏离其施工安全期望值——预警阀值的程度,并发出预警信号,提示采取预防、控制措施,以确保施工安全。

7.3.1 隧道施工安全预警管理理论

1)预警管理理论基础

(1)信息论

预警本身就是一种信息,主要体现在:

①预警需要有一定信息作为基础,并对信息进行分析、推断与转化,预警过程还必须不断地对信息进行更新,实现信息采集。

②预警最终输出的是警报信息以及相关的对策建议信息。这种预警信息是对原始信息经推断处理后的有用信息,是一种密集度高、具有警示性的信息。

进行隧道施工预警管理,必须掌握信息、处理信息、转化信息,因此必须选用信息论的原理,把握信息运动的规律,滤除伪信息和信息中的噪声,使原始信息转化为可用于决策的有用信息。

(2)控制论

预警的最终目的是为了预控,因而控制是预警的落脚点,隧道施工风险预警系统的设计必须要采用控制论的原理与方法。控制可以分为前馈控制、反馈控制、复合控制三种形式。反馈控制是根据控制的结果与预期结果的差异来不断的调整控制措施,但单纯的反馈控制往往使得隧道在风险控制上慢一步,从而造成损失和管理的滞后性。因此,在施工过程中,应采取主动,就必须将反馈控制与前馈控制结合起来,对隧道施工进行复合控制,以便及时把握机会,尽早化解风险。

(3)决策论

由于隧道施工风险事故发生具有广泛的存在性,因此对其决策大多是风险决策,预警系统设计时要充分运用风险决策原理。一般来说,决策具有时滞性,总时滞 T=信息时滞 T_1+决

策时滞 T_2 ＋实施时滞 T_3 ＋效果时滞 T_4，该决策的置信时间 $[t_1, t_2]$，保证"正确的决策能产生正确的结果"条件是：

①信息非老化决策条件：$(t_2-t_1)>(t_1-t_0)$（其中：t_0 是信息发生的时间）。

②决策条件：$t_2-t_1>T_2$。

③决策有效性条件：$t_2-t_1>T_1+T_2+T_3+T_4$。

满足①条件和②条件的决策为相对正确决策，满足③条件的决策为相对有效决策。

2)预警系统基本组成要素

(1)警义

警义是指预警的对象。警义可以从两个方面进行考虑，第一是警素，是指构成的警情指标，也就是隧道施工出现了什么样的警情；第二是警度，是指警情处于什么状态，也就是其具有的严重程度。

(2)警源

警源是警情产生的根源。从生成的机理来看，警源可分为两大类：一类是来自自然因素的警源，即自然警源；另一类是由人类社会活动带来的警源，即社会警源。确定警源是风险预警的逻辑起点，是警情发生的根源。

(3)警情

警情是危机警源运行过程中出现的负面扰动因素发展到一定程度时的外部形态表现。在预警过程中，明确危机警情是进行危机预警的前提。

(4)警兆

警兆是不稳定性因素在孕育和滋生过程中先行暴露出来的现象，是警源过渡到警情的中间状态。警兆可以是警源的扩散，也可以是警源扩散过程中产生的其他相关现象。可以这样理解：警源是警情发生的内在原因，警兆是警源演变成警情的外部表现。

(5)警限

警限是对警情程度的合理测度，是由量变转化为质变的临界点。相当于介于安全和危险之间的一条警戒线，也就是危机爆发的"拐点"或"临界点"。

(6)警级

根据警情的警限，运用定性和定量的方法分析警兆报警区间，为表达警情的严重程度而人为划分预警级别，这就是警级。警级的确定实际是危机警源运行中出现的负面扰动因素发展到某种程度的量化显示，是预警系统的最终产生形式。

7.3.2 隧道施工安全预警流程

1)隧道施工预警基本流程

隧道施工风险预警管理运作流程的实施步骤大致可以认为是：首先确定预警对象；寻找警情产生的根源；筛选并确定警兆指标；确定警限；计算预警指标；划分警级；最后，根据实际情况预报警度。基本流程见图 7-5。

(1)明确隧道施工风险预警的警情

明确警情是进行隧道施工风险预警的基本前提，警情是指在隧道施工过程中，由于施工的隐蔽性、水文地质条件的不确定性、施工方法或组织方案的不合理性等造成了重大风险事故的

现象和问题。如果不了解警情，预警分析就失去了研究的方向。当警情确定后，就可以运用各种定性和定量的方法分析确定隧道施工过程中风险变化的区间，一旦实际数值超出这一区间就表明警情出现。

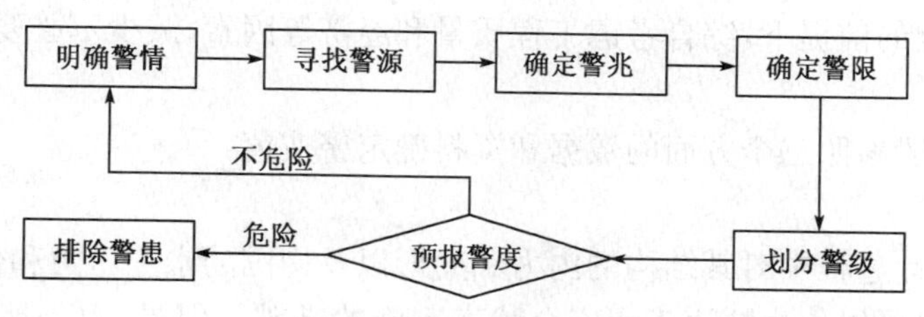

图 7-5 公路隧道施工风险预警基本流程图

(2)寻找隧道施工风险预警的警源

警源是警情产生的根源，是"火种"。造成隧道施工风险的因素很多，因此，预警就是为了防患于未然，在预警体系的建立过程中，首先就应该找到引起警情的根源，只有找到警情出现的根源，才能采取合适的措施抑制或减少警情的发生，使警情的各项指标都达到正常的状况。

(3)确定隧道施工风险预警警兆

所谓施工风险预警警兆就是指隧道施工过程中产生的警情即将发生的迹象或征兆。警兆是不稳定性因素在孕育和滋生过程中先行暴露出来的现象，是警源过渡到警情的中间状态。警兆可以是警源的扩散，也可以是警源扩散过程中产生的其他相关现象。警兆的判断一般可以从警源中寻找或根据研究人员的经验来分析。警兆分析是隧道施工风险预警分析的关键环节。一旦确定警兆就可能找到隧道施工风险预警的安全运行的变化区间，然后根据这些区间进行预警预报。

(4)确定隧道施工风险预警警限，划分警级

预报警度警限是对警情程度的合理测度，是由量变转化为质变的临界点。警限作为提出预警对象运行正常的衡量标准，并以此判别预警对象运行中是否出现警情及其严重程度。根据警情的警限，运用定性和定量的方法分析警兆报警区间，为表达警情的严重程度而人为划分预警级别，这就是警级。

(5)提出施工风险预警对策建议，排除警患

根据预警的结果，结合隧道施工风险管理和预警理论提出控制风险事故发生的对策建议，发挥预警系统在实践中的检测预报作用。

2)警戒值的确定

隧道监控量测应当事先确定各监测项目的安全预警值，以判断实测的受力、变形值是否超过允许范围，从而判断隧道结构的安全性和围岩的稳定性。实际中通常又分为安全预警值和报警值，预警值作为提醒和引起关注的缓冲，而量测数据一旦进入报警区，则表示该结构已经处于危险状态，必须采取必要的防治措施。

隧道监控量测警戒值的确定原则上应遵循以下几条：

(1)满足设计计算的要求，不能大于设计值。

(2)满足监测对象的安全要求，达到保护的目的。

(3)对于相同条件的保护对象，应该结合周围环境的不同要求和具体的施工情况综合

确定。

(4)满足现行的有关规范、规程的要求。

(5)满足各保护对象的主管部门提出的要求。

(6)在保证安全的前提下,综合考虑工程质量和经济等因素,减少不必要的资金投入,避免浪费。

实际工作中一般参照三个方面的数据和资料确定警戒值:

(1)设计预估值。

隧道工程在设计过程中对其结构的内力和变形以及周围的水土压力和位移均做过详细的计算,这个计算结果可以作为隧道工程安全状态判断的基础。但是,由于地质条件的复杂性,这样的计算或估算往往是不精确的。

(2)经验类比值。

在地下工程设计与施工中,工程经验起到十分重要的作用。已建工程项目的正常受力和变形规律,也可以作为隧道安全状态判断的基础。

(3)各地区有关规定值。

随着隧道工程设计和施工经验的积累和增多,各地区的工程管理部门陆续以地区规范、规程等形式对警戒指标做了相应的规定。由于警戒指标的确定是一个比较复杂的过程,具体警戒值的大小取决于工程的具体条件,同时又根据监测点的重要程序不同而有所不同。

3)预警的发布

量测数据一旦进入预警区后,就应该及时发出预警,目前可用的预警实施方法可以有多种形式:

(1)以颜色区域显示。

一目了然,通过颜色区域后,即可以方便的知道该数据是否已经预警,示意如表7-2。

隧道安全警戒色预警示意 表7-2

等　级	警戒标准	警戒色
安全状态	$U<\beta\cdot U_0$	绿色
三级警戒(关注)	$U\leqslant\beta\cdot U_0<\gamma.\ U_0$	黄色
二级警戒(预警)	$U\leqslant\gamma\cdot U_0<\delta\cdot U_0$	橙色
一级警戒(报警)	$U\geqslant\delta\cdot U_0$	红色

注:U_0为报警值;U为实测值;β为安全系数;γ为预警系数;δ为报警系数。

(2)汇总显示。

通过汇总表的方法,提取所有数据的情况,显示其数据,同时辅以颜色,通过对汇总表的查询即可以知道目前数据的情况,有无预警等。

(3)弹出提示。

对于自动监测项目,通过弹出预警提示,来提醒管理者该自动监测数据已经预警,要求立刻采取措施。

(4)手机等通讯方式。

通过手机电话或短信等方式通知管理人员进行预警。

7.3.3 基于变形量与变形速率的围岩稳定性判定基准

隧道开挖是在岩体中形成一个可以自由变形的空间，因为开挖导致原本处于三向应力状态的围岩，因为解除了束缚力而发生向洞内松胀变形，当这种松胀变形的程度超过了围岩本身承受能力，围岩就发生失稳破坏。

围岩稳定状态表现为隧道围岩变形速率呈递减趋势并逐渐趋于零，而失稳状态则表现为围岩变形速率呈递增趋势，最终累计位移超过极限位移而发生失稳。因此，在国内外的有关规范中，围岩稳定性判据多以变形量或变形速率为主，认为围岩变形量或变形速率超过一定值时岩体即发生破坏。具体有围岩容许位移判据、围岩变形速率比值判据、围岩极限应变判据、位移加速度判据等。

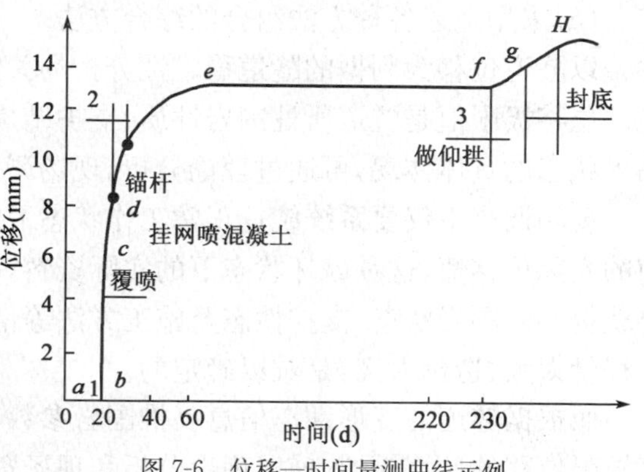

图 7-6 位移—时间量测曲线示例

如图 7-6 所示为现场实测的典型位移—时间曲线。由图可见，曲线有明显的负速率段、加速段、减速段和匀速段。ab 段为负速率段，反映初次喷射混凝土将围岩压密的实际情况；bc 段为加速段，表示围岩可能失稳，需采取措施加强支护；cd 段为减速段，表示围岩在施作复喷层后变形减慢；de 段为进一步减速段；ef 为零速率段，表示围岩在锚杆和挂网喷混凝土后趋于稳定。以后由于仰拱开挖和封底，曲线重复出现上述性态。

1)控制基准建立的原则和方法

制定稳定性控制基准的应参照以下原则：

(1)控制基准必须在监控量测工作实施前，有建设、监理、设计、施工、监控量测等有关部门，根据当地工程水文地质条件、结构特点共同商定，列入监控量测方案。

(2)有关结构安全基准值应满足结构设计计算中对强度和刚度的要求，一般应小于或等于设计值。

(3)安全控制基准值应具有工程施工可行性，在满足安全的前提下应考虑提高施工速度和减少施工费用。

(4)安全控制基准应有利于补充和完善现行的相关设计、施工法规、规范和规程。

(5)对一些目前尚未明确规定控制值的监控量测项目，可参照国内外相似工程的监控量测资料确定其控制值，在监控量测实施过程中，当某一监控量测值超越基准值时，除了报警之外，还应该结合工程实际、变形速度等因素，与有关部门共同研究分析，必要时可对控制值进行调整。

设定控制基准值时，基本上考虑对隧道周边围岩不要产生有害的松弛为前提，明确的推定发生有害松弛的位移值是很困难的，要进行多方面的研究才行。基准值的设定可以采用以下方法：

(1)参考类似工程事例的方法

参考过去的工程事例，并考虑围岩条件、断面大小、施工方法、支护构件的数量等决定。

(2)根据解析方法的设定方法

采用FEM解析等分法,求出位移值作为控制基准的方法。

(3)根据极限应变的方法

调查试件的极限应变,作为开挖中的隧道达到应变时的基准值。

(4)根据支护构件变异的设定方法

喷混凝土、锚杆的变异可以反映当时的荷载、位移等情况,因此可以决定喷混凝土的破坏应变和锚杆破断的位移作为大致基准。

(5)采用上述各种方法组合的综合方法

以隧道位移为判据的隧道稳定性分析的关键和难点是围岩及支护结构的位移极限值的确定。位移极限值是隧道所处围岩性质、支护结构性状和施工等条件不能满足某项功能的位移临界状态的具体体现,可通过理论分析、现场调查和室内试验等手段确定。

现场调查不仅要系统统计正常工作状态下的隧道周边位移,而更需要隧道临界破坏状态前的实际位移值,这种破坏状态下的实际资料,一般是难以收集的。现场试验和室内模拟试验要获得不同围岩状态、支护性态及施工方法等情况下的隧道极限位移,一般因试验组数太多、工程量太大、造价太高,是难以确定的。

而根据隧道的变形动态信息反推围岩参数和支护结构实际所受荷载为输入参数,进行隧道极限位移的计算模拟,辅以理论分析和现场资料调查整理回归统计的综合手段来确定,更能反映隧道的现场实际。

洞室稳定性或可靠性分析的关键和难点是位移极限值(或称位移强度)的确定。位移极限值是洞室所处围岩性质、支护结构性状和施工等条件的综合反映。它是与其所处的地形、地质条件、洞室形态、支护结构形态和施工等因素有关,任一点的极限位移都是在具体条件下的隧道稳定极限状态位移。

2)容许位移判据

容许位移是指在保证隧道不产生有害松动和地表不产生有害下沉的条件下,自隧道开挖起到变形稳定为止,隧道起拱线位置水平位移总量的最大容许值,或拱顶的最大容许下沉值。在隧道开挖过程中,若量测的总位移量超过该值,或根据已测位移预测的最终位移量将超过该值,则意味着围岩可能失稳,须加强支护系统。

容许位移量与围岩条件、隧道埋深、断面尺寸及地表建筑物等因素有关。表7-3是外国工程师根据工程情况制定的危险警戒标准;表7-4为法国对断面积为50~100m^2的洞室拱顶下沉量的监控标准;表7-5是日本新宇佐美隧道对软弱的膨胀性围岩容许变形量的规定;表7-6是我国某些隧道在施工中采用的控制标准。

弗朗克林警戒标准 表7-3

等级	标准	措施
三级警戒	任一测点的位移大于10mm	报告管理人员
二级警戒	两个相邻测点的位移均大于15mm,或任一测点的位移速率超过15mm/月	口头报告,召开会议,写出书面报告和建议
一级警戒	位移大于15mm,并且各测点的位移均在加速	主管工程师立即到现场调查,召开现场会议,研究应急措施

法国制定的拱顶下沉量控制标准

表 7-4

埋深(m)	拱顶容许最大下沉量(cm)	
	硬质围岩	软质围岩
10～50	1～2	2～5
50～100	2～6	10～20

日本新宇佐美隧道容许变形量

表 7-5

地 层 性 质	覆盖层厚度(m)	容许变形量(cm)	开挖半径(m)
变质安山岩等	0～100	5	3.45
	100～200	5	3.50
	200 以上	10	3.60
温泉余土	0～100	10	3.50
	100～200	15	3.60
	200 以上	20	3.70

我国几个隧道的容许位移量和容许位移速率值

表 7-6

隧道名称	地质条件	拱顶下沉 (cm)	拱脚收敛位移 (cm)	位移速率 (mm/d)
古楼铺隧道	含水膨胀性黏土	3.00	8.0	3
腰岘河单线铁路隧道	软弱千枚岩	—	4.5	1
金川矿巷	深埋流变型变质岩	—	10.0	2
南岭双线隧道	断层切割薄盖坡积层	—	8.0	—

前苏联学者通过对大量观测数据的整理，得出了用于计算洞室周边容许最大变形值的近似公式：

拱顶：

$$\delta_1 = 12 \cdot \frac{b_0}{f^{1.5}} \qquad (\text{mm})$$

边墙：

$$\delta_2 = 4.5 \cdot \frac{H^{1.5}}{f^2} \qquad (\text{mm})$$

式中：f——普氏系数；

b_0——洞室跨度；

H——边墙自拱脚至底板的高度(m)；

δ_2——一般从拱脚起算(1/3～1/2)H段内测定。

我国《铁路隧道监控量测技术规程》(TB 10121—2007)的初期支护极限相对位移控制基准列于表 7-7、表 7-8。

跨度 $B \leqslant 7$m 隧道初期支护极限相对位移

表 7-7

围 岩 级 别	埋 深 h (m)		
	≤50	50～300	300～500
拱脚水平相对净空变化(%)			
V	0.30～1.00	0.80～3.50	3.00～5.00

续上表

围岩级别	埋深 h (m)		
	≤50	50～300	300～500
Ⅳ	0.20～0.70	0.50～2.60	2.40～3.50
Ⅲ	0.10～0.50	0.40～0.70	0.60～1.50
Ⅱ	—	—	0.20～0.60
拱顶相对下沉(%)			
Ⅴ	0.06～0.12	0.10～0.60	0.50～1.20
Ⅳ	0.03～0.07	0.06～0.15	0.10～0.60
Ⅲ	0.01～0.04	0.03～0.11	0.10～0.25
Ⅱ	—	0.01～0.05	0.04～0.08

跨度 7m＜B≤12m 隧道初期支护极限相对位移 表 7-8

围岩级别	埋深 h (m)		
	≤50	50～300	300～500
拱脚水平相对净空变化(%)			
Ⅴ	0.20～0.50	0.40～2.00	1.80～3.00
Ⅳ	0.10～0.30	0.20～0.80	0.70～1.20
Ⅲ	0.03～0.10	0.08～0.40	0.30～0.60
Ⅱ	—	0.01～0.03	0.01～0.08
拱顶相对下沉(%)			
Ⅴ	0.08～0.16	0.14～1.10	0.80～1.40
Ⅳ	0.06～0.10	0.08～0.40	0.12～0.30
Ⅲ	0.03～0.06	0.04～0.15	0.12～0.30
Ⅱ	—	0.03～0.06	0.05～0.12

位移控制基准应根据测点距开挖面的距离，由初期支护极限相对位移按表 7-9 要求确定。

位 移 控 制 基 准 表 7-9

类 别	距开挖面 1B(U_{1B})	距开挖面 2B(U_{2B})	距开挖面较远
允许值	65%U_0	90%U_0	100%U_0

注：B 为隧道开挖宽度，U_0 为极限相对位移值。

根据位移控制基准，可按表 7-10 分为三个管理等级。

位 移 管 理 等 级 表 7-10

管 理 等 级	距开挖面 1B	距开挖面 2B
Ⅲ	$U<U_{1B}/3$	$U<U_{2B}/3$
Ⅱ	$U_{1B}/3\leqslant U\leqslant 2U_{1B}/3$	$U_{2B}/3\leqslant U\leqslant 2U_{2B}/3$
Ⅰ	$U>2U_{1B}/3$	$U>2U_{2B}/3$

我国《公路隧道施工技术细则》(JTG/T F60—2009)规定,围岩稳定性的综合判别,应根据量测结果,按下列指标判定:根据最大位移值来判断。在隧道开挖过程中,如果隧道的实测最大位移超过极限位移,隧道很可能发生失稳破坏。由于隧道及地下工程地质条件、环境条件、开挖方式、支护形式复杂多变,极限位移的精确确定是十分困难的,因此采用实测最大位移和极限位移比较就难以操作。一般情况下,设计图纸或有关规范给出了隧道初期支护的预留变形量,《公路隧道设计规范》(JTG D70—2004)规定的衬砌结构设计预留变形量如表7-11。为了确保围岩和初期支护不侵入二次衬砌空间,并保证二次衬砌以后,隧道建筑限界准确,可将隧道的设计预留变形量作为极限位移进行控制,而设计预留变形量应根据前期的监测成果,在施工过程中不断修正。实测位移值不应大于隧道的极限位移,并按表7-12位移管理等级施工。

预留变形量(mm) 表7-11

围岩级别	两车道隧道	三车道隧道	围岩级别	两车道隧道	三车道隧道
Ⅰ	—	—	Ⅳ	50～80	80～120
Ⅱ	—	10～50	Ⅴ	80～120	100～150
Ⅲ	20～50	50～80	Ⅵ	现场量测确定	

注:围岩破碎取大值,围岩完整取小值。

位 移 管 理 等 级 表7-12

管理等级	管理位移(mm)	施 工 状 态
Ⅲ	$U<(U_0/3)$	可正常施工
Ⅱ	$(U_0/3)\leqslant U\leqslant(2U_0/3)$	应加强支护
Ⅰ	$U>(2U_0/3)$	应采取特殊措施

注:U 为实测位移值;U_0 为设计极限位移值。

3)容许位移速率判据

容许位移速率是指在保证围岩不产生有害松动的条件下,隧道水平位移速率的最大容许值。它同样与隧道围岩、隧道埋深及断面尺寸和施工方法等因素有关。容许位移速率没有统一的标准,一般都根据经验选定。如美国某些工程对容许速率的规定是第一天位移量不能超过容许位移量的1/5～1/4,第一周内平均每天的位移量应小于容许位移量的1/2(约0.63mm)。日本隧道标准规范《NATM设计施工指南》规定采用短台阶时,不论复线还是单线隧道,当最大位移速率大于20mm/d,表明围岩处于失稳状态,必须采用特殊模式支护。我国南岭隧道、大瑶山隧道、下坑隧道、金川矿区运输平巷、张家港铁矿的稳定变形速度为0.1mm/d,引滦入津输水隧道在开挖后一个月的稳定变形速度大于10mm/30d。

我国《铁路隧道监控量测技术规程》(TB 10121—2007)还规定也可以根据位移速率进行大致的判定。例如,当净空位移速度持续大于1.0mm/d时,可认为围岩处于急剧变形状态,应加强初期支护系统;净空位移速度小于0.2mm/d时,可认为围岩达到基本稳定。

我国《公路隧道施工技术细则》(JTG/T F60—2009)规定的位移速率判据。通过对国内下坑、金家岩、大瑶山、军都山、云台山、五指山、圆梁山等几十座隧道的位移观测表明:变形速率是由大变小的递减过程,变形时程曲线可分为三个阶段。变形急剧增长阶段:变形速率大于1.0mm/d时,围岩处于急剧变形状态,应加强初期支护;变形缓慢增长阶段:变形速率1～

0.2mm/d时，应加强观测，做好加固的准备；基本稳定阶段：变形速率小于0.2mm/d时，围岩达到基本稳定。上述变形速率标准是针对一般隧道净空变形和拱顶下沉量测，对于高地应力、岩溶、膨胀性、挤压性围岩等，应根据具体情况制定专门标准进行判定。

4)位移速率变化趋势判据

由于岩体的流变特性，岩体破坏前的变形曲线可以分成三个区段：

①基本稳定区，主要标志是变形速率不断下降，即变形加速度小于0。

②过渡区，变形速度长时间保持不变，即变形加速度等于0。

③破坏区，变形速率渐增，即变形加速度大于0。

在围岩变形的全过程中，如果围岩不失稳，只有在开挖初期变形是加速的，此外当围岩受到二次施工扰动时也会出现短时间的变形加速，但只要扰动停止，变形就会减速。相应地，现场量测到的位移—时间曲线也可能呈现出以上三种形态如图7-7所示，对于隧道开挖后在洞内测得的位移曲线，如果始终保持变形加速度小于0，则围岩是稳定的；如果位移曲线随即出现变形加速度等于0的情况，亦即变形速度不再继续下降，则说明围岩进入"定常蠕变"状态，需发出警告，及时加强支护系统；一旦位移出现变形加速度大于0的情况，则表示已进入危险状态，需立即停工，进行加固。

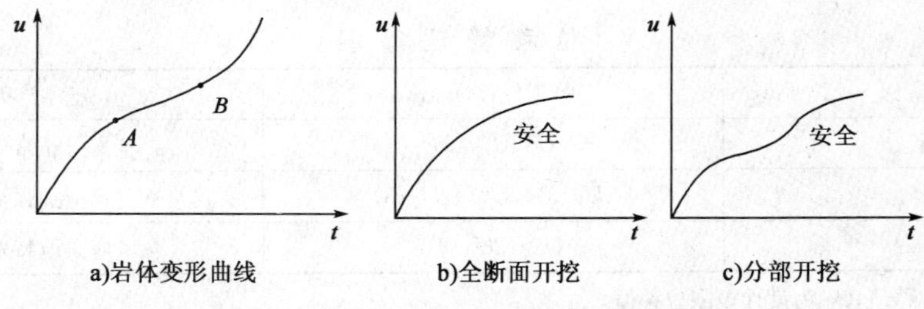

图7-7　岩体流变曲线与位移—时间曲线的相似

7.4　隧道二衬支护时机评判技术

二次衬砌施作时机是保证二次衬砌长期稳定的关键，它关系到二次衬砌承载力的发挥、衬砌结构开裂和渗漏水。如果二次衬砌施作过早，则不利于地应力的释放和充分发挥围岩的自稳能力，从而导致其承受较大的围岩压力，当承受的荷载超过其极限荷载时，二次衬砌发生破坏。反之，如果二次衬砌施作过晚，则围岩及初期支护变形不断增加。当超过其极限位移时，导致塌方等事故发生。所以，合理确定二次衬砌施作时机是保证隧道工程施工阶段和长期运营阶段安全性的关键。

7.4.1　围岩与支护相互作用理论

目前，针对支护结构与围岩的相互作用，有许多理论来说明其作用机理，尤其以收敛限制线法原理得到的围岩特性曲线和支护特性曲线更能形象地说明支护结构与围岩体的相互作用，具体情况可通过图7-8表现出来：

图7-8中纵坐标表示限制围岩变形所需提供的压力，也表示支护结构的有效压力，横坐标表示隧洞围岩的径向变形量。图中$P_1 \sim P_4$表示支护结构作用到围岩体上的径向约束压应力

的反作用力，也是围岩作用于支护上的压应力，U_0 和 U_0' 表示围岩产生的初始变形量，$U_1 \sim U_4$ 表示当支护结构与围岩完全接触时，围岩产生的变形量。

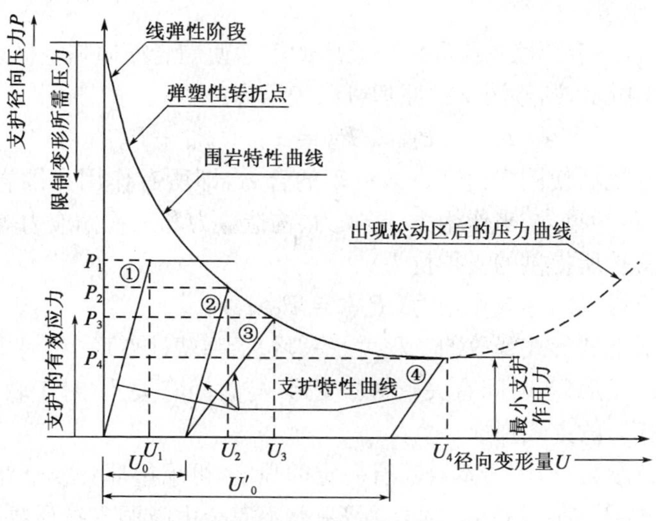

图 7-8　围岩—支护结构相互作用示意图

特性曲线在起始阶段呈线弹性变化，达到一定变形量时，开始伴随出现塑性变形，直至出现松动区，在此期间，围岩需要提供的确保其稳定的约束反力呈逐渐下降趋势，直到达到最小的约束作用力。但当岩体开始出现松动区时，说明围岩体已开始破坏，这时要确保围岩体的稳定，就需要提供越来越大的约束力。

图中曲线①表示假定在隧洞受到扰动的情况下就采取支护措施，虽然支护结构强度很高，能承担很高的压力 P_1，但由于在围岩的初始变形阶段释放的能量较少，因而会有大部分的能量需要支护结构来承担，而支护结构还不能满足其稳定要求，这时，支护结构就将因变形过大而遭到破坏；曲线②、③表示当围岩释放一定的能量 U_0 后采用不同刚度的支护结构进行支护的情况，对于曲线②，由于采用的支护结构刚度较大，虽然限制了围岩体产生较大的变形，但也同时为此付出了相应的代价，即支护结构强度的提高。而对于支护特性曲线③，当产生 U_0 同样的初始变形后，不是一味的加大支护结构的刚度来确保围岩的稳定，而是控制围岩变形发展在一定的范围内，适当地减小支护结构的刚度，从而，即保证了围岩的稳定，又不用采用强度较高的支护结构，达到了优化支护的目的。这一点说明，即使在相同的时间采取支护措施，如果采用的材料性能不同，最终围岩达到的稳定平衡状态也是不同的；曲线④表示当围岩变形量达到 U_0' 时再采取支护措施，这使得支护结构的刚度不是很大，又恰能使支护结构承受围岩体稳定所需的最小支护阻力 P_4，同时也达到了洞周允许的最大收敛位移量 U_4，这就是对围岩进行一次支护时应该实施的最佳时机。如果当支护结构提供的约束压力低于 P_4 时，围岩就开始出现松动区，随着松动区的发展，围岩开始掉块、塌方，直到达到新的自身稳定。

上述围岩体与支护结构相互作用的分析表明，对于围岩体，在采取支护措施时，不仅要考虑支护结构的强度和刚度，而且还要考虑时机的选择把握。支护时间的选择对其稳定有很大的影响，适宜的支护时间将使支护结构承受的应变能既不是很大也不能最小，围岩的应变能则保持相对稳定，即达到了保证支护稳定，又降低工程造价的效果。

7.4.2 支护时机的概念及物理意义

1)支护时机的概念

假设隧洞开挖后由于开挖效应和约束效应的解除使围岩面向临空区运动的各种力的合力等效为 P_T 如图 7-9 所示，则隧洞支护原理可以表示为：

$$P_T = P_{DR} + P_S = P_D + P_R + P_S$$

式中：P_T——隧洞开挖后使围岩向临空区运动的合力，即所有作用在围岩上各种力或能量的总和，包括重力、水作用力、膨胀力、构造应力和工程偏应力等；

P_S——隧洞支护所提供的支护抗力；

P_{DR}——围岩所提供的等效作用力，$P_{DR} = P_D + P_R$；

P_D——以变形能的形式释放的工程力，一般包括弹塑性变形（相对来说与时间无关）、黏弹塑性变形（与时间有关）、膨胀变形（与时间有关）。对于软岩来讲，主要是塑性能以变形的方式释放；

P_R——围岩自承力，即围岩本身具有一定的强度，可承担部分或全部荷载。

由上式可知，围岩向临空区运动的合力 P_T 并不完全由隧洞支护所提供的支护抗力承担，而是由三部分共同分担。首先，P_T 以变形的方式释放，该部分一般认为是弹塑性转化，即围岩由初始的弹性状态过渡为开挖后的塑性状态或弹塑性混合状态，这种转化外在表现就是岩石以变形的方式做功消耗的能量。其次，P_T 的另一部分由围岩自承力承担，该部分承载能力的大小取决于围岩的性质及支护时间的确定，剩余部分才由衬砌支护力和锚喷支护力 P_S 承担。

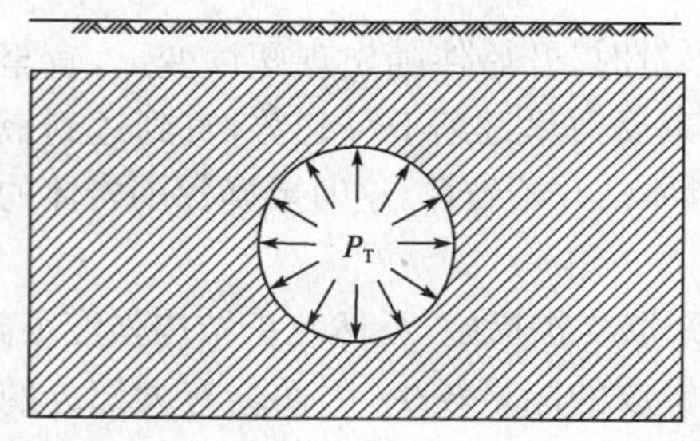

图 7-9　P_T 合力示意图

如果岩体强度很高，$P_R > P_T - P_D$，则隧洞可以自稳。对于软岩，P_R 较小，一般，$P_R < P_T - P_D$，故隧洞要稳定，必须进行支护，即加上 P_S。为确保工程稳定，通常（$P_S + P_R$）值要大于 $P_T - P_D$ 值。

一个优化的隧洞设计及支护设计应该同时满足三个条件：①$P_D \rightarrow max$；②$P_R \rightarrow max$；③$P_S \rightarrow min$。实际上要使 $P_D \rightarrow max$，P_R 就不能达到最大；要使 $P_R \rightarrow max$，P_D 就不能达到最大。要同时满足 $P_D \rightarrow max$ 和 $P_R \rightarrow max$，关键是选取变形能释放的时间和支护时间。

从而，我们认为支护时机就是指最大限度的解除围岩变形释放能量，最大程度的发挥围岩自承载能力，充分调动支护体系的作用，使支护系统的抗力降为最低，同时保证支护材料的使用最为经济合理的一个时间段。

2)支护时机的物理意义

最佳支护时间点在工程上是节约工程材料、降低工程造价的理想点，这一时刻可以保证工程材料最省和工程造价最低，这是最佳支护时间的工程意义。

塑性区转化过程的外在表现为围岩不断收敛变形，因此，被释放工程力的大小与围岩变形量大小及塑性区扩展范围是相对应的，这一客观事实为确定围岩释放掉的工程力提供了可行的方法，最佳支护时间 T_S 正是两条曲线的交点，所以其物理意义可概括为：围岩变形释放掉的工程力等于围岩的自承载力。从这一角度，虽然确定最佳支护时间的可行性比较困难，但的确为围岩最大允许承载能力的确定提供了可行的方法。

另外，从围岩变形释放掉的工程力和围岩自承载能力曲线的关系，可以将围岩分为以下几种情况。

由图 7-10a)可知，围岩自承载能力始终大于围岩释放的工程力，此类围岩无需支护，可以自稳。图 7-10b)是围岩工程力释放曲线与围岩自承载能力曲线重合，这种情况表明围岩自承载能力降至与围岩释放的工程力相等时稳定，这时围岩自承载能力没有盈余，也无需支护即可稳定。图 7-10c)表明围岩自承载能力始终小于围岩释放的工程力，此类围岩不具有自承载能力，会随挖随塌，所以要采用超前支护才可以稳定。图 7-10d)是比较正常的围岩应力释放和围岩自承载能力的演化过程，只有此类情况才存在最佳支护时间，即两者的曲线交点。

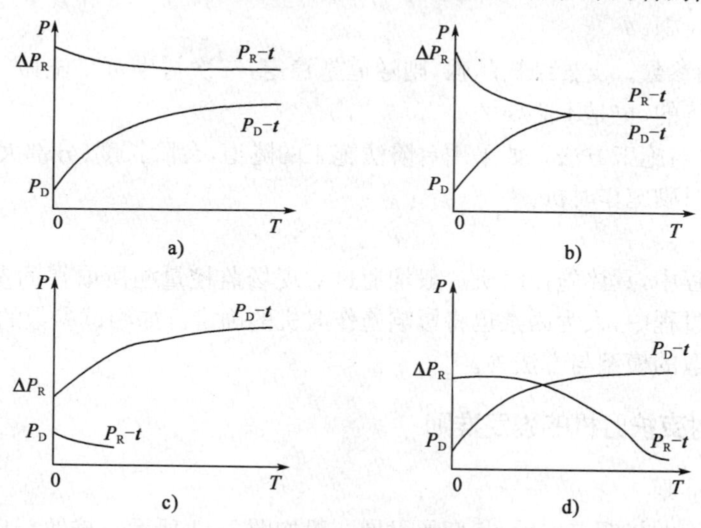

图 7-10 围岩变形释放掉的工程力和围岩自承载能力的曲线关系图

7.4.3 二衬支护时机影响因素

二次衬砌施作时机与地质因素和工程因素有关，不同的地质条件(硬岩、软岩)、不同断面尺寸、不同开挖方法、不同支护参数，其二次衬砌施作时机可能不同。

1)地质因素

(1)工程地质

对于自稳能力较好的围岩隧道，一般可在变形发生量达到总位移量约 80%，且围岩变形基本收敛后施作二次衬砌。此时，初期支护承担围岩的全部荷载，二次衬砌主要承担由于围岩蠕变产生的附加荷载。

而对于自稳能力较差的软弱围岩隧道，由于隧道开挖后周边围岩的内应力通常已超过围岩的屈服强度，形成塑性区，同时围岩的黏聚力 c 及内摩擦角也会明显降低，其变形量与变形速率一般均较大。此时，隧道稳定需要靠及时支护来保证，否则，初期支护变形会不断加大甚至加速，从而引起隧道坍塌。所以，不同的围岩岩性，也将较大地影响隧道二次衬砌支护时机的确定。

(2)水文地质。围岩中是否含水、含水量大小以及水量补充方式等均对二次衬砌支护时机有影响。

(3)构造应力。工程区域内是否存在构造应力以及构造应力的大小均直接影响到支护时机。

(4)隧道埋深。深埋和浅埋隧道的支护时机确定准则及其具体的时机均有较大的差异。一般埋深越大,支护时机越长。

(5)地形地貌。隧道是否存在偏压、偏压严重程度以及地表沟谷等均将影响二次衬砌支护时机。

2)工程因素

(1)隧道内轮廓形状与尺寸。一般意义上,隧道内轮廓越圆顺,净跨越小,则隧道越稳定,可越早施作二次衬砌。

(2)支护结构参数。支护结构越强,则隧道越稳定,二次衬砌可早施做。但过分加强支护结构参数是不经济的,也是不必要的。

(3)施工工序与施工方法。如采用台阶法施工的隧道,台阶长度、分部大小、仰拱封闭时间等都将影响二次衬砌施作时机。

3)人为因素

隧道施工过程中,具体施作时机一般均通过对现场监控量测所取得的参数进行分析与计算后确定。在此过程中,人为因素也将影响施作时机的确定。如测试参数的及时性与准确性、全位移计算所采取的模型与方法等。

7.4.4 二衬支护时机的确定准则

1)变形速率准则

隧道开挖与施做初期支护后,其变形发展一般如图 7-11 所示。按照新奥法充分发挥围岩自承能力的精神实质,施作二衬的时机应该在隧道变形基本稳定即变形速率小于一定值后。对于根据变形速率确定二次衬砌最佳支护时机的准则,在《公路隧道施工技术规范》(JTJ 042—94)中规定:各测试项目的位移速率明显收敛,围岩基本稳定;周边位移速率小于 0.1~0.2mm/d 或拱顶下沉速率小于 0.07~0.15mm/d。这一判定准则适用于现场判定二衬支护时机和较为粗略地预测某一工程同类岩层中隧道变形量,同时也可结合现场监测数据制定适宜的评定标准。

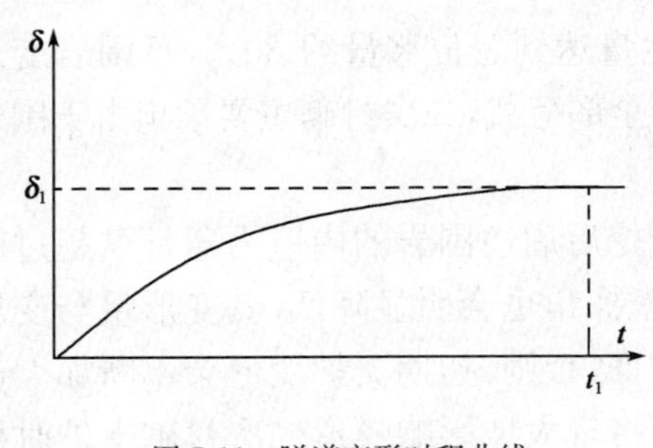

图 7-11 隧道变形时程曲线

2)极限位移准则

首先根据隧道位移发展规律预测总变形量,然后,综合考虑安全和经济等各方面因素,给出适宜的隧道允许变形范围。《锚杆喷射混凝土支护技术规范》(GB 50086—2001)规定,构筑二衬的最佳时机为:已产生的各项位移达到各项预计位移总量的 80%~90%。《铁路隧道监控量测技术规程》(TB 10121—2007)的规定则为隧道相对位移值达到总相对位移量的 90%以上。该准则更能反映出新奥法原理的本质，比变形速率准则显得合理。但是，在具体应用过程中，需要通过数学拟合计算并需了解围岩与支护结构变形规律。

3）支护抗力准则

即根据二次衬砌最佳支护时机的理论意义，通过工程现场测试，找出支护抗力最小的二次衬砌施作时机。此准则理论上较为简单明了，所得到的结论最为真实可靠，但须通过现场测试，研究成本较高。

通过上述分析，结合目前工程实际，隧道智能监测与安全评价系统采用了变形速率准则与极限位移准则相结合的方式进行二衬支护时机的判定，即通过现场监测数据计算变形速率，通过智能预测分析确定变形总量，经系统分析后给出适宜的支护时机。

7.5 智能监测及安全评价系统

为适应隧道工程建设管理信息化、智能化的发展要求，针对隧道工程建设中海量信息的低管理效率、监测数据的不准确分析和结构安全的未及时预警预报，基于信息化施工思想和智能化管理方法，运用计算机、网络和可视化技术进行了系统性研究与集成化应用，自主研发形成了具有先进性、可靠性和通用性的隧道工程智能监测及安全评价系统。系统能够实现海量数据的集成化管理、监控信息的智能化预测、施工风险的信息化预警预报、二衬支护时机的系统化评判和工作报告的人性化生成，从而显著地提高了隧道施工安全和建设质量，并切实加强了动态设计和实时优化，也为高效精细化管理提供了可靠的理论依据和技术支撑。

7.5.1 系统的体系结构

作为面向对象的可视化集成编程系统，Microsoft Visual C++既具有程序框架自动灵活生成、代码编写和界面设计集成交互操作等优点，同时还可通过简单设置就能够产生程序框架支持数据库接口、OLE2、WinSock 网络和 3D 控制界面。另外，SQL Server 2000 可进行高性能设计管理、强大的事务处理以及支持对称多处理器结构、存储过程和 SQL 语言。因此，采用 Visual C++可视化开发平台和 SQL Server 网络数据库技术，自主集成研发了隧道工程智能监测及安全评价系统。

本系统主要由工程信息管理模块、监测信息分析模块、智能化预测模块、自动预警预报模块、二衬支护时机评判模块和监测报告生成模块共同组成。系统的组织架构如图 7-12 所示。

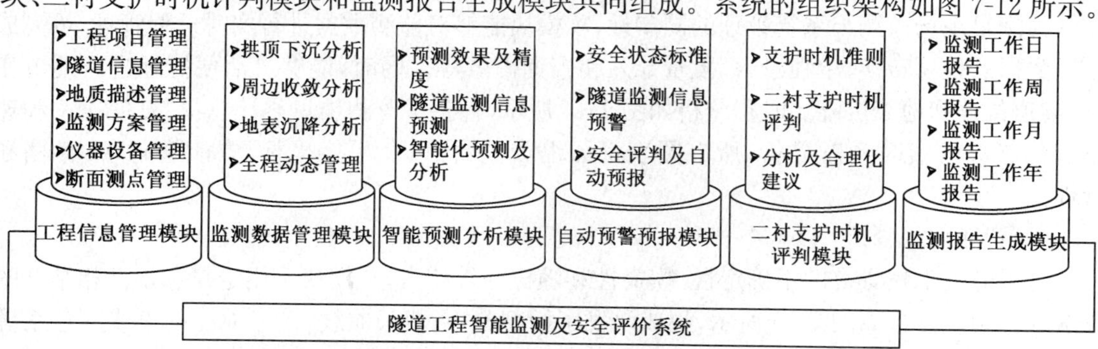

图 7-12 系统的组成及功能结构图

7.5.2 系统的主要功能

本系统信息化集成工程背景、地质资料和监测方案等形成了完善的综合管理平台，实现了各阶段多类型工程资料的动态信息化管理，并能够对隧道变形、位移及地面沉降等项目进行全过程实时分析和管理，而且集成研发了智能化隧道监控预测技术和方法，同时根据监测量值、发展速率及速率变化趋势对隧道结构进行全程实时的预警和建议，还实现了隧道二衬支护时机的综合分析评判，最后可根据工程管理的不同需要，快速自动化生成多类型多角度信息化集成的监测分析报告。其主要功能如下：

(1)监测数据管理

针对地下工程建设中的海量信息、管理效率弱和软件专业程度低等问题，本系统采用计算机、网络和可视化等技术，率先信息化集成工程信息、地质资料和监测方案等形成了完善的综合管理系统平台如图 7-13 所示，从而实现了各阶段多类型工程资料的动态信息化管理功能，包括对文本型、数值型、图像型和音频视频型信息进行全过程实时录入、查询和修改等。

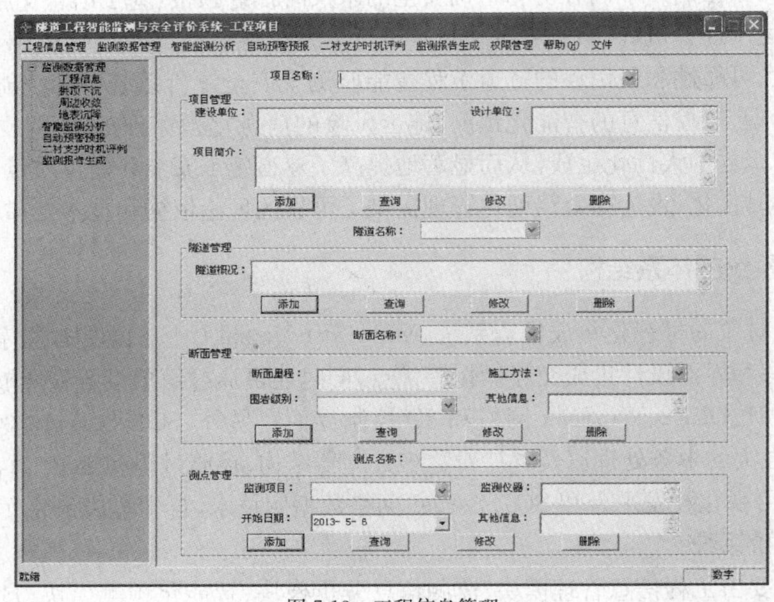

图 7-13 工程信息管理

为满足现场监测与系统管理的同步性，本模块能够对监测数据进行实时远程管理，可完成原始数据的处理转换、单独录入、批量导入和查询修改等。同时，能够灵活便捷地进行隧道变形、隧道位移和地表沉降的时程分析如图 7-14 所示，包括了监测项目累计总量、发展速率和速率变化趋势的实时动态分析，所有图表都可缩放、换色以及更换坐标，并能够打印、存档和管理。

(2)智能预测分析

鉴于隧道工程具有的不确定性、模糊性和随机性等特点，本模块采用定量和定性相结合的方法开展预测分析如图 7-15 所示，集成研发了回归分析、成长曲线、人工神经网络或灰色系统等方法和模型，以及模糊自适应变权重的组合预测模型，可根据不同的工程实际和分析目标，针对性地选用相应的预测方法进行计算分析。同时，建立了由标准误差和拟合优度构成的预测效果评判标准，在此基础上本模块能够智能地选取最优模型进行最佳效果的预测分析，从而实现了隧道监测信息的智能化预测及分析。

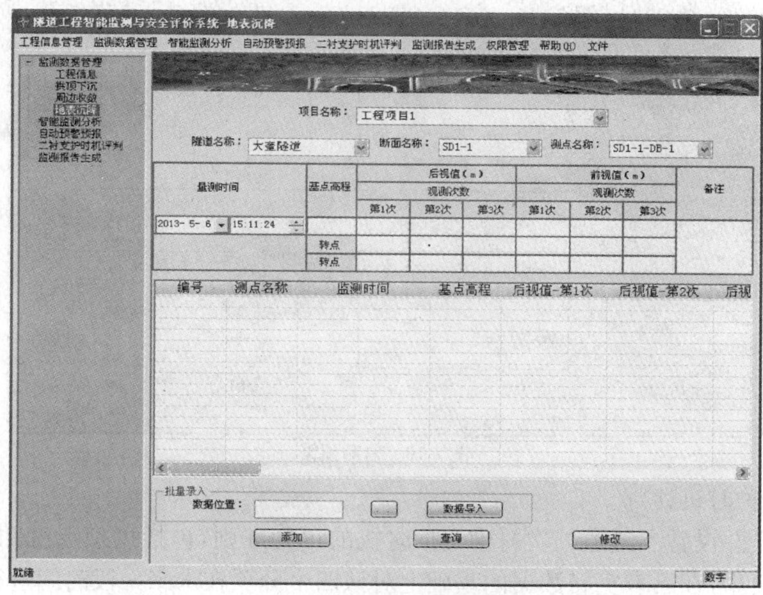

图 7-14 地表沉降数据管理

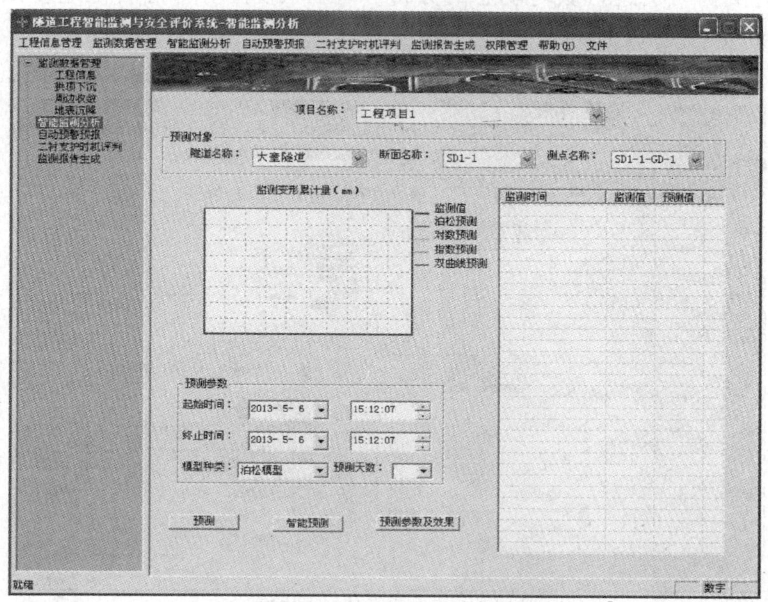

图 7-15 智能化预测

(3)自动预警预报

在广泛总结国内外规范标准和深刻分析研究成果的基础上，确立隧道安全的控制基准，本模块系统地集成了监测量值、发展速率及速率变化趋势对隧道结构进行全过程实时动态的预警和评判，并采用红、黄和绿色作为三等级预警标识，同时激活相应的报警铃声如图 7-16 所示。最后，自动化地提供了警戒时间和量值的分析结果以及应采取技术措施的建议。

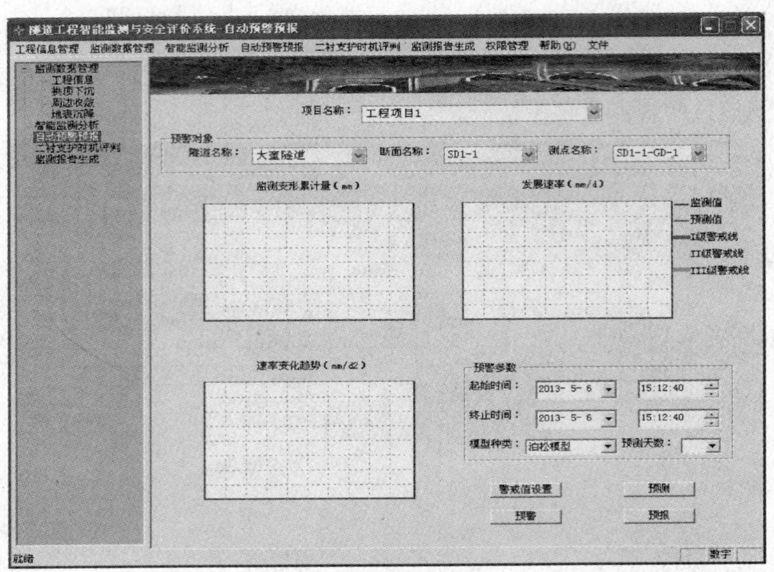

图 7-16 监测预警

(4)二衬支护时机评判

本模块确立并设置了隧道二次衬砌支护时机的评判准则，包括拱顶下沉和周边位移的监测量值及发展速率，在已有实测数据的基础上对该四个分项在未来一段时间进行智能化预测，从而对隧道二衬支护时机进行实时动态的分析和综合评判，同时自动化地提供了全面可靠的支护时机及建议，如图 7-17 所示。

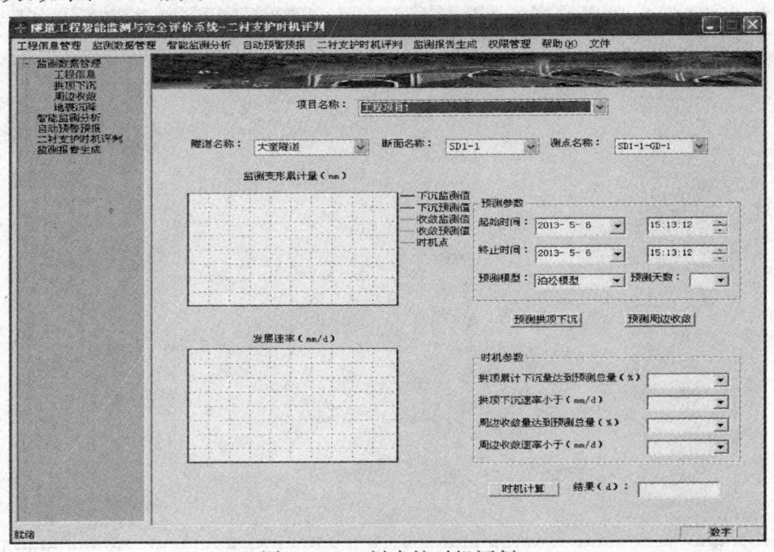

图 7-17 二衬支护时机评判

(5)监测报告生成

将工程信息、监测成果、预测预警和二衬支护时机等集合为统一整体，本模块实现了多类型多角度信息化集成的监测分析报告如图 7-18 所示，能够根据工程管理的不同需要，快速自动化地生成周报、月报和年报等多种工作报告，并可完成远程无线联机打印和文档储存管理。

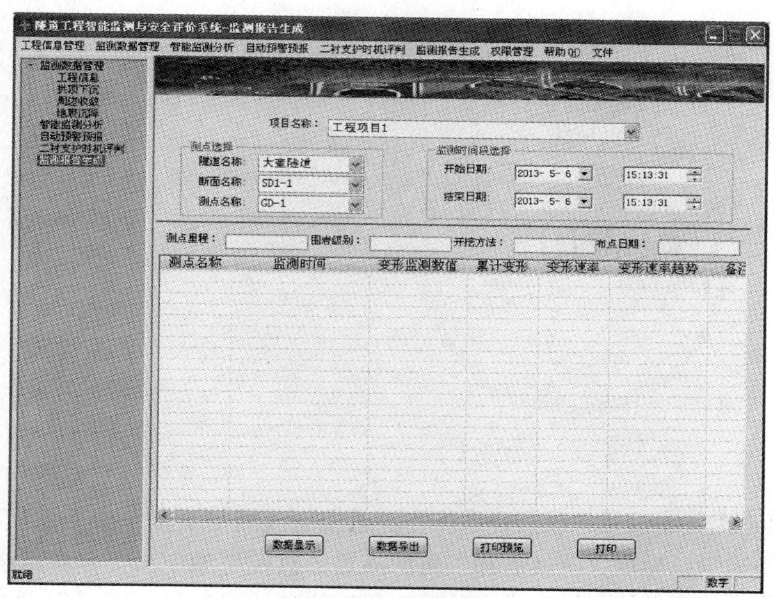

图 7-18 监测报告生成

7.5.3 系统的特点

本系统采用 Visual C++ 6.0 和 SQL Server 2000 数据库作为开发平台，实现了隧道施工期监测资料的动态信息化集成管理。本系统是目前国内较为系统的隧道施工监控量测信息管理软件，具有工程信息的综合化管理、监测方案的人性化设定、监测信息的智能化分析，以及监测报告自动生成等特色和优点。该系统数据存储容量大，能同时管理多个工程项目、功能全面，涵盖了监测管理的各方面内容、人性化的系统设计操作方便、可靠性高、易于安装和部署、可跨平台运行、界面美观、易于升级和扩展。

8 工程应用

目前，隧道施工监测信息集成管理系统和隧道智能监测与安全评价系统已成功应用于湖南炎汝高速公路第十二标段大奎隧道和牛角湾隧道的监控量测中。工程应用结果表明，隧道施工监测信息集成管理系统能够完成多种类型工程信息的管理与分析工作，与传统信息管理方式相比，可有效降低工作强度，提高信息管理效率和准确性，实现了隧道施工监测信息的集成、高效、精确管理；隧道智能监测与安全评价系统除具有上述优点外，其特色的智能预测、预警及二衬支护时机分析功能，极大地提高了监测数据分析与反馈应用水平，为预防隧道施工灾害，保证施工安全顺利开展，提供了强有力的技术支撑。

8.1 工程概况与监测方案

8.1.1 工程概况

隧址所在地隶属株州市炎陵县龙渣乡双奎村境内，隧道进出口附近均有简易乡村公路经过，交通条件一般。隧址位于构造剥蚀中低山区地貌区。隧道穿越的山体地形切割强烈，山坡陡峻，局部为陡崖。山顶圆锥形，山脊线呈波状起伏。沿洞轴线最大高程约为 1134.0m，最低高程约为 770.0m，相对高差 364.0m；坡面植被较为发育，多灌木丛和乔木。左幅隧道进口处山坡为凸形坡，坡向 227°，坡度角在 39°；右幅隧道进口处山坡为凸形坡，坡向 253°，坡度角 42°。出口处左右幅山坡坡向 10°，坡度角在 30°，山坡均处于稳定状态。

隧道通过的山体四周主要为干沟水系，多为冲沟暂时性流水，隧道沿线地表有 2 处地表常流水，分别自南东向北西、近东向西流向洣水河。地表水受大气降水补给，流量随季节动态变化，具暴涨暴落的特征。根据地质调绘、钻探及物探资料，隧址区出露地层主要为第四系更新统残坡积土，中泥盆统跳马涧组砂质页岩等组成。

大奎隧道位于炎陵至汝城（湘粤界）高速公路第 2 合同段，为分离式隧道。左幅隧道起讫里程桩号为 ZK49＋780～ZK52＋972，长 3192m，最大埋深 337m；右幅隧道起讫里程桩号为 YK50＋140～YK52＋968，长 2828m，最大埋深约 326m。隧道按 80km/h 高速公路设计，隧道净空：10.25m×5.0m。左右幅进洞口洞门型式均采用端墙式，出洞口均采用削竹式。

隧道具有如下特点：

①隧道主要以Ⅳ、Ⅴ级围岩为主，隧道共穿越6条构造破碎带，构造破碎带内为角砾岩，角砾岩胶结性差，存在软弱结构面，围岩稳定性较差，易坍塌，侧壁不稳定，监控量测中应密切注意断层破碎带的影响；

②隧道左、右线洞身段围岩均由强～中风化砂岩夹页岩组成，岩体破碎至较破碎，节理裂隙发育，随着埋深的增加，风化程度逐步减弱，属较硬岩。该层属自稳性较好的围岩，易产生小范围的坍塌、掉块。监控量测中应注意软弱破碎带和地下水的影响；

③隧道进出洞口段及隧道洞身浅埋段为强风化砂岩夹页岩，岩体风化强烈，属较软岩，作为隧道围岩，自稳能力差，水浸后极易加剧松散破坏，施工时应特别注意加强监测；

④隧址区未发现滑坡、崩塌、泥石流等不良地质现象及特殊性岩土。

8.1.2 监测方案

监控量测项目的选择遵循“严守施工规范、服务隧道施工；紧贴隧道实际，保证经济安全”的原则，保证必测项目及时、准确地实施，并根据工程实际揭露的围岩条件和隧道施工情况，合理开展有针对性的、有代表性的选测项目测施工作。各监控量测项目的量测方法、仪器设备、观测频率不低于表8-1和表8-2的要求。

监控量测项目 表8-1

项目名称		方法及工具	布置
必测项目	地质及支护状态观察	岩性、结构面产状及支护裂缝观察和描述，地质罗盘等	全长度开挖后及初期支护后进行
	周边位移 拱顶下沉	各种类型收敛计或测杆；精密水准仪、水准尺或测杆	每10～50m一个断面，每断面2～3个测点
	锚杆拉拔力测试	各类电测锚杆、锚杆测力计及拉拔器	每10m一个断面，每个断面至少做3根锚杆
	地表下沉	精密水准仪、水准尺	洞室中心线上，并与洞轴线正交平面的一定范围内布设必要数量测点
选测项目	围岩内部位移	洞内钻孔安设单点或多点位移计	每代表地段1～2个断面，每断面2～11个测点
	围岩压力	各种类型压力盒	每代表地段2～10个断面，每断面15～20个测点
	锚杆轴力	各种测力锚杆(机械式、电阻片式)	每代表地段2～10个断面，每断面至少3根锚杆
	钢支撑内力及外力	支柱压力计或其他测力计	每10榀钢支撑一对测力计

量测主要断面布置的布设情况如下：

根据设计要求，每次爆破施工后应进行掌子面地质及支护状态的观察。洞室周边位移量测断面在Ⅴ级围岩地段纵向间距10～15m应设置一处，在Ⅳ级围岩地段纵向间距15～20m设置一处，在Ⅲ级围岩地段纵向间距20～30m设置一处，在Ⅱ级围岩地段纵向间距30～50m设置一处，在围岩分级比较零碎的地段每一级围岩段至少设置一处监测断面。牛角湾隧道、大奎隧道监控量测主断面统计见表 8-3。

监控量测项目监测频率 表 8-2

序号	项目名称		量测间隔时间			
			1～15d	16d～1 个月	1～3 个月	大于 3 个月
1	必测项目	地质及支护状态观察	每次爆破后及初期支护后进行			
2		周边位移　拱顶下沉	1～2 次/d	1 次/2d	1～2 次/周	1～3 次/月
3		锚杆拉拔力测试	—	—	—	—
4		地表下沉	开挖面距量测断面<2B 时，1～2 次/d； 开挖面距量测断面<5B 时，1 次/2d； 开挖面距量测断面>5B 时，1 次/周			
5	选测项目	围岩内部位移	1～2 次/d	1 次/2d	1～2 次/周	1～3 次/月
6		围岩压力	1～2 次/d	1 次/2d	1～2 次/周	1～3 次/月
7		锚杆轴力	1～2 次/d	1 次/2d	1～2 次/周	1～3 次/月
8		钢支撑内力及外力	1～2 次/d	1 次/2d	1～2 次/周	1～3 次/月

必测项目断面数量统计表 表 8-3

序　号	监控量测项目	断面数量	备　注
1	地质及支护状态观察	—	根据开挖确定
2	周边位移	356	
3	拱顶下沉	356	
4	地表沉降	12	
备注	1. 为便于方案实施，地表沉降作为必测项目； 2. 此工程量根据隧道开挖时的实际情况进行适当调整		

8.1.3 系统应用

大奎隧道和牛角湾隧道隧道施工监测断面数量多、信息量庞大，给监测信息的管理带来了很大挑战。为实现信息的高效、精确管理，引入隧道施工监测信息集成管理系统。系统应用分为两个阶段实施：

第一阶段，以大奎隧道和牛角湾隧道的项目概况和监测方案为基础，对系统的工程项目信息管理、隧道信息管理、断面地质描述、监测方案、监测仪器和断面测点管理进行了验证，结果表明系统能实现多种类型的工程项目信息的添加、删除、查询和修改，能根据隧道实际监测的项目种类人性化的设定监测方案，自动生成监测测点，达到了预期项目信息管理的目的。

第二阶段，以大奎隧道和牛角湾隧道监控量测的拱顶下沉、周边位移、地表沉降数据为基础，验证了系统的监测数据管理、自动预警预报、二衬支护时机评判以及监测报告自动生成等功能，结果证明该系统达到了预期的功能。

通过湖南炎汝高速公路第十二标段大奎隧道和牛角湾隧道的监控量测中的成功应用表明，隧道施工监测信息集成管理系统能够完成多种类型工程信息的管理与分析工作，与传统信

息管理方式相比，可有效降低工作强度，提高信息管理效率和准确性，实现了隧道施工监测信息的集成、高效、精确管理；隧道智能监测与安全评价系统除具有上述优点外，其特色的智能预测、预警及二衬支护时机分析功能，极大地提高了监测数据分析与反馈应用水平，为预防隧道施工灾害，保证施工安全顺利开展，提供了强有力的技术支撑。

8.2 隧道施工监测信息集成管理系统应用

8.2.1 软件安装与启动

双击“隧道施工监测信息集成管理系统.exe”文件，开始程序安装。在“安装密码”窗口中正确输入安装密码，继续安装过程。选择安装语言和安装的目标位置，选择程序文件夹，完成安装，如图 8-1～图 8-4 所示。

图 8-1 输入安装密码

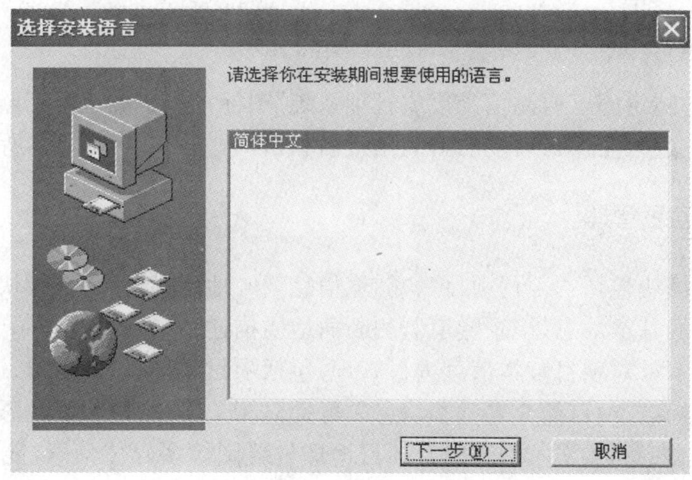

图 8-2 选择安装语言

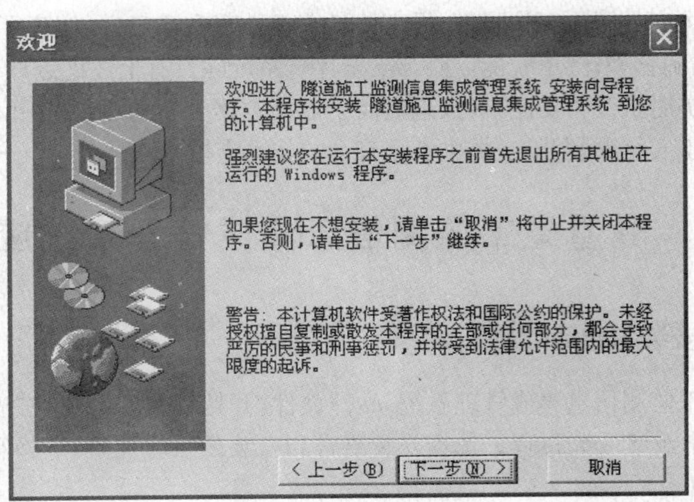

图 8-3 选择目标位置

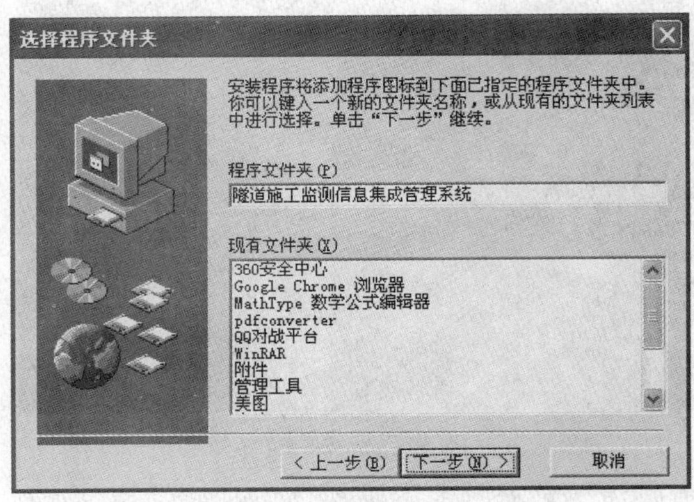

图 8-4 选择程序文件夹

双击安装好的"隧道施工监测信息集成管理系统"图标，进入"隧道施工监测信息集成管理系统—登录"窗口。进入主窗口后注册新的用户名和密码，如图 8-5、图 8-6 所示。

8.2.2 工程信息管理

工程信息管理模块包括："工程项目"、"隧道信息"和"地质描述"。该模块的主要功能是管理工程项目与隧道的基本信息，记录隧道监测断面地质描述结果。

"工程项目"窗口针对项目基本信息进行管理，包括项目名称、建设单位、设计单位、施工单位、建设期限、技术标准、项目简介等基本信息。可针对相关信息进行录入、添加、查询、修改和删除等操作。信息类型涵盖文本信息以及项目地理位置图等多媒体信息，能够以图文并茂的方式显示工程概况，如图 8-7 所示。

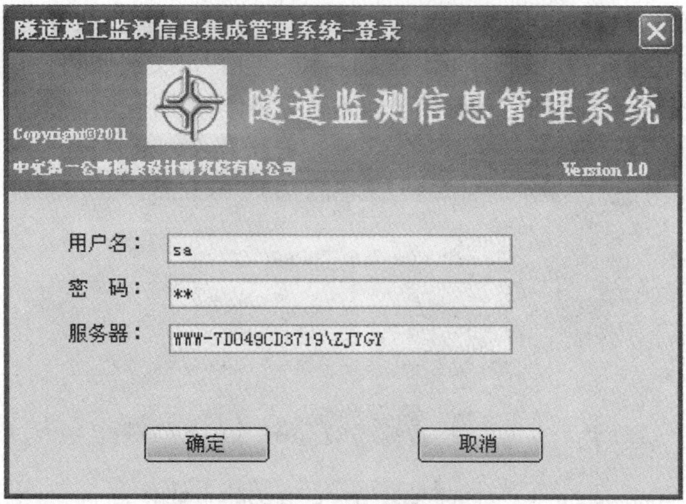

图 8-5　登录界面

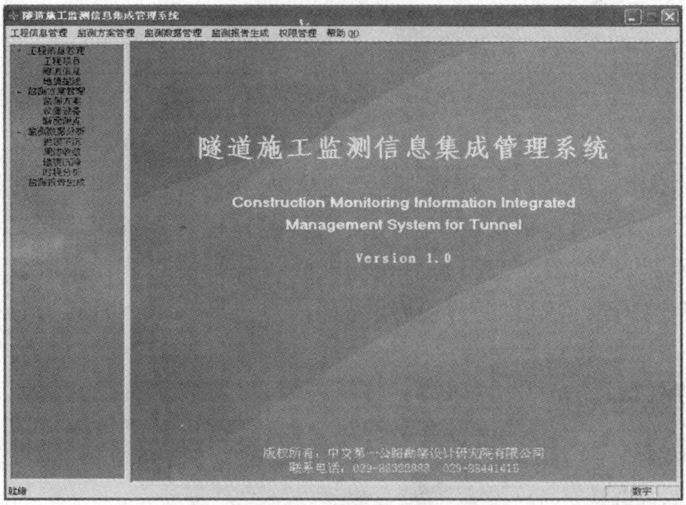

图 8-6　软件主窗口

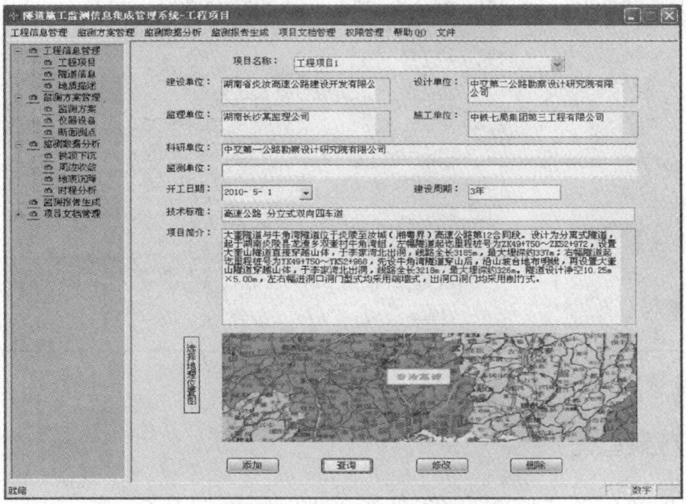

图 8-7　“工程项目”窗口

“隧道信息”窗口针对具体项目下特定隧道的信息进行管理，包括隧道名称、地理位置、隧道型式、起讫桩号、隧道长度、线形指标、最大埋深与跨度、水文地质和工程地质等基本信息。可针对相关信息进行录入、添加、查询、修改和删除等操作，如图 8-8 所示。

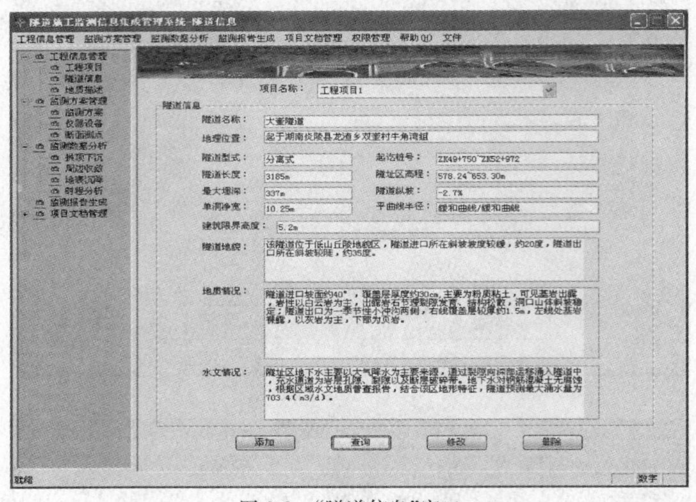

图 8-8 “隧道信息”窗口

地质描述是在隧道开挖后进行观察并描述隧道围岩地质和地下水情况。主要使用仪器为地质罗盘、地质锤、照相机等。通过肉眼观察、地质锤和地质罗盘测量，描述和记录岩性及产状、岩层厚度和结构、节理发育情况、风化程度、断层破碎带及地下水特征，对围岩稳定性进行评价，判断围岩类别是否与设计相符，每一量测断面要有一张记录表并填图。“地质描述”窗口即针对具体隧道特定断面开挖后的上述地质描述信息进行录入、查询、修改和删除等管理，如图 8-9 所示。

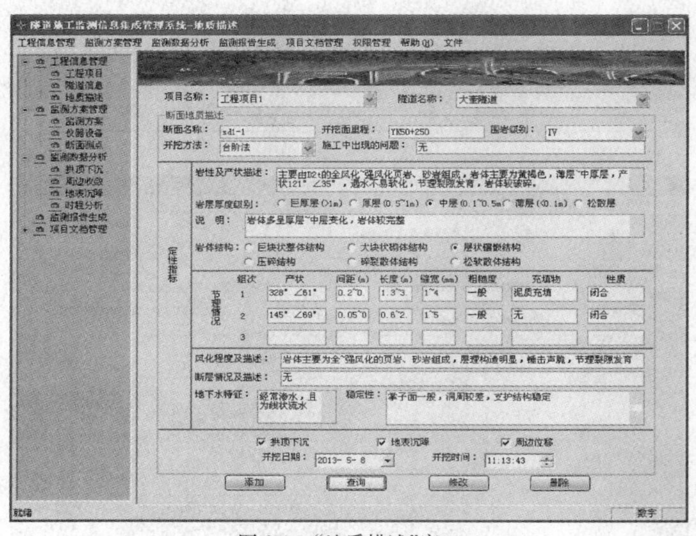

图 8-9 “地质描述”窗口

8.2.3 监测方案管理

监测方案管理模块包括：“监测方案”如图 8-10 所示、“仪器设备”如图 8-11 所示和“断面

测点”如图 8-12 所示。该模块通过上述窗口实现了设定和修改隧道监测方案与测点布置信息，管理监测所采用仪器设备信息。

“监测方案”建立了每一监测断面与其监测项目的对应关系，通过在“监测方案”窗口选定监测断面，即可直观的了解该断面涉及的具体监测项目及其测点的布置情况。包括必测项目和选测项目，以及考虑具体工程特殊需要所设置的自定义项目。

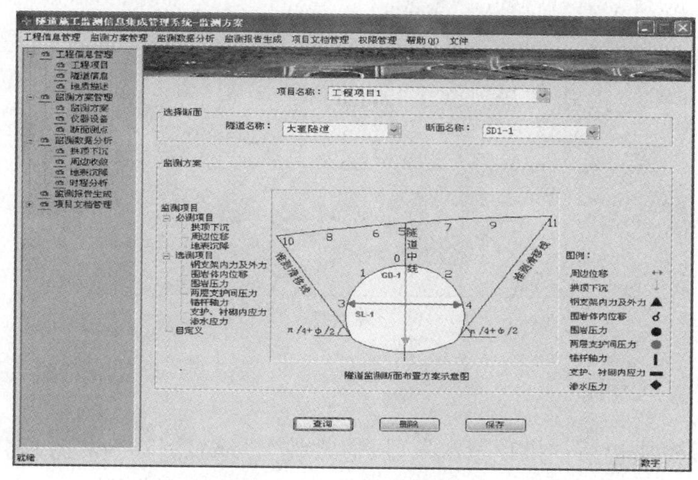

图 8-10 “监测方案”窗口

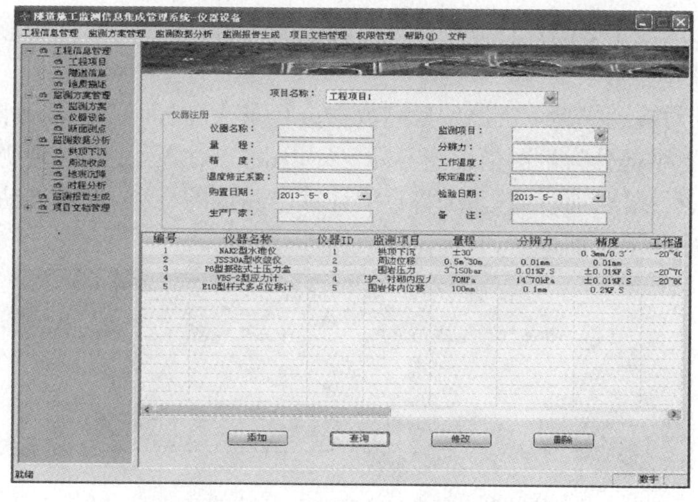

图 8-11 “仪器设备”窗口

“仪器设备”窗口针对项目监测仪器（如水准仪、收敛计、全站仪等）的基本信息（如量程、精度、工作温度、标定温度、温度修正系数、检验日期、生产厂家等）进行管理。结合仪器采购和更新情况，可针对相关信息进行录入、添加、查询、修改和删除等操作。

施工过程中，随着开挖面的不断推进，测点逐步布设，需要记录的信息包括测点的里程桩号、监测项目、测点编号、监测开始时间等。“断面测点”即用于注册一个新的测点信息。除此之外，也可对在监测方案窗口中已经生成的测点信息进行查询、修改和删除。

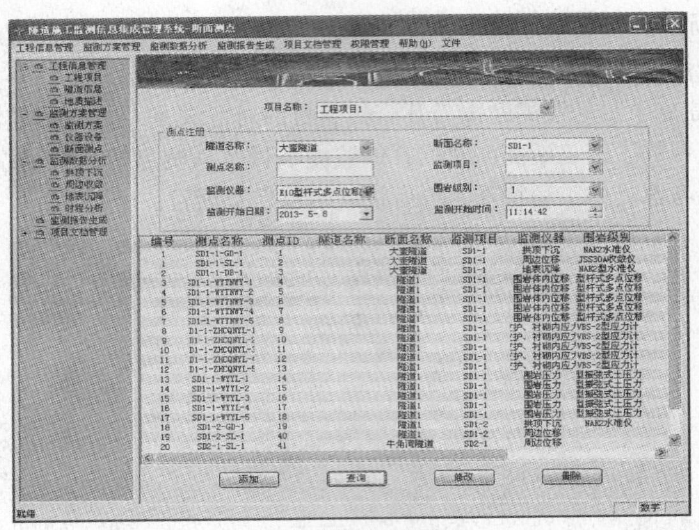

图 8-12 “断面测点”窗口

8.2.4 监测数据管理

监测数据管理模块包括：“拱顶下沉”、“周边收敛”、“地表沉降”和“时程分析”，实现了对原始量测数据的录入、存储、计算以及绘制监测值时程曲线与拟合曲线。

通过监测数据管理窗口将现场原始量测数据录入数据库，在原始数据录入数据库的同时，系统将自动按照程序设定好的计算方法计算监测数据的特征值（如累计变形量、变形速率、变形加速度等），并将计算结果保存到数据库。

“拱顶下沉”针对隧道拱顶下沉原始量测数据进行录入、查询、修改和删除，窗口上半部分为量测值输入区，下半部分为量测值信息显示区，如图 8-13 所示。原始量测数据输入包括量测时间、基点高程、后视值、前视值，系统将自动计算出测点的高程，进而自动计算出测点的累计下沉量、下沉速率和下沉加速度，并将这些数据进行保存。

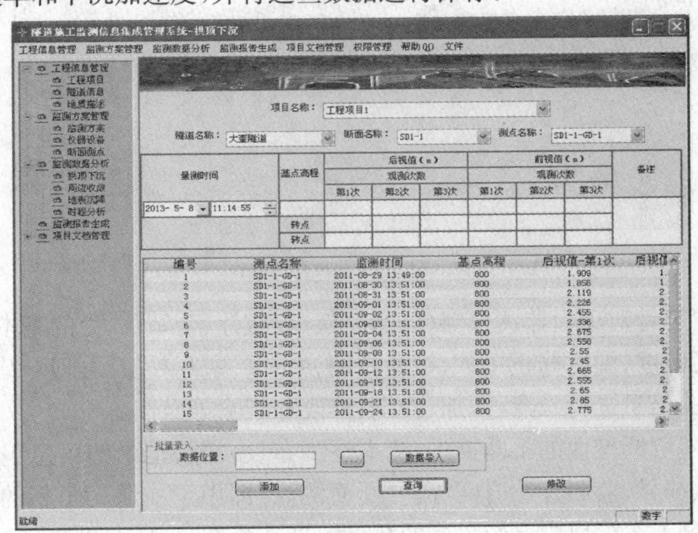

图 8-13 “拱顶下沉”窗口

“周边收敛”的窗口布置及操作与“拱顶下沉”相似。输入的原始量测数据时包括，量测时间、洞内温度、钢尺读数、百分表读数，系统会自动计算出测点间的距离，得到测点的累计收敛量、收敛速率和收敛加速度，并将这些数据进行保存，如图 8-14 所示。

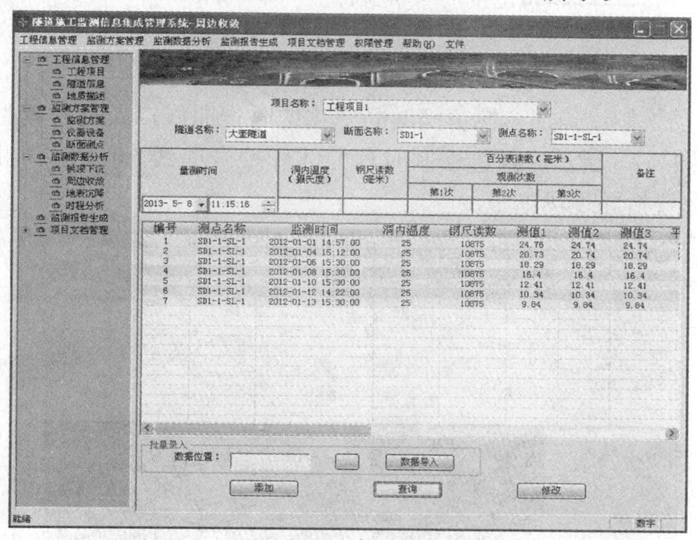

图 8-14 “周边收敛”窗口

“地表沉降”在输入原始量测数据时，需要先按照项目—隧道—断面—测点的逻辑顺序选定好测点，然后录入、量测时间、基点高程、后视值、前视值等量测值，按钮系统会自动计算出测点的高程、累计沉降量、沉降速率和沉降加速度，并将进行保存，如图 8-15 所示。

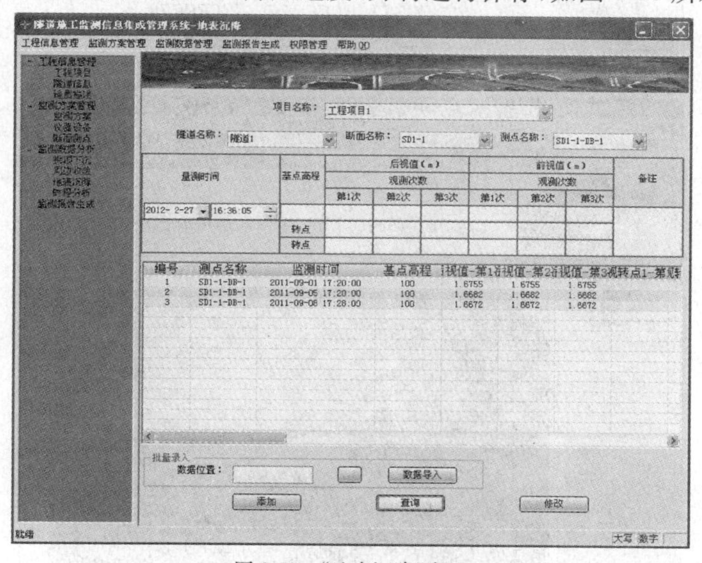

图 8-15 “地表沉降”窗口

上述“拱顶下沉”、“周边收敛”、“地表沉降”功能在数据录入方式上除了通过窗口上半部分的文本框将数据手动逐条录入外，还可通过窗口最下方的批量导入按钮一次性导入多次监测数据，如图 8-16 所示。

“时程分析”是在监测数据管理窗口计算得到的累计变形量、变形速率和变形加速度等监

	A	B	C	D	E	F	G	H	I	J	K	L
1				后视值			前视值					
2				观测次数			观测次数					
3	测点名称	量测时间	基点高程	第1次	第2次	第3次	第1次	第2次	第3次	隧道名称	断面名称	备注
4	DKSD-2-GD-1	2012-1-16 15:30	800	4	4	4	-3.007	-3.007	-3.007	大奎隧道	dksd-2	
5												
6												

图 8-16　拱顶下沉数据批量录入格式

测值的基础上，自动绘制出描述监测值随时间变化的时程曲线以及通过模型拟合得到的拟合曲线如图 8-17 和图 8-18 所示。通过绘制时程曲线和拟合曲线，可及时掌握围岩变形的发展趋势，总结规律，有效指导现场施工。

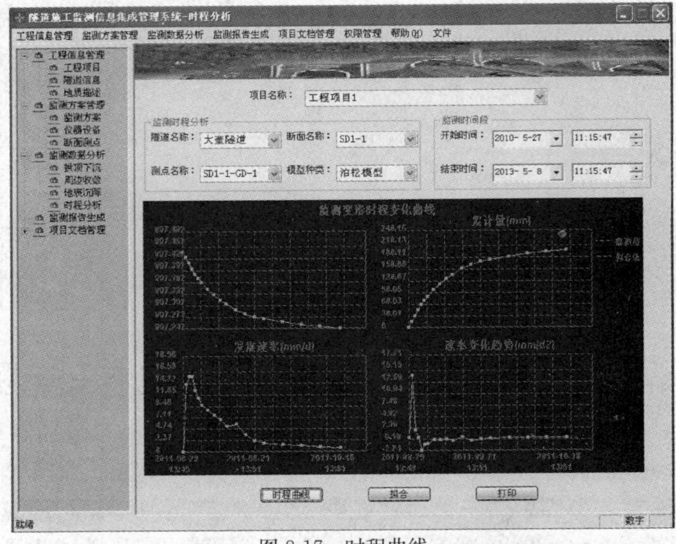

图 8-17　时程曲线

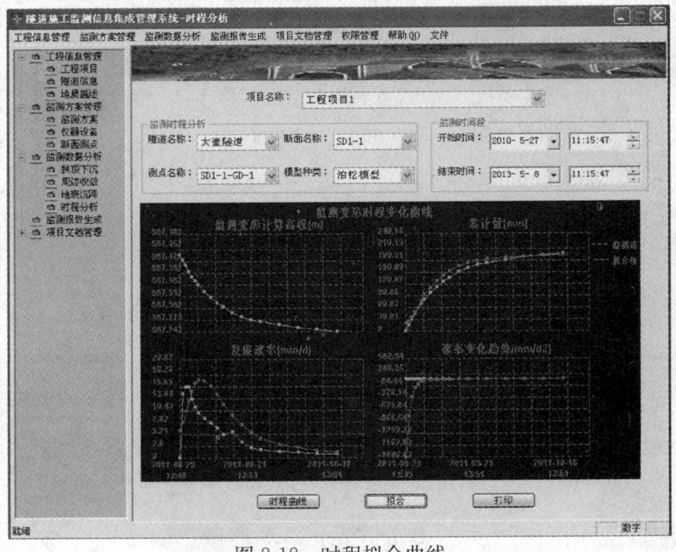

图 8-18　时程拟合曲线

8.2.5　监测报告生成

监测报告生成模块是以工程信息、监测方案、监测数据等基本信息，以及测点的累计变形量、变形速率、变形加速度等监测特征值为基础，在文本上以表格的形式列出，并绘制监测项目各测点的时程曲线和拟合曲线，实现了监测报告的自动化生成。

监测报告生成模块包含："监测报告生成"和"打印预览"。"监测报告生成"窗口上半部分为测点及监测时间选择窗口，窗口下半部分为报表数据信息显示窗口，主要用于选择报表的输出对象，如图 8-19 所示。

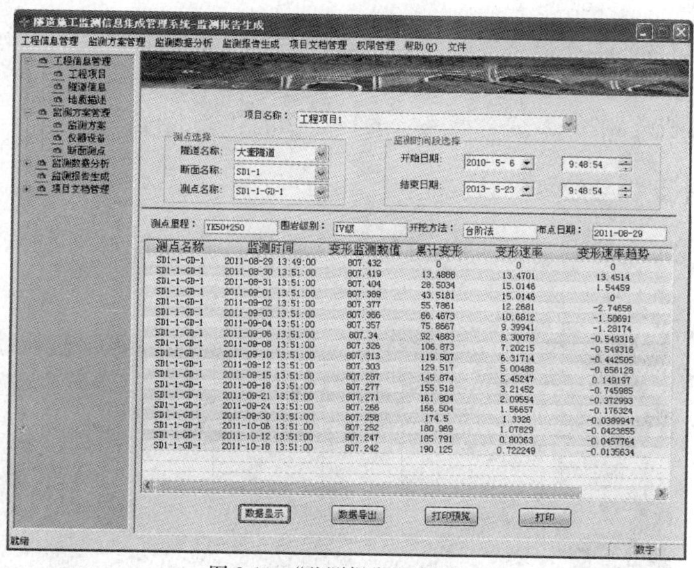

图 8-19 "监测报告生成"窗口

"打印预览"窗口是在显示了报表所需数据后点击"打印预览"按钮，即可生成以项目基本信息为表头，将测点的累计变形量、变形速率、变形加速度等各项重要监测数据以表格的形式显示，并绘制出各监测值的时程曲线和拟合预测曲线，实现监测报表的自动化生成，如图 8-20

隧道拱顶下沉监控量测报表

项目名称：工程项目1
隧道名称：大蛮隧道　　测点里程：YK50+250　　围岩级别：IV级
开挖方法：台阶法　　仪器型号：NAK2水准仪　　布点日期：2011-08-29

测点名称	监测时间	计算高程	累计沉降	沉降速率	沉降速率趋势	备注
SD1-1-GD-1	2011-08-29 13:49:00	807.432	0	0	0	23
SD1-1-GD-1	2011-08-30 13:51:00	807.419	13.4888	13.4701	13.4514	
SD1-1-GD-1	2011-08-31 13:51:00	807.404	28.5034	15.0146	1.54459	
SD1-1-GD-1	2011-09-01 13:51:00	807.389	43.5181	15.0146	0	
SD1-1-GD-1	2011-09-02 13:51:00	807.377	55.7861	12.2681	-2.74658	
SD1-1-GD-1	2011-09-03 13:51:00	807.366	66.4673	10.6812	-1.58691	
SD1-1-GD-1	2011-09-04 13:51:00	807.357	75.8667	9.39941	-1.28174	
SD1-1-GD-1	2011-09-06 13:51:00	807.34	92.4683	8.30078	-0.549316	
SD1-1-GD-1	2011-09-08 13:51:00	807.326	106.873	7.20215	-0.549316	
SD1-1-GD-1	2011-09-10 13:51:00	807.313	119.507	6.31714	-0.442505	
SD1-1-GD-1	2011-09-12 13:51:00	807.303	129.517	5.00488	-0.656128	
SD1-1-GD-1	2011-09-15 13:51:00	807.287	145.874	5.45247	0.149197	
SD1-1-GD-1	2011-09-18 13:51:00	807.277	155.518	3.21452	-0.745985	
SD1-1-GD-1	2011-09-21 13:51:00	807.271	161.804	2.09554	-0.372993	
SD1-1-GD-1	2011-09-24 13:51:00	807.266	166.504	1.56657	-0.176324	
SD1-1-GD-1	2011-09-30 13:51:00	807.258	174.5	1.3326	-0.0389947	
SD1-1-GD-1	2011-10-06 13:51:00	807.252	180.969	1.07829	-0.0423855	
SD1-1-GD-1	2011-10-12 13:51:00	807.247	185.791	0.80363	-0.0457764	
SD1-1-GD-1	2011-10-18 13:51:00	807.242	190.125	0.722249	-0.0135634	

报表日期：2013-05-23　　　第 1 页/共 1 页

图 8-20 "报表打印预览"窗口

所示。若生成的预览信息符合要求则点“打印”按钮,完成报表打印工作。另外,监测数据也可通过 EXCEL 表格自动导出。

8.3 隧道智能监测与安全评价系统应用

隧道智能监测与安全评价系统除具有隧道施工监测信息集成管理系统的工程信息管理、监测方案管理、监测数据管理、监测报告生成等基本功能外,其特色的智能预测分析、自动预警预报、二衬支护时机评判功能,成为该系统的核心功能和突出特点。

8.3.1 软件安装与启动

本系统的安装、注册及登录与隧道施工监测信息集成管理系统相似,登录后界面如图 8-21所示。

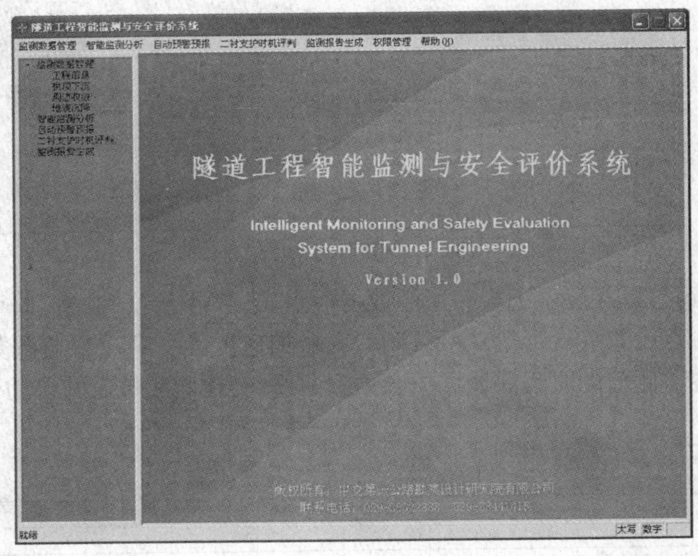

图 8-21 软件主窗口

8.3.2 监测数据管理

监测数据管理模块包括:“工程信息”窗口、“拱顶下沉”窗口(见图 8-22)、“周边收敛”窗口、“地表沉降”窗口。是对原始量测数据进行录入、存储、计算的模块。

“工程信息”窗口由项目管理、隧道管理、断面管理、测点管理四个组合框构成,具体内容及窗口布置如图 8-23 所示。其中,项目管理实现对项目建设单位、设计单位、施工单位等基本信息的管理;隧道管理实现具体项目下特定隧道的基本信息管理;断面管理实现隧道监测方案与测点布置信息管理;测点管理实现相应测点的监测项目、时间、仪器等信息管理。从模块功能上看,“监测数据管理”模块是“隧道施工监测信息集成管理系统”中“工程信息管理”和“监测方案管理”模块的集成,实现了上述两个模块的所有功能。

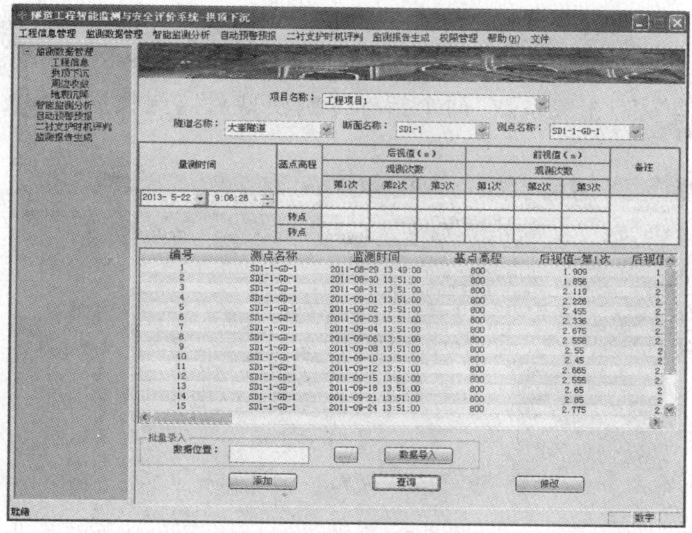
图 8-22 拱顶下沉数据

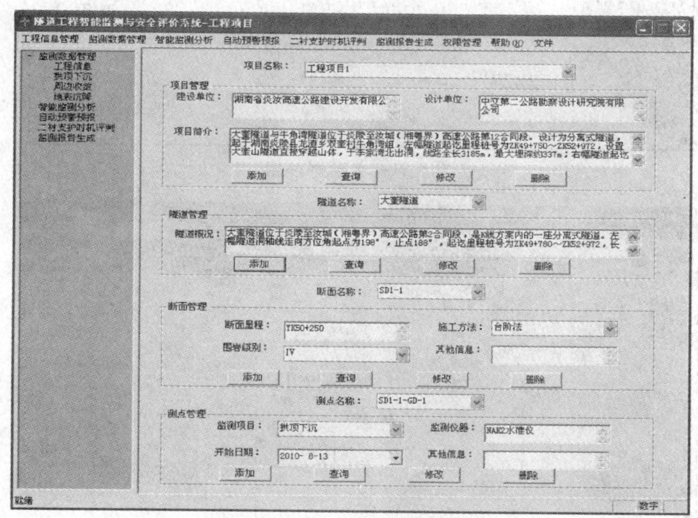
图 8-23 “工程信息”窗口

8.3.3 智能预测分析

智能预测分析模块主要以拱顶下沉、周边位移和地表沉降监测数据为基础，针对隧道工程具有的不确定性、模糊性和随机性等特点，通过自主研发的回归分析、成长曲线、人工神经网络或灰色系统等方法和模型，以及模糊自适应变权重的组合预测模型，对隧道的累计变形量进行拟合和预测，为判断隧道变形趋势提供依据。

预测分为单模型预测和智能化预测。单模型预测能根据用户选择的测点、查询时间段、预测天数和预测模型快速的预测该测点在未来时间段内的变形趋势，然后在窗口中显示监测数据和预测数据以及相关的时程曲线，如图 8-24 所示。

智能化预测能够科学地选取最优模型进行最佳效果的预测分析，然后将不同模型的预测曲线以不同的颜色直观的显示在窗口左边，同时在窗口右边以数据列表的形式显示了不同时刻点的监测数据以及不同模型预测的预测值，并按照预测效果评判标准将预测效果最好的模型预测数据放在第一位，可作为后续操作中模型选择的依据，如图 8-25 所示。预测的好坏主要通过“剩余标准差”和“相关系数”两个指标评判模型对监测数据的预测效果，如图 8-26 所示。

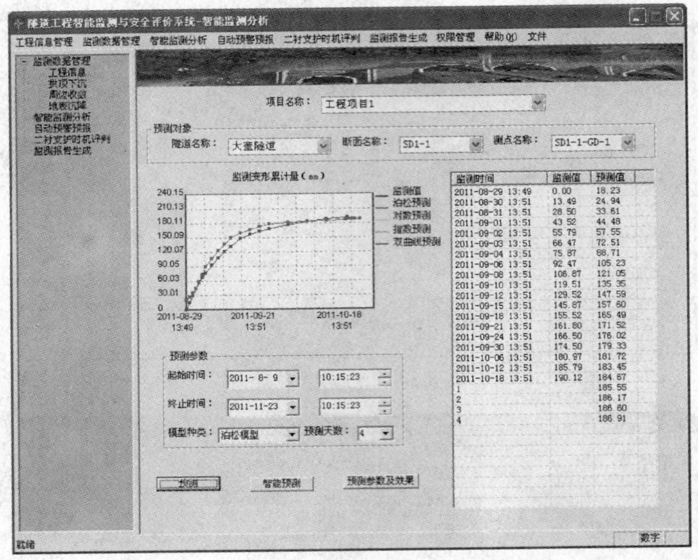

图 8-24 单模型预测

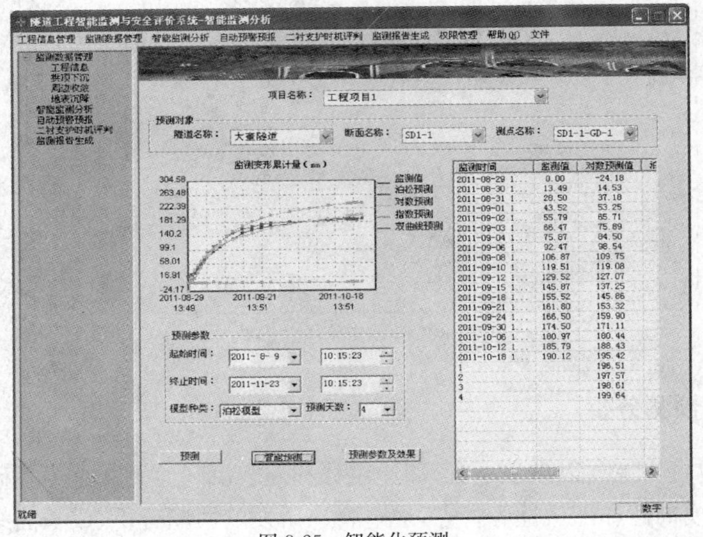

图 8-25 智能化预测

8.3.4 自动预警预报

自动预警预报模块主要功能为首先能根据工程实际情况灵活设置拱顶下沉、周边位移和地表沉降的累计变形量、变形速率和变形速率趋势警戒标准，进而根据选择的测点名称、监测数据的起止时间、预测模型和预测天数预测测点的累计变形量、变形速率和变形速率趋势，然后依据设置的警戒标准判定监测值和预测值是否超过警戒标准，当超过警戒标准时在图中以红色、黄色、绿色三种标识的警戒线予以警示，并且激活报警铃声。预警结果通过预报的形式直观明了的显示超过警戒标准的监测值和预测值所在的时刻、量值以及建议处理措施，如图 8-27～图 8-31 所示。

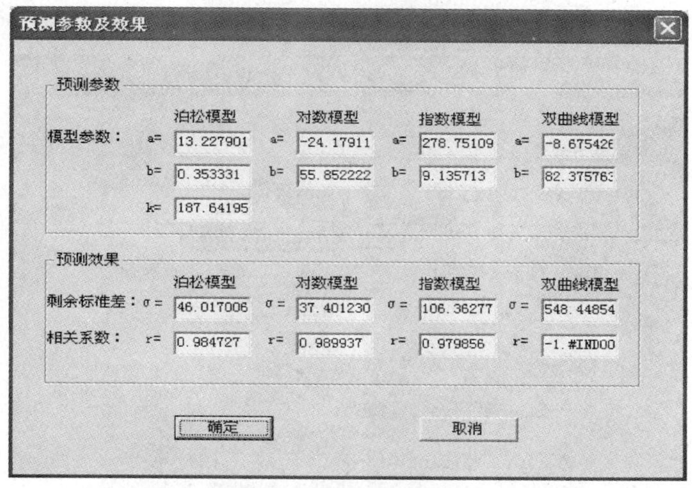

图 8-26　智能预测参数及效果

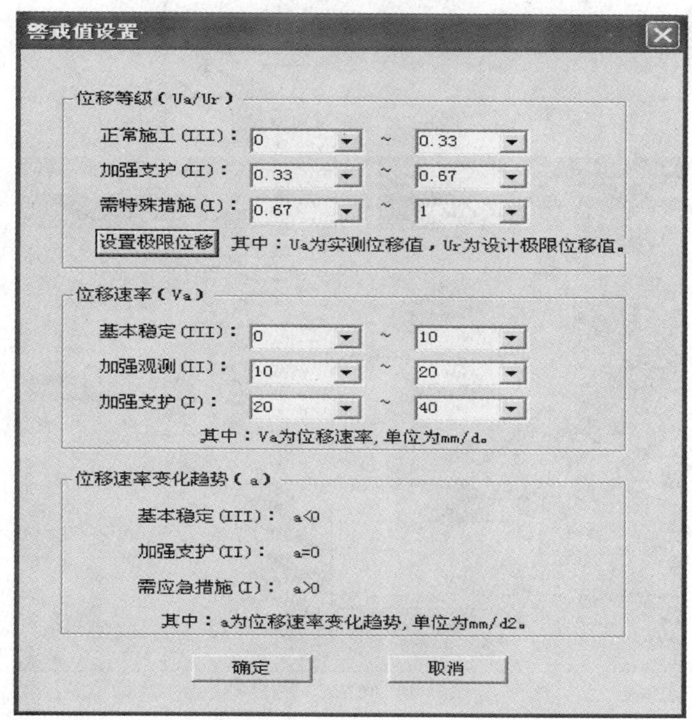

图 8-27　警戒值设置

8.3.5　二衬支护时机评判

本系统综合考虑能表征二衬支护时机的各项因素，确立了拱顶下沉和周边位移的累计量值及发展速率作为隧道二次衬砌支护时机的评判标准。首先选择测点名称、监测数据的起止时间、预测模型和预测天数，然后通过智能预测模型依次预测测点的拱顶下沉和周边位移的累计变形量和变形速率，最后根据工程实际情况灵活设置二衬支护时机标准线，能够对隧道二衬支护时机进行全过程实时动态的分析和评判，同时自动地提供全面可靠的支护时机及建议，如图 8-32、图 8-33 所示。

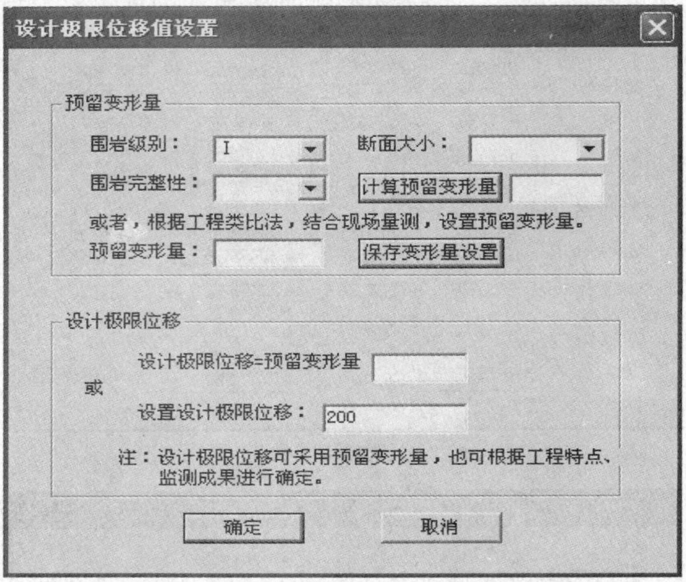

设计极限位移值设置
预留变形量
围岩级别：
I
断面大小：
围岩完整性：
计算预留变形量
或者，根据工程类比法，结合现场量测，设置预留变形量。
预留变形量：
保存变形量设置
设计极限位移
设计极限位移=预留变形量
或
设置设计极限位移：
200
注：设计极限位移可采用预留变形量，也可根据工程特点、监测成果进行确定。
确定
取消

图 8-28　极限位移设置

项目名称：
工程项目1
监测变形累计量（mm）
发展速率（mm/d）
速率变化趋势（mm/d2）
预警参数
警戒值设置
预警
预报

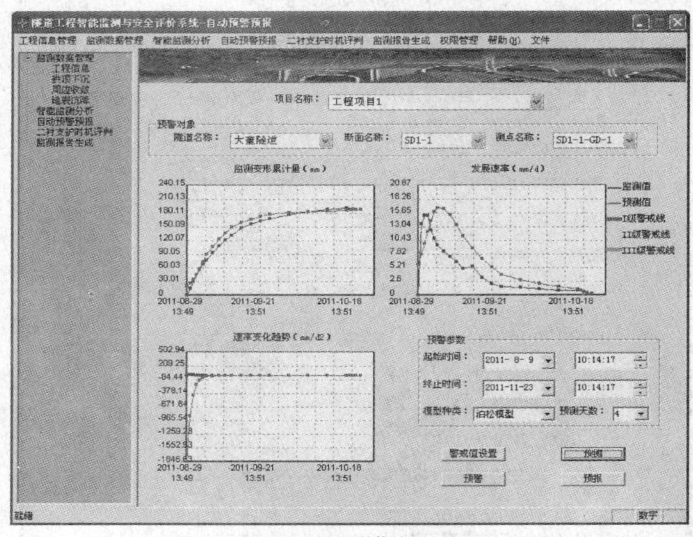

图 8-29　监测信息预测

8.3.6　监测报告生成

监测报告生成模块是以工程信息、监测数据等基本信息，以及测点的特征值为基础，在文本上以表格的形式列出，并绘制监测项目各测点的时程曲线和拟合曲线，实现监测报告的自动化生成，如图 8-34、图 8-35 所示。

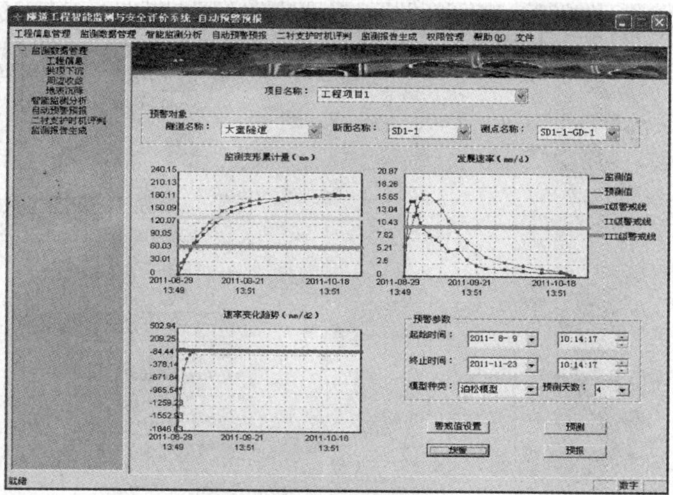

图 8-30 监测预警

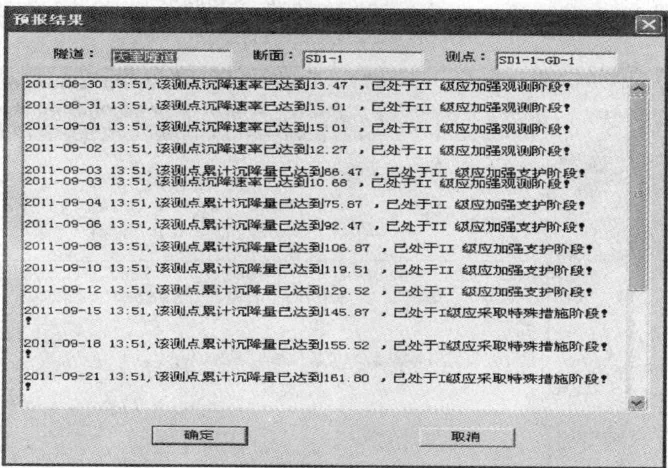

图 8-31 预报结果

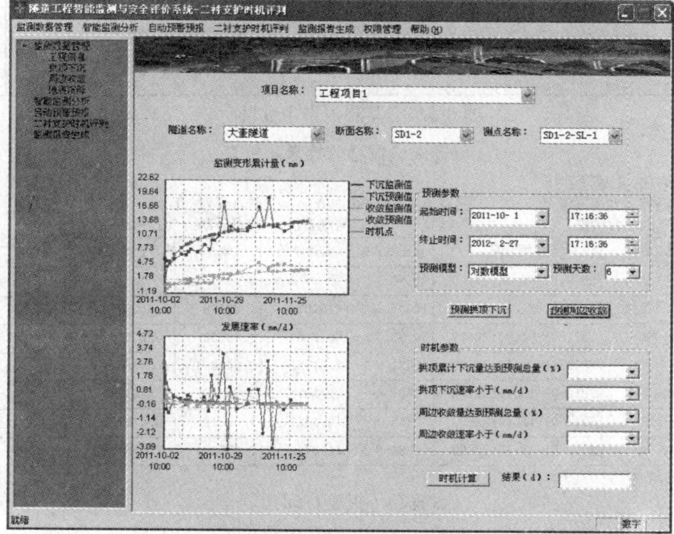

图 8-32 拱顶沉降和周边收敛预测

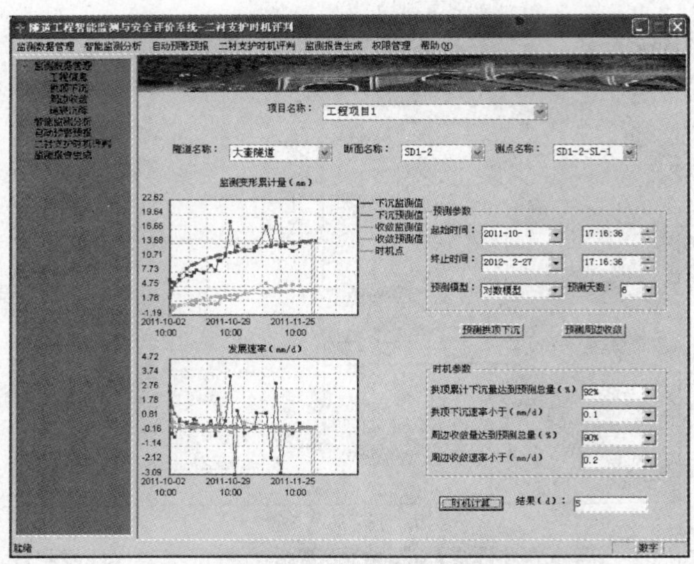

图 8-33 二衬支护时机评判

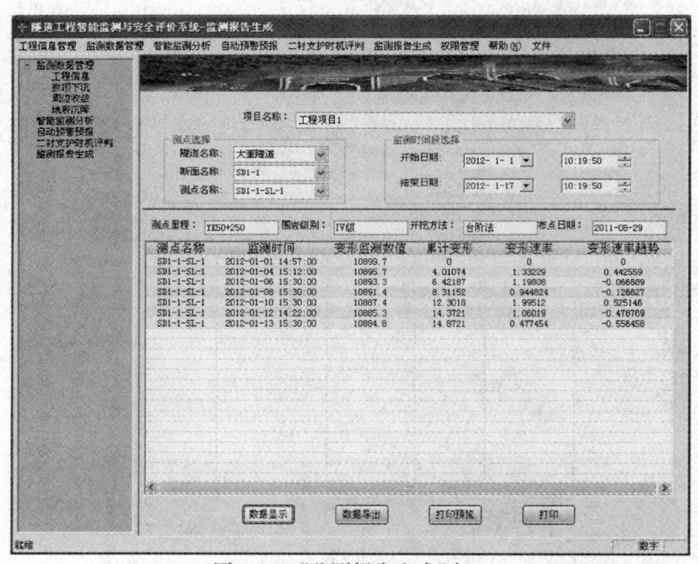

图 8-34 “监测报告生成”窗口

隧道周边位移监控量测报表

项目名称：工程项目1
隧道名称：大奎隧道　　测点里程：YK50+250　　围岩级别：Ⅳ级
开挖方法：台阶法　　仪器型号：JSS30A收敛仪　　布点日期：2011-08-29

测点名称	监测时间	修正后读数	累计收敛	收敛速率	收敛速率趋势	备注
SD1-1-SL-1	2012-01-01 14:57:00	10899.7	0	0	0	
SD1-1-SL-1	2012-01-04 15:12:00	10895.7	4.01074	1.33229	0.442559	
SD1-1-SL-1	2012-01-06 15:30:00	10893.3	6.42187	1.19808	-0.066689	
SD1-1-SL-1	2012-01-08 15:30:00	10891.4	8.31152	0.944824	-0.126627	
SD1-1-SL-1	2012-01-10 15:30:00	10887.4	12.3018	1.99512	0.525146	
SD1-1-SL-1	2012-01-12 14:22:00	10885.3	14.3721	1.06019	-0.478769	
SD1-1-SL-1	2012-01-13 15:30:00	10884.8	14.8721	0.477454	-0.556458	

报表日期：2013-05-23　　第 1 页/共 1 页

图 8-35 报表打印预览

参考文献

[1] 中华人民共和国行业标准. JTG D70—2004 公路隧道设计规范[S]. 北京：人民交通出版社，2004.

[2] 中华人民共和国行业标准. JTG F60—2009 公路隧道施工技术规范. [S]北京：人民交通出版社，2009.

[3] 中华人民共和国行业标准. JTG F80—2004 公路工程质量检验评定标准. [S]北京：人民交通出版社，2004.

[4] 中华人民共和国行业标准. JTJ 026.1—1999 公路隧道通风照明设计规范. [S]北京：人民交通出版社，1999.

[5] 中华人民共和国国家标准. GB 50204—2002 混凝土结构工程施工质量验收规范[S]. 北京：中国计划出版社，2002.

[6] 中华人民共和国国家标准. JTG E30—2005 公路工程水泥及水泥混凝土试验规程[S]. 北京：人民交通出版社，2005.

[7] 中华人民共和国行业标准. TB 10003—2005/J 449—2005 铁路隧道设计规范[S]. 北京：中国铁道出版社，2005.

[8] 中华人民共和国行业标准. TB 10204—2002 铁路隧道施工规范[S]. 北京：中国铁道出版社，2002.

[9] 中华人民共和国行业标准. TB 10417—2003/J 287—2004 铁路隧道工程施工质量验收标准[S]. 北京：中国铁道出版社，2003.

[10] 中华人民共和国行业标准. TB 10119—2000/J 72—2001 铁路隧道防排水技术规范[S]. 北京：中国铁道出版社，2000.

[11] 中华人民共和国国家标准. GB 50108—2001 地下工程防水技术规范[S]. 北京：中国计划出版社，2001.

[12] 中国工程建设标准化协会标准. CECS 02:2005 超声回弹综合法检测混凝土强度技术规程[S]. 北京：中国计划出版社，2005.

[13] 中华人民共和国行业标准. JGJ/T 23—2011/J 115—2011 回弹法检测混凝土抗压强度技术规程[S]. 北京：中国建筑工业出版社，2011.

[14] 中国工程建设标准化协会标准. CECS 03:2007 钻芯法检测混凝土强度技术规程[S]. 北京：中国计划出版社，2007.

[15] 中国工程建设标准化协会标准. CECS 21:2000 超声法检测混凝土缺陷技术规程[S]. 北京：中国计划出版社，2000.

[16] 中华人民共和国行业标准. TB 10223—2004 铁路隧道衬砌质量无损检测规程[S]. 北京：中国铁道出版社，2004.

[17] 中华人民共和国国家标准. GB 50086—2001 锚杆喷射混凝土支护技术规范[S]. 北京：中国计划出版社，2001.

[18] 中华人民共和国行业标准. TB 10108—2002 铁路隧道喷锚构筑法技术规范[S]. 北京：中国铁道出版社，2002.

[19] 中华人民共和国行业标准. SH/T 1152—92(1998) 合成胶乳黏度的测定[S]. 北京：中国标准出版社，1998.

[20] 中华人民共和国国家标准. GB/T 1345—2005 水泥细度检验方法(80μm 筛筛析法)[S]. 北京：中国标准出版社，2005.

[21] 王梦恕. 隧道及地下工程技术及其发展[M]. 北京：北京交通大学出版社，2004.

[22] 王梦恕. 中国隧道及地下工程修建技术[M]. 北京：人民交通出版社，2010.

[23] 李华.公路隧道衬砌健康状态地质雷达检测的分析软件开发与研究[D].上海:同济大学,2012.
[24] 孙启福,孙现申.三维激光扫描仪测量方法与前景展望[J].北京测绘,2011(01):39-42.
[25] 夏才初,李永盛.地下工程测试理论与检测技术[M].上海:同济大学出版社,1999.
[26] 王斌.公路隧道施工监测检测技术及实践[M].北京:北京交通大学出版社,2010.
[27] 田贻丽.粉尘浓度测量方法的研究[D].重庆:重庆大学,2003.
[28] 陈建勋,马建秦.隧道工程试验检测技术[M].北京:人民交通出版社.2005.
[29] 于忠涛.桥隧检测与评定[M].北京:中国水利水电出版社,2010.
[30] 吕康成.隧道工程试验检测技术[M].北京:人民交通出版社,2000.
[31] 王建宇.隧道工程的技术进步[M].北京:中国铁道出版社,2004.
[32] 关宝树.隧道工程设计施工要点集[M].北京:人民交通出版社,2003.
[33] 仇玉良,等.风积沙隧道设计与施工技术指南[M].北京:人民交通出版社,2012.
[34] 夏才初,潘国荣.土木工程监测技术[M].北京:中国建组工业出版社,2001.
[35] 吴从师,阳军生.隧道施工监控量测与超前地质预报[M].北京:人民交通出版社,2012.
[36] 何发亮,李苍松,陈成宗.隧道地质超前预报[M].成都:西南交通大学出版社,2006.
[37] 吕国磊.长大山岭隧道监控量测及信息化施工技术研究[D].成都:西南交通大学,2011.
[38] 向俊宇.大跨度隧道监控量测及动态反馈信息化施工技术研究[D].长沙:中南大学,2008.
[39] 万利.高速公路隧道施工监测技术研究[D].西安:长安大学,2006.
[40] 姜洪涛.高速公路隧道施工监测与信息反馈[D].成都:西南交通大学,2005.
[41] 尹堵林.公路隧道施工远程监控技术研究[D].广州:华南理工大学,2011.
[42] 宋秀清.隧道监控量测技术在鹰嘴山隧道的应用[D].西安:长安大学,2011.
[43] 胡春涛.小间距隧道监控量测技术研究[D].上海:上海交通大学,2009.
[44] 中华人民共和国行业标准.TB 10121—2007/J 721—2007 铁路隧道监控量测技术规程[S].北京:中国铁道出版社,2007.
[45] 廖朝华,郭小红.公路隧道设计手册[M].北京:中国人民交通出版社,2012.
[46] 李晓红.隧道新奥法及其量测技术[M].北京:科学出版社,2002.
[47] 铁道部工程设计鉴定中心.高速铁路隧道[M].北京:中国铁道出版社,2006.
[48] 王建宇.隧道工程监测和信息化设计原理[M].北京:中国铁道出版社,1990.
[49] 王斌.公路隧道施工监测检测技术及实践[M].北京:北京交通大学出版社,2010.
[50] 龚林.山岭隧道信息化施工技术研究[D].成都:西南交通大学,2004.
[51] 陈兆.公路隧道施工监测及围岩稳定性概率分析方法研究[D].长沙:湖南大学,2008.
[52] 葛颜慧.岩溶隧道突水风险评价与预警机制研究[D].济南:山东大学,2010.
[53] 郭松影.公路山岭隧道施工安全风险预警系统研究[D].重庆:重庆交通大学,2008.
[54] 吕峰.山岭地区大断面隧道施工风险预警研究[D].重庆:重庆交通大学,2010.
[55] 吴梦军.大跨扁平连拱隧道施工时空效应与二次衬砌最佳支护时机研究[D].重庆:重庆大学,2011.
[56] 王中文,方建勤,夏才初,等.考虑围岩蠕变特性的隧道二衬合理支护时机确定方法[J].岩石力学与工程学报,2010.
[57] 孙鑫,余安萍.VC＋＋深入详解[M].北京:电子工业出版社,2010.
[58] 谢希仁.计算机网络[M].北京:电子工业出版社,2008.
[59] 刘振安.Windows 可视化程序设计[M].北京:机械工业出版社,2007.
[60] 邱李华,李晓黎.SQL SERVER 2000 数据库应用教程[M].北京:人民邮电出版社,2007.
[61] 郑阿奇,刘启芬,顾韵华.SQL Server 数据库教程(2008 版)[M].北京:人民邮电出版社,2012.
[62] 马健俊.隧道施工监控量测分析与应用[J].河南理工大学学报,2006,25(5):390-394.

[63] 李天斌,王兰生,李永林,等. 隧道围岩稳定性信息化监测、预测与决策系统[J]. 岩石力学与工程学报,2003,22(增1):2405-2408.

[64] 张强勇,陈晓鹏,刘大文,等. 岩土工程监测信息管理与数据分析网络系统开发及应用[J]. 岩土力学,2009,(2):362-366.

[65] 叶英,穆千祥,张成平. 隧道施工多元信息预警与安全管理系统研究[J]. 岩石力学与工程学报,2009,28(5):900-907.

[66] 陈亮,黄宏伟,胡群芳. 盾构隧道施工风险管理数据库开发[J]. 地下空间与工程学报,2005,1(6):964-967.

[67] 陈林杰,梁波,林旺春,等. 隧道施工灾害处治系统软件开发[J]. 地下空间与工程学报,2010,6(3):606-610.

[68] 刘化冰,付修华,宁佐利,等. 数据库技术在隧道围岩变形安全预测预报中的应用[J]. 西部探矿工程,2003,(1):96-98.

[69] 胡向东,张庆贺. 盾构推进监控数据库及动态显示系统[J]. 岩石力学与工程学报,2003,(5):834-837.

[70] 匡乐红,徐林荣,刘宝琛,等. 组合赋权法确定地质灾害危险性评价指标权重[J]. 地下空间与工程学报. 2006,2(6):1063-1067.

[71] 谢伟,高政国. 基于 Web 方式的深基坑监测管理信息系统的设计[J]. 电脑与信息技术,2005,13(6):62-64.

[72] 谢伟,孟岩. 基于 GIS 的地铁隧道安全监测信息系统设计[J]. 铁路计算机应用,2006,15(3):15-17.

[73] 史宝童,肖均. 风积砂围岩浅埋暗挖隧道施工技术[J]. 施工技术,2011,40(338):64-66.

[74] 冉弥,仇玉良,王柱,等. 物探技术在多年冻土区公路隧道勘察中的应用[C]. 重庆:重庆大学出版社,2012:240-245.

[75] 王丽华,仇玉良,姚红志,等. 隧道监测信息管理与预警系统的研发及应用[J]. 地下空间与工程学报,2012,8(6):1287-1291.

[76] 孔祥兴,夏才初,仇玉良,等. 基于可拓学理论的盾构隧道结构健康诊断方法[J]. 同济大学学报(自然科学版),2011,1610-1615.

[77] 仇玉良,等. 基于 3D-GIS 地下工程数字化信息系统研究与实现[J]. 地下空间与工程学报,2012,8:675-678.